见识城邦

更新知识地图　拓展认知边界

凌烟阁

大唐风云人物启示录

于赓哲 著

中信出版集团 | 北京

凌煙閣

图书在版编目（CIP）数据

凌烟阁：大唐风云人物启示录 / 于赓哲著 . -- 北京：中信出版社，2023.4 （2023.5 重印）
ISBN 978-7-5217-5094-2

Ⅰ . ①凌… Ⅱ . ①于… Ⅲ . ①历史人物－生平事迹－中国－唐代 Ⅳ . ① K820.42

中国版本图书馆 CIP 数据核字 (2022) 第 251899 号

凌烟阁——大唐风云人物启示录
著者： 于赓哲
出版发行：中信出版集团股份有限公司
（北京市朝阳区东三环北路 27 号嘉铭中心 邮编 100020）
承印者： 北京协力旁普包装制品有限公司

开本：787mm×1092mm 1/16 印张：25 字数：270 千字
版次：2023 年 4 月第 1 版 印次：2023 年 5 月第 2 次印刷
书号：ISBN 978-7-5217-5094-2
定价：88.00 元

服务热线：400-600-8099
投稿邮箱：author@citicpub.com

目录

前言　凌烟高阁

男儿何不带吴钩，
收取关山五十州。
请君暂上凌烟阁，
若个书生万户侯！

这是唐代诗人李贺所作《南园十三首》中的四句诗，气势磅礴，堪称千古名句。这四句诗体现出李贺的胸怀抱负和他对凌烟阁的敬仰。岂止是李贺，从唐代以后，“凌烟阁”三个字就是中国人心目中“建功立业”的代名词。那么凌烟阁究竟有哪些故事，值得它被人如此推崇？

凌烟阁是唐代长安城太极宫中的一座建筑，“阁”就是一座高楼。贞观十七年（643）二月，李世民下令为二十四位功臣作画像，执笔者不是别人，正是唐代著名大画家阎立本。凌烟阁的阁名是著名书法家褚遂良书写的。这些画像挂在凌烟阁内，供人瞻仰。这是秉承了汉代在麒麟阁、云台为功臣作画像来表彰的传统。

凌烟阁是唐太宗所建，但是其后的唐代皇帝也把为自己那个时代的功臣作的画像挂在里面，这些皇帝包括代宗、德宗、宣宗、昭宗。最后画像得以入凌烟阁的功臣总数有百位以上。凌烟阁里的画像贯穿了初唐、中唐、晚唐，观瞻这些画像，就是阅读大唐近三百年的历史。

题名凌烟阁首要的目的自然是表彰功臣，这也是历史的共识，但是除此之外，每个皇帝使用凌烟阁也都有自己的用意。

我们依次来看一下。第一个皇帝：唐太宗。太宗是使用凌烟阁表彰功臣的第一个皇帝，所以我们把他作为重点加以分析。

《旧唐书·长孙无忌传》记载了太宗的凌烟阁二十四位功臣的名单：长孙无忌、李孝恭、杜如晦、魏徵、房玄龄、高士廉、尉迟敬德、李靖、萧瑀、段志玄、刘弘基、屈突通、殷开山、柴绍、长孙顺德、张亮、侯君集、张公谨、程咬金、虞世南、刘政会、唐俭、李勣、秦叔宝；同时也记载了唐太宗发布的《图功臣像于凌烟阁诏》，说这二十四功臣分为四种。

第一种是"绸缪帷帐，经纶霸图"，"绸缪"指的是预先做准备，图谋霸业，也就是太原起兵，建立唐朝。

第二种是"学综经籍，德范光茂"，指的是学识超凡，德行高尚。

第三种是"竭力义旗，委质藩邸"，指的是当年在秦王府跟随着他的那些人。李世民在玄武门事变前是秦王，"藩邸"一词指的是秦王府。

第四种是“受脤庙堂，辟土方面”，也就是说在太宗上台后听命于太宗开疆拓土的。

为什么要“图像凌烟阁”？我分析原因有如下几个。

第一个原因：表彰功臣，奖掖后进。

太宗是个非常重视人才的人，当皇帝二十余年不断发掘人才。表彰老功臣，无疑是为了给年轻人树立榜样，正如他在诏书中所说的：“庶念功之怀，无谢于前载；旌贤之义，永贻于后昆。”其用意明了。

第二个原因：英雄迟暮，追念已逝年华。

选择此时图功臣像于凌烟阁与一个人的死有关，谁？魏徵。魏徵在这一年的正月去世了，二月李世民就开始建凌烟阁，那么就有理由说这是李世民感慨自己的这批忠臣逐渐老去，甚至去世者也有不少了（当时二十四人中已经有十人去世了）。有的人是积劳成疾，有的人是在战场上受创成疾，太宗本人也已经步入晚年了。想当年，叱咤风云、气吞万里如虎的谋臣猛将们现在已经逐渐凋零，人老了就爱回忆过去，估计太宗也未能免俗。

第三个原因：加强宣传攻势，宣扬自己政权的合法性。

请注意，诏书里是把“建国”放在首位的，这是太宗刻意想要传递给大家的信息，即这些跟随他的人都是建国的功臣，那么他的目的达到了吗？显然达到了，比如唐朝天宝年间钱起的《图画功臣赋》就曾经这样说：“先帝之革隋也，应归运而大义举，获仁人而鸿业集。及乎计伐录功，日不暇给，宝玉不足以劝赏，故茅土是封；钟鼎不足以昭宣，故图赞是缉。传厥象于绘事，壮崇台于天邑。”唐后期刘肃《大唐新语·褒锡》：“贞观十七年，太宗图画太原倡义及秦府功臣。”类似的例子非常多，看来后来的唐人已经普遍认可了这种说法。现在一提“凌烟阁”，都认为是用来表彰建国功臣的，这就是太宗要的效果。

这些人都是建国功臣吗？诚然，其中的确有很多人参与了隋末唐初的建国战争，可是除此之外还另有玄机。他所确立的凌烟阁二十四功臣，与其说是建国功臣，不如说是玄武门事变功臣。这里面，直接参与玄武门事变者有十二人，包括长孙无忌、杜如晦、房玄龄、高士廉、尉迟敬德、段志玄、屈突通、长孙顺德、侯君集、张公谨、程咬金、秦叔宝。在玄武门事变前就通过气，至少不反对李世民的有三人，包括李靖、萧瑀、李勣。配合玄武门事变，在洛阳执行收买豪杰任务者一人——张亮。虽未直接参与玄武门事变，但是属于秦王府重要成员的有五人，即刘弘基、殷开山、虞世南、刘政会、唐俭。原属太子李建成集团，事变后被太宗收服的一人——魏徵。如此看来与玄武门事变无直接关系者只有二人，即驸马柴绍和宗室李孝恭。而在诏书里，唐太宗可说这些人首先是建国有功。比如凌烟阁第一功臣是长孙无忌，后面会提到，长孙无忌在建国战争中作用并不大，玄武门事变才是他的主要功勋。而真正的建国功臣，如宇文士及、裴寂、刘文静等，却没有被列入凌烟阁中，太宗在故意混淆建国功臣和自己的亲信这两个不同的概念。

比如宇文士及：他在隋朝是驸马，和李渊共事时与其关系特别好。当时隋炀帝已经把国家折腾得差不多了，宇文士及与李渊之间就有过一番秘密的商议——举兵推翻隋炀帝。后来李渊果然在太原举兵，宇文士及投奔李渊，李渊对建国功臣裴寂、刘文静说："此人与我言天下事，至今已六七年矣，公辈皆在其后。"(《旧唐书·宇文士及传》)也就是说这是鼓动李渊夺取天下的第一人。可他不是太宗的人，所以没能进入凌烟阁。

再例如裴寂和刘文静：这两个人应该算得上是太原起兵最主要的谋划者，关于他们后面会有专题。从劝说李渊到最后的组织、指挥，这两个人都发挥了决定性作用。建国后，裴寂成了李渊的左膀右臂，位列群臣第一。而刘文静最初为何没能进入凌烟阁？此人与李世民关系更亲近一些，但是因为嫉妒裴寂的地位，最终获罪，被高祖李渊杀了，而此事也被看作高祖与李世民集团之间的矛盾斗争。这两个功臣一开始没能进入凌烟阁，各有各的原因。裴寂是高祖李渊的红人，李世民自然不愿意把他列入。刘文静是高祖李渊杀的，高祖去世不到十年，就把刘文静列入凌烟阁，这不等于在天下人面前否定高祖？玄武门事变后，太宗最怕人说他不孝，所以不便将刘文静列入凌烟阁。

太宗就是这样成功地用图功臣像于凌烟阁的方式向天下宣扬了自己的合法性，所以说，高耸的凌烟阁不仅标志着唐朝开国叱咤风云的历史，也显示着帝王的心机。

再来看一下唐代宗图功臣像于凌烟阁的动机。

贞观十七年之后一百余年，凌烟阁里再没有大的举动。该阶段唐朝总的来说处于相对和平的时代，国力也在稳步上升。安史之乱的爆发打破了这一切，这一场大战乱致使国力由盛转衰，同时也诞生出一大批平定叛乱的英雄人物。怎么表彰他们，除了封官许愿，代宗又想到了凌烟阁；代宗朝两次图功臣像于凌烟阁。

当时的皇子、未来的唐德宗李适，以及大将郭子仪、李光弼、仆固怀恩等都是平定安史之乱的功臣。不过里面也有些人耐人寻味，比如薛嵩、田承嗣等，他们本身是安史叛军成员，最终举地投降官军。虽然归降，但是这些人仍然握有军队和实权，所以代宗把他们列入凌烟阁，纯粹是为了笼络人心。这些人也是后来藩镇割据的基础。

除此之外，还有宦官程元振和鱼朝恩。唐朝后期政治上的一大弊端就是宦官专权，宦官逐步控制了朝廷和军队，甚至换皇帝、杀皇帝。安史之乱的降将和宦官能进凌烟阁，充分说明凌烟阁开始变味，已经变成朝廷向各方政治势力妥协的工具了。

至于唐德宗，这是个命运多舛的皇帝，经历过安史之乱，即位后雄心万丈想收服藩镇，却遭到失败。他甚至被叛军逼迫逃出长安，逃到了奉天（今陕西乾县），而后被敌军围攻，险些遭遇不测，多亏多方勤王之师相救才幸免于难，因此被他列入凌烟阁的功臣中就有李晟、马燧等一批所谓“奉天定难功臣”。当时德宗历经磨难，看到凌烟阁时感慨：“我行西宫，瞻宏阁崇构，见老臣遗像，颙然肃然，和敬在色。”大意是，我路过凌烟阁，看到那些老臣遗像，肃然起敬。他又说：“睹往思今，取类非远。且功与时并，才为代生，苟蕴其才，遇其时，尊主庇人，何代不有？”（《旧唐书·李晟传》）大意是，江山代有才人出，他也要表彰自己的功臣。所以也大规模图功臣像于凌烟阁。

至于被称为“小太宗”的唐宣宗，在唐后期的皇帝中，他的统治比较清明，国家也比较安定，而他图功臣像于凌烟阁的目的，实际上是对建国以来的历史做个回顾，因此他表彰的人物特点是数量多而且时间跨度很大。以前没能进入凌烟阁的人物在他统治时期列入了，比如刚才提到的裴寂、刘文静，还有张柬之、张九龄等人。他是以一个后人的眼光在回顾本朝史，相对来说比较客观公平。

最后一个“图像凌烟阁”的皇帝是晚唐的昭宗。此时的唐朝皇帝已经权威丧尽，政权也风雨飘摇。一个叫刘季述的宦官发动政变，把唐昭宗囚禁起来，逼他禅位给太子。仰赖神策军将领发动突袭铲除了刘季述，昭宗才捡回了一条命。因此被他图像于凌烟阁的是几位救他的功臣——孙德昭、董从实、孙承诲，此时的凌烟阁折射出来的就是皇权的羸弱不堪与战战兢兢。

本书将在这近三百年间的百余人中挑选出具有代表性的二十四位，并加以介绍；每人一讲，以此穿起整个唐朝历史的发展脉络。

长孙无忌

身份加持下的第一功臣

「无忌聪明鉴悟，雅有武略，公等所知，朕故委之台鼎。」《旧唐书·长孙无忌传》

凌烟阁上的第一功臣是谁？长孙无忌。唐太宗的凌烟阁诏书里，排名第一的就是他。长孙无忌何许人也？长孙皇后的哥哥，唐太宗最信任的大臣，唐高宗的亲舅舅，武则天的死对头，关陇集团最后一个大人物。这些可以概括长孙无忌的一生。

他为何是凌烟阁第一功臣？在我看来有如下几个原因：

第一个原因：关陇集团和外戚双重身份。

长孙无忌虽然是鲜卑人，但是其文化功底相当深厚，《旧唐书》说他“好学，该博文史”。长孙无忌的先祖是北魏、西魏、北周、隋朝著名大臣，这一点对他一生影响巨大。这不仅因为他是官后代，更重要的是他所处的关陇贵族集团叱咤风云。关陇集团以出身关陇地区的军功贵族为主，自西魏北周以来一直是左右政坛的中坚力量，这个集团的核心之一就是北周的奠基者宇文泰。这个小集团人不多，但个个是人物，其中包括隋文帝家族、唐高祖家族、瓦岗军领袖李密家族，还有“天下第一老丈人”独孤信家族。为何叫独孤信天下第一老丈人呢？因为他是宇文泰的好友，西魏八柱国之一，位高权重。他一共七个女儿，长女嫁给宇文泰的长子宇文毓，也就是北周明帝。四女嫁给李虎之子李昞，生了个儿子叫李渊。七女嫁给杨坚，生了个儿子叫杨广。中国历史上一门出几个皇后的不是没有，但是一门出三个皇后，而且还是三个不同王朝的皇后，其中两个王朝还是未来时，这绝对是独一门。独孤信霸占中国老丈人排行榜榜首已经一千多年了，看来以后这个纪录也没有被打破的希望了。为何会出现这样的巧合？那是因为这个小集团后来左右了整个政坛，权力高度集中在他们手里，而他们内部通婚就有可能出现这样的小概率事件。

这个现象说明，关陇集团是当时中国政治的核心力量，长孙无忌就是这个集团最后的代表性人物。《旧唐书》说长孙无忌是洛阳人，因为北魏孝文帝汉化改革之后，所有在洛阳的鲜卑贵族都被迫把籍贯改成了洛阳。

在前言中提过，凌烟阁的设立是大有用意的。表面看起来是表彰建国功臣，可是长孙无忌在建国战争中真的作为不大。隋大业十三年（617），李渊在太原举兵，兵锋直指长安。此时的隋朝已经四分五裂，一片混乱。当李渊过关斩将来到关中的时候，长孙无忌投靠了李渊。他来到隋炀帝的一处行宫长春宫（位于今陕西大荔）拜见李渊。从这一点也可以看出他不是建国功臣，李渊都打到关中了他才加入，起码可以说太原举兵没他的份儿。

李渊见了长孙无忌，任命他为渭北道行军典签，这个官职并不算高。不过李世民见了他很高兴，为什么呢？因为两人从小认识，而且就在四年前李世民娶了长孙无忌的妹妹为妻，也就是著名的长孙皇后。此后长孙无忌在建国战争中的作用史书记载寥寥，《旧唐书》说他“常从太宗征讨”。也就是说，长孙无忌这个建国功臣当得实在有些勉强，基本上没什么显赫功绩可供夸赞。后来太宗自己也这样评价长孙无忌：“总兵攻战，非其所长。”（《资治通鉴》卷一九七）

那为啥长孙无忌能名列凌烟阁第一？首要原因就是他的外戚、关陇集团的身份。李世民和长孙皇后的感情很好，是中国古代皇室中少有的真爱夫妻，所以爱屋及乌，长孙无忌也就备受重用了。有的人实在看不惯，就向太宗上表提意见，认为长孙无忌太被重视。长孙无忌自己也不安，怕树大招风，于是向太宗提出辞职。迫于无奈，太宗解除了长孙无忌尚书右仆射的职务，但是过了一段时间又想提拔他为司空，长孙无忌又委托高士廉请辞，太宗对高士廉说，若是冲着长孙无忌的外戚身份重用他的话，那还不如干脆多给他的子孙后代留些金银财宝，之所以重用他是因为他的高超才能。实际上唐太宗心里看重的还是长孙无忌的身份——外戚，加上关陇集团成员，双重保险，这种人自己用着放心。

第二个原因：玄武门首席功臣。

史籍中频繁出现长孙无忌的名字是从玄武门事变开始的。秦王李世民与太子建成、齐王元吉矛盾日益尖锐，都在暗地里大做手脚，勾结内廷外廷，私蓄武装，准备将对方置于死地。这件事众所周知，从中可以看出长孙无忌在玄武门事变中的作用。

作用之一，首倡发动政变。长孙无忌在玄武门事变中的作用——

一言九鼎。当时太子建成和齐王元吉正在鼓动高祖杀掉秦王李世民，秦王府陷入了一片恐慌中。房玄龄是李世民的智囊，他劝李世民先下手为强，但是觉得不好自己开这个口，于是找到了长孙无忌，说："今嫌隙已成，一旦祸机窃发，岂惟府朝涂地，乃实社稷之忧；莫若劝王行周公之事以安家国……存亡之机，间不容发，正在今日！"（《资治通鉴》卷一九一）什么叫"周公之事"？就是指周公杀了自己的兄弟管叔、蔡叔。这么要命的话，房玄龄觉得只有拉上长孙无忌才能说出口，可见他知道长孙无忌在李世民心目中的分量。

房玄龄刚一说完，长孙无忌就大腿一拍：早都想说这个话了，正合我意。于是他去面见秦王，说出了这番话。这可是第一次把杀死太子和齐王的计划放在台面上说，可以想见当时李世民的紧张与不安。长孙无忌开了这个口，房玄龄、杜如晦等人才敢进一步劝说，给秦王加把火，但是秦王一时还不敢下决心。

作用之二，独自支撑。太子和齐王那边也没闲着，当时他们商议，觉得秦王府里最主要的智囊就是房玄龄和杜如晦，把这两人赶走就好了。于是他们在皇帝面前进谗言，房玄龄、杜如晦被放逐到了外地。如此，李世民的心腹就只剩下长孙无忌了。《资治通鉴》记载："世民腹心唯长孙无忌尚在府中。"长孙无忌没放弃，反复劝说李世民，这才帮助李世民下定了发动政变的决心。

李世民决心举事，于是让长孙无忌秘密将房玄龄、杜如晦叫了回来。这是违背皇命的行为，是掉脑袋的事情，所以做得非常隐秘。房玄龄、杜如晦打扮成道士的模样跟随长孙无忌潜入长安。

作用之三，诛杀建成、元吉。到了玄武门事变这一天，长孙无忌和尉迟敬德等骁将一起随同李世民进入玄武门。当然，在诛杀建成、元吉的过程中尉迟敬德才是首功，但是在整个行动策划的过程中，长孙无忌厥功至伟。尤其是他第一个在李世民面前说出了大家想说又不敢说的话，也就是先下手为强杀死太子和齐王。就冲这个，李世民也得善待他。《旧唐书》说太宗即位后立即奖赏他，“以功第一，进封齐国公”。

第三个原因：能力强，忠心耿耿。

这体现在如下方面：第一，行政能力强。长孙无忌在行政能力方面是无可挑剔的，这人的确不像一般外戚那样是个绣花枕头，他在太宗朝的宰相当中始终名列第一，处理政务熟练老到，太宗夸赞他：“无忌聪明鉴悟，雅有武略，公等所知，朕故委之台鼎。”（《旧唐书·长孙无忌传》）

第二，主持修订律法。长孙无忌还做过一件大事，影响深远——主持修订律法。唐代建国之初，一切典章制度都沿袭隋朝，但这不是长久之计。从武德七年（624）开始，唐朝制定了自己的律令典章，但是还不完善。太宗即位后立即开始制定新的律令，《资治通鉴》卷一九二记载：“上命吏部尚书长孙无忌等与学士、法官更议定律令。”这就是所谓《贞观律》。贞观律的制定过程长达十一年，比较完备。唐高宗即位之后，再次对律法进行修正，并且增加了司法解释，形成了著名的《唐律疏议》；主持者不是别人，还是长孙无忌。千万不要小瞧这个事，《唐律疏议》是所谓“中华法系”的奠基石，历史影响十分深远，《宋刑统》《大明律》《大清律》都与它一脉相承，就连日本、朝鲜的法律也是模仿它的。都说罗马帝国之所以名垂千古，不是因为它那个战无不胜的军团，而是因为它给世界留下了一部《罗马法》。别人有《罗马法》，我们有《唐律疏议》，这是长孙无忌在历史上的贡献。

第三，时刻维护太宗利益。唐太宗一生以善于纳谏而著称，但是也有人总是顺着他，长孙无忌算一个。他对唐太宗的态度跟别人的不一样。别人对待太宗的忠，是对国家的忠，以国家利益为重。他对太宗的忠，是对太宗个人的忠，以维护太宗私人利益为重。太宗屡次让臣下给自己提意见，长孙无忌回答说："陛下武功文德，臣等将顺之不暇，又何过之可言！"（《资治通鉴》卷一九七）（您太圣明了，我们顺从还来不及，哪里说得出什么过失。）

在伐辽东的战争中，长孙无忌再次体现出对太宗个人的维护。当时战争的形势是这样：太宗御驾亲征辽东，长孙无忌等随行。辽东早寒，中原军队冬天待不住，一定要在秋季结束之前战胜敌人，可是敌人在辽东地区设立了许多山城，一座接一座地打，很浪费时间。当时有人提议干脆绕过这些据点，由天子亲征，出奇兵直取敌人腹地。长孙无忌站出来反对说："天子亲征，异于诸将，不可乘危徼幸。"天子亲征，安全最重要，跟一般将领打仗不一样。所以他建议按部就班，逐步推进。结果这场战争打成了一场窝囊仗，唐军没有输掉任何一场战役，但就是耗费时间，最后冬季来临，不得不撤离。元代历史学家胡三省评价说："太宗之定天下，多以出奇取胜，独辽东之役，欲以万全制敌，所以无功。"（《资治通鉴》）这是谁的过错？长孙无忌起码要担负部分责任；遇到问题，他首先想到的是怎么维护太宗的利益，国家利益被放在了第二位。

所以千万不要以为唐太宗手下都是魏徵式的直臣，非也，太宗手下也有长孙无忌这样善于维护他利益，有时甚至会拍他马屁的人。中国历史上的所谓明君其实都是用人高手，他们有个共同特点——善于用人，善于让各种人为我所用，以便维持朝廷的平衡。只用一种部下，只喜欢一种部下的领导不是好领导。

长孙无忌能成为凌烟阁第一功臣还有第四个原因：太宗在交托未来。

唐太宗把长孙无忌放到凌烟阁第一位，还有个动机就是借此烘托其地位，把太子交托给他。不管最后谁做太子，李承乾也好，李泰也好，李治也好，那都是长孙无忌的亲外甥。图像于凌烟阁之后两个月，就发生了一件大事——皇子齐王祐在齐州谋反被镇压，太子承乾听说之后表示不屑：齐王算什么，我离皇宫一墙之隔，以后你看我的。结果这话被人揭发，太宗勃然大怒，命人将承乾抓起来，命令长孙无忌等进行审讯。

那么此时形势对魏王李泰很有利了，承乾倒了，舍我其谁。不过有件事让他烦心。朝臣中有人支持他，但也有人反对他，谁？长孙无忌，长孙无忌倾向立晋王李治为太子。这时魏王做了一件糊涂事，他私下跑去恐吓晋王李治："汝与元昌善，元昌今败，得无忧乎？"（《资治通鉴》卷一九七）元昌指的是汉王元昌，太宗的兄弟，他和太子承乾是一伙的，已经被抓起来了。魏王拿他吓唬李治，意思是小心办你个谋反大罪。这招实在是一个昏招，起不到任何作用。李治这个人历来胆小，听了魏王的话真的被吓住了，在太宗面前侍立的时候面带忧色。太宗觉得不对劲，逼他说出实情。李治原原本本地说了，太宗恍然大悟——原来李泰是个阴谋家，绝对不能立他，再加上事先审讯承乾时承乾也说了，自己谋反纯粹是被魏王逼的，他与魏王不共戴天。所以太宗认为承乾和魏王哪个也不能上台，承乾、魏王都不行，只有立了晋王李治，承乾和魏王才可能活下去。所以，太宗最后的决定是立晋王李治为太子。

这事让人感慨万千。要知道，在争位斗争最激烈的时候，多少人都被卷进来了，包括与世无争的晋王李治。他完全是无欲无求，太宗最开始都没考虑他。斗争进入白热化，立谁都不合适，扒拉开一看，就这小子表现好，不争权夺利，立他吧。这叫“不争是争”，是争夺的最高境界，正如老子所说：“大音希声，大象无形。”（《道德经》）不争，可以让争夺双方都接受你；不争，可以体现高风亮节。最后这个不争的晋王李治成了笑到最后的人。人生在世，难免要竞争，但是竞争一定要急赤白脸吗？一定要气急败坏吗？李治提供了另一个答案。

立李治为太子的一幕颇为戏剧化。当时朝会结束，其余大臣都退出去了，太宗留下了长孙无忌、房玄龄、李勣、褚遂良四个人，然后忽然难过地说：“我三子一弟，所为如是，我心诚无聊赖！”（《资治通鉴》卷一九七），什么叫“三子一弟”？三子指的是齐王祐、太子承乾、魏王泰，一弟指的是汉王元昌。这些家伙都叛乱谋反，太宗说不想活了，竟然拔出佩刀要自刺。长孙无忌等立即冲上去抱住他，把佩刀夺了下来。这就是演戏，皇帝和大臣议事，大臣离皇帝且有段距离呢，太宗要真想自杀，早一刀捅进去了，他其实在等他们上来夺刀呢。褚遂良把刀夺下来，顺手交给了在一旁的晋王李治。李治在场，说明太宗名义上是和大家商议太子人选，实际上早已内定了。

长孙无忌跟太宗说您究竟打算怎样啊，您别吓唬我们啊。太宗说：

“我欲立晋王。”长孙无忌立即回答：“谨奉诏；有异议者，臣请斩之！”听到此话太宗转过头来对李治说：“汝舅许汝矣，宜拜谢。”（《资治通鉴》卷一九七）（你舅舅已经许诺你当太子了，还不拜谢？）李治立即对长孙无忌行大礼。

这些重臣都在场，太宗特地向李治强调长孙无忌的重要性，为什么？还是那句话——他们是一家人，关键时刻其他大臣的重要性都不及长孙无忌。

可是太宗当天晚上后悔了，他又想立另一个儿子吴王恪为太子。吴王恪不是长孙皇后亲生的，他的母亲是隋炀帝的女儿。《旧唐书》说“恪又有文武才，太宗常称其类己。既名望素高，甚为物情所向”。吴王很有才干，太宗认为他像自己，喜欢他，舆论也倾向他。可是他那个血统让人为难，他是隋炀帝的外孙，所以长孙无忌第一个站出来反对，力劝唐太宗放弃这个想法，还是坚持最开始的人选——晋王李治。此时这个舅舅的作用就体现出来了。

太宗最终下定决心，召集在京所有六品以上官员，宣布废承乾，立李治为太子。从此长孙无忌就有了另一个使命——保护李治。

太宗临终前选定的顾命大臣就是长孙无忌和褚遂良。长孙无忌是他的亲信，是外戚，是继承人的舅舅，同时也是关陇集团最主要的代表。有他在，意味着太宗政治生命的延续，此时的长孙无忌已经达到了他人生的巅峰。

顺便说一句，唐太宗想换吴王恪的举动让长孙无忌从此对吴王恪心存芥蒂。高宗永徽年间，他找了一个借口，说吴王恪想谋反，于是吴王恪被赐死了。吴王恪临死前诅咒：“长孙无忌窃弄威权，构害良善，宗社有灵，当族灭不久！”（《资治通鉴》卷一九九）他被杀完全是冤案，“海内冤之”。

吴王恪的这个诅咒真的实现了，不过实现者不是别人，而是武则天。武则天是如何获得高宗青睐的，又是如何成为皇后的，这个过程以往研究多有涉及，本书就不细说了。这里要分析长孙无忌力保王皇后的动机和他的失败带来的历史影响。

高宗王皇后是太宗在世时钦定的太子妃。王皇后年轻时美丽，同时出身名门望族——太原王氏。王氏的祖父是西魏大将王思政，所以王皇后家是显赫的关陇集团成员，也正因为如此，太宗特别看重这个儿媳。去世前，太宗当着长孙无忌和褚遂良的面，拉着李治的手说：“朕佳儿佳妇，今以付卿。”（《资治通鉴》卷一九九）

正因为有了太宗的托孤，所以长孙无忌、褚遂良特别有底气，无论高宗、武则天如何低声下气求他们，就是坚持不废黜王皇后。最后武则天决心绕开长孙无忌，高宗和她获得了另一个重臣李勣的支持。

帮助武则天成为皇后的除了李勣之外，还有一股重要的力量，就是一群中下级官员。他们或者出身寒门，或者是没落贵族，一句话——都不是关陇集团成员，这些人中的代表性人物有许敬宗、李义府、袁公瑜等，其中李义府是所有朝臣中最先站出来支持武则天的。此人是个小人，长孙无忌厌恶他，上奏皇上将他贬谪。消息还未公布就被他知道了，他慌忙找朋友商议，朋友给他出主意：现在皇上最苦恼的事情就是想换皇后没人支持，要不你第一个站出来？说不定能争得富贵。于是李义府第一个表态支持高宗和武则天，高宗像捞到救命稻草一般高兴。

随后，和他一样的人也加入了进来，比如许敬宗、崔义玄、袁公瑜等，这些人很快成了武则天的心腹。在他们的拥护下，武则天终于如愿以偿，在一场盛大的典礼中被立为皇后。

也正是借助这个集团，武则天最终依靠一个子虚乌有的谋反案扳倒了长孙无忌。武则天及其心腹首先剪除了长孙无忌的羽翼，比如褚遂良、韩瑗、来济等人；最终又找到一个机会，扳倒了长孙无忌。许敬宗在审理太子洗马韦季方朋党案的时候，韦季方自杀未遂。于是许敬宗故意编造谎言，说这是与长孙无忌合谋造反败露而自杀。高宗听了表示惊讶，许敬宗还吓唬高宗说："臣恐无忌知事露，即为急计，攘袂一呼，啸命同恶，必为宗庙深忧。诚愿陛下断之，不日即收捕，准法破家。"(《旧唐书·长孙无忌传》)（您要下手就赶紧下手，就怕长孙无忌知道事情败露起兵谋反，国家就危险了。）高宗哀叹一声，竟然听从了许敬宗的建议，削去长孙无忌的官爵，抄家，然后将其流放到了黔州（今重庆市彭水），开始还给长孙无忌保留一品大员的待遇。在武则天授意下，许敬宗等继续罗织罪名，说长孙无忌曾与当时已经死去的褚遂良等谋害皇上，罪不可赦。于是，没过多久长孙无忌在黔州被逼自杀了。

当时天下很多人都为长孙无忌之死感到惋惜，《旧唐书》说："无忌既有大功，而死非其罪，天下至今哀之。"

武则天铲除长孙无忌的行动无意中影响了历史。著名历史学家陈寅恪先生对武则天被立后这件事十分重视，认为是中国中古史的转折点。长孙无忌倒台是个标志，意味着寒门士族集团战胜了关陇贵族集团，中国的贵族政治开始走下坡路了。到了唐末黄巢起义大杀贵族，中国的贵族阶级就此消失了。宋代以后，中国是有贵族而再无贵族政治。从此以后，中国的皇权专制像脱缰的野马一样飞速发展，到了明清时代达到了巅峰。有贵族辅政，对皇权是个约束和制衡；没了贵族，皇权也就无限膨胀了。这样看来，武则天被立后这事影响甚大。从这个意义上来说，长孙无忌是凌烟阁上的第一臣，也是中国最后一个贵族。

尉迟敬德

呵呵，这哥们儿

「昔萧王推赤心置人腹中，并能毕命，今委任敬德，又何疑也。」

《旧唐书·太宗本纪》

尉迟敬德是唐朝著名骁将，功高盖世。他曾是唐朝的敌人，后来是李世民的忠臣。他有居功自傲的一面，又有体恤他人、识大体的可爱可敬一面。

尉迟敬德是性情中人。史籍中的很多人物经过史家润色，往往变得要么像圣人一般高不可攀，要么阴险毒辣坏到极致，而尉迟敬德性格鲜明，缺点、优点都没被掩盖，他让人没有距离感。阅读史籍中的其他人物，往往产生“哇，这么厉害”，或者“咦，什么人呀”这样的念头，而看他，你会产生“呵呵，这哥们儿”的感觉。

下面以时间为序来看看他的生平。

人生第一阶段：唐朝死敌。

尉迟敬德名叫尉迟恭，敬德是他的字，但是这个字更为大家所熟知。1971 年出土的尉迟敬德墓志铭却说他名融，尉迟融，字敬德。这与其他史料不同，原因到现在还不清楚，算是个历史之谜。尉迟这个姓氏说明他是一个鲜卑人，尉迟家祖籍在今天山西朔州。根据《尉迟敬德墓志铭》记载，他的曾祖父、祖父分别是北魏和北齐的大将，可谓军事世家。尉迟敬德一开始是唐朝的死敌，他是军阀刘武周、宋金刚的部下，曾让唐朝吃过大亏。

刘武周原是隋朝将领，在隋末农民起义的时候趁乱杀死了隋朝地方官，招兵买马，割据一方。而且他还勾结突厥，突厥可汗给了他一个封号，叫作“定杨可汗”，哪个“杨”？隋朝皇室嘛，意思就是指望他能取代隋朝。有了突厥的支持，刘武周信心膨胀，自立为帝，攻城略地，风光一时。尉迟敬德为刘武周偏将，他善于骑射，也善于用槊，而且冲锋陷阵身先士卒，深受部下爱戴。此时另一个军阀宋金刚来投奔刘武周。作为偏将的尉迟敬德随同宋金刚击败了唐朝宗室永安王李孝基率领的军队，李孝基被尉迟敬德俘虏。和李孝基一起被俘的还有个重要人物，这个人物的被俘改变了尉迟敬德的一生。

这个人就是唐俭。他也是凌烟阁二十四功臣之一。他在太原起兵过程中出谋划策，功劳不少。虽然被俘，但是唐俭始终身在曹营心在汉。《旧唐书·独孤怀恩传》记载，“唐俭在贼中，说贼将尉迟敬德，请使让还，连和罢兵”。也就是说他策反了尉迟敬德。1978 年唐俭墓志在陕西出土，墓志对这个事有更详细的记载，说唐俭在敌人内部观察诸将，“乃察诸贼帅，皆是庸流，唯尉迟敬德识量弘远，说令择主，理会其心”（《唐俭墓志铭》）。尉迟敬德被他说动了，至于为什么能被说动，推测是刘武周、宋金刚投靠突厥的举动令尉迟敬德早有不满。

鲜卑进入中原已经几百年了，又经历过民族大融合，尉迟敬德从文化、心理上来说是不折不扣的中原人士，文化属性对人的影响大于血缘。虽然说当时包括李渊在内的各路人马和突厥都有千丝万缕的关系，但是毫无疑问，刘武周是对突厥最谄媚的一个。我估计是这个原因使得尉迟敬德不满，也使得他能被唐俭说服。

紧跟着发生了一件奇特的事情——唐俭做了一回“谍中谍”。原来唐朝这边出了个叛徒叫独孤怀恩。独孤怀恩原本想投降刘武周，此时刘武周的部下尉迟敬德带人攻过来了，唐朝大军奋起抵抗，于是独孤怀恩只好跟着一起对抗尉迟敬德，结果他和唐俭一起被俘了，但是找了个机会他潜逃回去了。独孤怀恩跑了，但是他有个部下元君实还在突厥手里，这人和唐俭关在一起。元君实把独孤怀恩想投降刘武周的事情泄露了，唐俭一听就急了——这还了得，独孤怀恩镇守一方，是个大员，李渊对他还很信任，此人不除，必然酿成大祸。怎么除掉他呢？唐俭想起了尉迟敬德。

尉迟敬德此时已经差不多要投诚了。唐俭要揭发独孤怀恩只能靠他，可是唐俭不能说“你把我放了，我回去报信”。唐俭是个大人物，他要是越狱了，刘武周肯定要追查，尉迟敬德这边会吃不了，兜着走。所以唐俭要求尉迟敬德悄悄释放自己的一个手下，小人物，不起眼，让该手下跑回去报信。尉迟敬德果然照办。

紧跟着就是极其惊险的一幕——当唐俭的手下日夜兼程赶到黄河岸边的时候，唐高祖李渊正准备乘船过河来见独孤怀恩，而独孤怀恩在对岸埋伏了人马，就等他过河然后杀之。高祖听了这个消息惊出一身汗，《旧唐书》记载：“乃使召怀恩，怀恩不知事已泄，轻舟来赴。及中流而执之，收其党按验，遂诛之。”高祖让人召独孤怀恩来，独孤怀恩也没想到这么倒霉，关键时刻被人揭发。作为地方大员迎接皇帝是理所当然的，他不想让皇帝起疑心，结果来了就被杀了。也有可能他被逼自杀了。一个定时炸弹就这样解除了。

所以说，尉迟敬德在还没有投降的时候就已经给唐朝送上了一份大礼。有意思的是，尉迟敬德并没有立即投降唐朝，而是继续与唐军对抗，也许是时机不成熟，也许是尉迟敬德还在观望。毕竟那时群雄并起，唐朝刚刚建立，也不过是众多势力之一，成败尚不可知，因此尉迟敬德还在犹豫。

最终迫使尉迟敬德投降的是军事压力。武德三年（620）四月，唐军与刘武周军队的决战开始了。当时宋金刚军队后勤补给不畅，没粮了，于是只好退却。李世民在后面紧紧追赶，连续两天没吃饭，三天不解甲，终于追上了，《旧唐书》记载：“金刚列阵，南北七里，以拒官军。”宋金刚排了一个长达七里的阵形，李世民调兵遣将，分南北两翼出击。刚开始唐军不利，宋金刚全线出击压迫唐军。于是李世民率精锐骑兵迂回包抄，使敌人阵脚大乱，四散奔逃。刘武周和宋金刚战败后跑到了突厥。尉迟敬德没有跟随他们，而是退守城中。李世民派使者前来劝降，要说还是有点思想基础的，所以尉迟敬德很快和另一个大将寻相一起率领数千人投降了唐军。

尉迟敬德人生第二阶段：归降太宗。

尉迟敬德的投降使他进入了一个崭新的人生阶段，就是跟随李世民，而且是忠心耿耿地跟随，死心塌地地跟随。要说尉迟敬德为何如此忠心，恐怕和他投降之初的一番波折有关。

他刚投降的时候李世民大喜，因为尉迟敬德是不可多得的猛将。为了表示对尉迟等人的信任，李世民将投降的数千人仍然交给尉迟敬德统领，而且让他们的军营和自己的军营混杂在一起。当时有人对此表示担心，李世民说："昔萧王推赤心置人腹中，并能毕命，今委任敬德，又何疑也。"（《旧唐书·太宗本纪》）这里的萧王指的是汉光武帝刘秀，刘秀当皇帝前的封号是萧王。他对待俘虏采取的是完全信任的态度，所以俘虏们都死心塌地为他所用，"推心置腹"这个成语就是从这里来的。李世民的意思就是我学光武帝，换尉迟敬德一颗忠心。

但是很快发生了一件事，差点让尉迟敬德丢掉性命。原来跟着尉迟一起投降的那个寻相叛逃了，此举引发了唐军的骚动。有人擅作主张将尉迟敬德捆绑起来塞入囚车，还有人劝李世民说："此人勇健非常，絷之又久，既被猜贰，怨望必生。留之恐贻后悔，请即杀之。"（《旧唐书·尉迟敬德传》）（这人和寻相是一伙的，谁知道他忠心不忠心。加上现在又被囚禁了，肯定心生怨气，不如杀了算了。）李世民不同意，说："敬德若怀翻背之计，岂在寻相之后耶？"（《旧唐书·尉迟敬德传》）（我的看法和你们不一样，尉迟敬德何许人也，寻相算什么，尉迟要是想谋反早就反了，会在寻相之后吗？）于是他命令释放尉迟敬德，将其请入大帐，赔礼道歉并送上了一笔财宝。他表示，尉迟敬德想离去，自己不会阻拦，财宝是路费。尉迟敬德听了以后非常感动，由此开始一心一意辅佐李世民。自古及今人事工作的核心就是情感，只有金钱关系那就永远是雇佣关系；自古好领导都是打情感牌的高手。

此后尉迟敬德一辈子跟随李世民建功立业，李世民也一辈子欣赏尉迟敬德，他大概看中了尉迟敬德身上的三个优点。

第一个优点：武艺高强。

尉迟敬德是一员猛将。有的将领善于打仗，善于谋略，但是武艺可能一般，而尉迟敬德则不然，他是个全能人才，尤其是有一手绝活——夺槊。《大唐传载》记载："尉迟敬德性饶宽，而尤善避槊。每单骑入阵，敌人刺之，终不能中，反夺其槊以刺敌人。"意思就是尉迟敬德善于躲避敌人的槊刺，槊是一种较长的矛。尉迟敬德不但善于躲避敌人的槊刺，而且还善于反手把这根槊夺过来。换句话说，尉迟敬德可以不带兵器赤手空拳上阵，然后没收敌人装备，给自己搞一身行头。

尉迟敬德这身武艺还把一个人吓住了，谁呢？也就是后来玄武门事变中李世民的死对头齐王李元吉。李元吉身材壮硕，力大无穷，也有一身武艺。李元吉听说尉迟敬德喜欢在战场上没收敌人装备，他不服，不信尉迟敬德有这个本事，于是主动要求比画比画。比武前他特地将矛头去掉。尉迟敬德一笑："饶王著刃，亦不畏伤。"（《大唐传载》）（你就是把矛头加上，我也不怕。）元吉刺了三次，三次槊都被尉迟夺走了，李元吉号称"力敌十夫"，这次丢人丢大发了。这个事很重要，为什么这么说？从此李元吉害怕尉迟敬德，都有"尉迟敬德情结"了，后来玄武门事变中这个情结发挥了重要作用。

叛逃事件过后没几天，尉迟敬德的武艺就发挥作用了。当时唐军已经转战中原，与占据洛阳地区的王世充展开对峙。李世民率领五百骑兵，登上了北魏宣武帝景陵巡视，当时尉迟敬德也在。大敌当前李世民到景陵做什么？其实，它是这一带的制高点，李世民应该是去瞭望敌情的。结果他被敌人看到了，大将单雄信率军猛扑过来。单雄信原本是瓦岗军李密的手下，后来投降了王世充。此人骁勇善战，名头响亮，他出其不意包围了李世民，然后跃马直逼李世民，《资治通鉴》描述说："单雄信引槊直趋世民，敬德跃马大呼，横刺雄信坠马，世充兵稍却，敬德翼世民出围。"单雄信是很厉害的人物，但是在这场较量中败下阵来。尉迟敬德从侧斜方杀出，将单雄信刺下马来，救了李世民一命。尉迟敬德护送李世民杀出重围，这时唐军主力赶到，尉迟敬德身先士卒返身冲入敌阵，王世充军队大败。李世民获救，十分高兴，拉着尉迟敬德说报答速度好快，然后赏赐了一箧金银。《资治通鉴》说："自是宠遇日隆"，李世民对尉迟敬德越来越宠信。

《大唐传载》还记录了尉迟敬德在战场上的其他英勇事件。李世民在和窦建德作战时特地带着尉迟敬德去挑战，他对尉迟说：我拿弓，你持枪，百万敌人也无可奈何！于是他和尉迟敬德一起跑到敌营大门口大呼："大唐秦王，能敌来，与汝决！"敌人没一个敢出来应战。

在两军摆开阵势对峙的时候，李世民看到对方的一个少年骑着骏马，慨叹了一声："彼所乘马，真良马也。"（《大唐传载》）尉迟敬德一听马上自告奋勇，说要把那马夺过来。李世民说："脱以一马损公，非寡人愿。"（我可不愿为了一匹马损我一员大将。）尉迟敬德不听，策马冲了过去，一把揪住那小子，连人带马俘虏过来。一审问才知道，该少年是王世充的侄子，而这匹马是当年隋炀帝的御马。尉迟敬德因此又大大扬名了一回。

第二个优点：忠心耿耿。

性情中人有这样的特点：你敬他一尺，他敬你一丈。李世民对尉迟的信任换来尉迟敬德越发忠心耿耿。

在玄武门事变前，太子党和秦王党都在招兵买马，而且四处挖对方墙脚。太子和齐王看中了尉迟敬德，想挖他，先送个见面礼，金银装了满满一车，而尉迟敬德是这样回答的："于殿下无功，不敢谬当重赐。若私许殿下，便是二心，徇利忘忠，殿下亦何所用？"(《旧唐书·尉迟敬德传》)（我无功不受禄。我当年委身敌营，罪不可赦，幸亏秦王不嫌弃我，给了我新生命，我应该全力报恩。如果私下投奔了您，那我就是个见利忘义的小人，这样的小人您不想用吧？）太子听了这话气得够呛。

尉迟敬德把这件事向李世民做了汇报，李世民夸赞他说："公之素心，郁如山岳，积金至斗，知公情不可移。"(《旧唐书·尉迟敬德传》)这个"斗"不是指一斗粮那个斗，而是指北斗。李世民是夸赞尉迟敬德很忠诚，就是金子堆到北斗那么高也不会动摇。

齐王元吉收买不成，就派遣刺客潜入尉迟敬德家搞谋杀。尉迟敬德听到院子里有动静，于是敞开屋门，安卧不动。刺客吓得不敢进去，是啊，进去连人带匕首都会被没收。

第三个优点：待人宽厚。

尉迟敬德虽然官职很高，名气很大，但是对待他人还是比较宽厚的。尉迟敬德是个复杂的人，他对不如他的人很宽厚，但是对和他地位一样的人不宽厚。

尉迟敬德对钱财看得很淡，皇帝对他赏赐很多，但他往往把这些钱财送给别人，《册府元龟》记载："敬德轻于货财，所得遗赐，多散之于士卒及故旧亲族。"尉迟敬德常把钱财送给部下士兵和亲戚朋友。

玄武门事变后，李世民对太子李建成和齐王李元吉一党痛下杀手，两人的子嗣基本被杀光了。就这还不算完，受牵累的还有一百多家。《新唐书 · 尉迟敬德传》记载尉迟敬德为他们求情："为恶者二人，今已诛，若又穷支党，非取安之道。"（已经诛杀了李建成、李元吉，不要牵累其他人，这直接影响到朝廷的稳定。）李世民听了他的话，赦免了这一百多家。

尉迟敬德还有个优点——糟糠之妻不下堂。《隋唐嘉话》记载："太宗谓尉迟公曰'朕将嫁女与卿，称意否？'"尉迟敬德回答："臣妇虽鄙陋，亦不失夫妻情。臣每闻说古人语：富不易妻，仁也。臣窃慕之，愿停圣恩。"然后叩头辞让。当驸马，多好的事情，但是尉迟敬德不答应，理由是"富不易妻"，这是仁义，不能违背，李世民听了之后大为赞赏。对于李世民来说，这人是个能人，也是能使他放心的人，用着踏实。

尉迟敬德人生第三阶段：扬威玄武门。

尉迟敬德人生最高峰就是参与玄武门事变，他是这场事变的关键人物之一。厥功至伟，这是他名列凌烟阁的原因，也是他后来居功自傲的原因。他在这场事变中发挥了三个作用。

第一，促决策。

当时双方矛盾一触即发，太子和齐王以抵御突厥进攻为由，要把包括尉迟敬德在内的秦王府猛将调到自己麾下，然后找个机会一网打尽。秦王府这边大为紧张，尉迟敬德和长孙无忌等人态度是一致的——先下手为强。尉迟来劝的时候，李世民还是下不了决心，很彷徨，他说："寡人虽深被猜忌，祸在须臾，然同气之情，终所未忍。欲待其先起，然后以义讨之，公意以为何如？"（《旧唐书·尉迟敬德传》）大意是，我下不了这个手啊，能不能等他们先动手，让天下人看到他们不义，然后咱们再反击？敬德回答："人情畏死，众人以死奉王，此天授也。若天与不取，反受其咎。"大意是，现在大家豁出命要跟着您干大事，不能违背天意。紧跟着他又说："王若不从敬德言，请奔逃亡命，不能交手受戮。""敬德今若逃亡，无忌亦欲同去。"（《旧唐书·尉迟敬德传》）大意是，秦王若不听从建议，他和长孙无忌只好一起逃跑，否则必被杀。太宗还在犹豫，敬德又给他吃定心丸："且在外勇士八百余人，今悉入宫，控弦被甲，事势已就，王何得辞！"（《旧唐书·尉迟敬德传》）大意是，咱们不怕他，咱在外有人，有八百勇士时刻待命，箭在弦上不得不发啊。尉迟敬德这话泄露了一个大秘密。在李世民当皇帝后篡改的史书中给太子建成和齐王元吉罗列的一大堆罪状中有一条就是私蓄长林军武装，这在当时法律里是十恶不赦之罪。可是百密一疏，他们篡改史书时尉迟敬德还活着，等尉迟敬德死了史官给他写传记的时候把这句“在外勇士八百余人”写了进去，这说明什么？说明你们也不是善茬啊，他们有长林军，你们这不也有勇士八百吗？

第二，找帮手。

太子和齐王要阴谋诡计，让皇帝李渊把房玄龄、杜如晦赶到外地，不许回京，算是断了李世民一条臂膀。所以在起事前李世民派遣长孙无忌和尉迟敬德召回房玄龄、杜如晦，长孙无忌负责动嘴，尉迟敬德负责动手。李世民给尉迟敬德的任务就是拿把刀，他们要是不回来就杀了他们。房玄龄、杜如晦不得不违背皇命，秘密潜回长安。

第三，决战一线。

玄武门事变这一天，尉迟敬德紧随李世民左右，一小队人马全副武装埋伏在玄武门内一片树林中，等待太子李建成和齐王李元吉。这两人接到皇帝命令前来开会，毫无戒备，刚一进玄武门，李世民跃马而出，一箭射过去，当场将太子李建成射死。李世民一直是以善射而著称，这回对亲哥哥下手了。齐王李元吉一看大事不妙，策马逃跑，李世民在后面紧紧追赶，追到树林里时发生了险情——李世民不慎落马。李元吉一看机会来了，他要夺李世民手里的弓，而且想掐死李世民。李元吉是个大力士，所以李世民一时间危在旦夕，而此时恰巧尉迟敬德赶到一声大吼。李元吉抬头一看是尉迟敬德，撒丫子就跑。他怕兵器被没收了，他有“尉迟敬德情结”，见到尉迟就肝颤。尉迟敬德追上前去将其杀死。此时太子和齐王的人才听到消息，大批人马立刻赶到玄武门，与禁军激战。尉迟敬德砍下李建成的人头，站在城楼上向众人展示，太子党的人这才一哄而散。尉迟敬德全副武装浑身是血地跟着李世民来见唐高祖李渊。李渊此时还不知道发生了什么事，见到李世民和尉迟敬德这副模样大吃一惊，问尉迟敬德："今日乱者谁邪……卿来此何为？"(《资治通鉴》卷一九一）大意是，谁在作乱……你来干什么？尉迟回答："秦王以太子、齐王作乱，举兵诛之，恐惊动陛下，遣臣宿卫。"(《资治通鉴》卷一九一）大意是，太子和齐王作乱，我来保卫您。李世民抱住高祖号啕大哭，这是高度紧张之下的宣泄。周围人赶紧拍李世民马屁，劝李渊立秦王为太子，李渊一点头："善！此吾之夙心也。"(《资治通鉴》卷一九一)(嗯，好，没问题，这是我的夙愿！）李渊很快答应，是因为尉迟敬德就站在边上。

尉迟敬德在玄武门事变中发挥了举足轻重的作用，是整个事变中具体执行环节的首席功臣。根据《旧唐书》卷五七的记载，李世民当皇帝后犒赏群臣，尉迟敬德排名第四，"食邑一千三百户"。

尉迟敬德人生第四阶段：韬光养晦。

尉迟敬德是性情中人，不过巨大的荣誉和权势也会使他迷失方向，不多久他就犯了个错。

尉迟敬德此时开始居功自傲，他不服其他和他地位相等的人，认为自己救过皇帝性命，玄武门事变的成功他功不可没，别人都是些摇笔杆子的！所以他在朝堂上经常和长孙无忌、房玄龄、杜如晦吵架。最终太宗也觉得烦，就把他放了外任，到外地去当都督了，后来又担任同州刺史，就这他还不吸取教训。有一次与皇帝吃饭，有人座次在尉迟敬德之上，他大为不满，骂道："汝有何功，合坐我上？"(《旧唐书·尉迟敬德传》）宗室任城王李道宗劝他，他不听不说，反过来一拳打到李道宗眼睛上，快把人打瞎了。李道宗不但是宗室，也是一员名将，尉迟竟然敢在皇帝面前打他。

李世民十分恼怒，酒也不喝了，正色对他说："朕览汉史，见高祖功臣获全者少，意常尤之。及居大位以来，常欲保全功臣，令子孙无绝。然卿居官辄犯宪法，方知韩、彭夷戮，非汉祖之愆。国家大事，唯赏与罚，非分之恩，不可数行，勉自修饬，无贻后悔也。"（《旧唐书·尉迟敬德传》）（我看汉史，原本还惋惜汉高祖为何杀功臣，所以当皇帝以来一心想保全功臣，现在才明白汉高祖当年杀功臣是迫不得已的。）那意思就是说，杀功臣是因为功臣居功自傲，杀他们是不得已而为之。这话说得非常重了。

尉迟敬德此时也冷静下来了，意识到自己犯了大错。从此他的人生观发生了巨变，再也不和人发生争执，几乎闭门不出，贞观十七年（643）还以年老为名向皇帝请求辞职。也就在这一年，李世民下令绘他的像于凌烟阁。这说明李世民并没有彻底放弃这个老臣。尉迟敬德这种性情中人，有脾气发在明处，本质还是很好的，所以警告归警告，荣誉还是要给的。

两年后太宗伐辽东，尉迟敬德还劝他不要去，唯恐朝廷空虚有变。太宗不听，还要他随行。不过此时英雄迟暮，骁将尉迟已经无力冲锋陷阵了。在战争中他担任军乐队队长，廉颇老矣。

晚年的尉迟敬德与世无争，终日炼丹服药，《旧唐书》说他"尝奏清商乐以自奉养，不与外人交通"，与人都不往来，韬光养晦，唯恐招致祸事。高宗显庆三年（658），尉迟敬德去世，享年七十四岁，一代英雄就此谢幕。

尉迟敬德就是李世民手里的一把刀，一把锐利的刀。他有优点，有缺点，但他没心眼，所以我喜欢他，因为他有血有肉，更贴近普通人。

房玄龄

唐代萧何

『贞观之前，从朕经营天下，玄龄之功也。』《资治通鉴》（卷一九五）

李世民集团有一个从小到大的发展过程，这不仅仅指的是其规模，还包括其组成来源、其抱负理想。李世民知人善任，把一个亲王府小集团发展成了东方大帝国。这个集团里的人，有的与李世民有亲属关系，天然忠诚，比如长孙无忌；有的孔武有力，心地朴厚，用着放心，比如尉迟敬德；有的才干超群，但不是亲属，或者说起码最初不是，而且很有谋略，这样的人若用得好是一把利器，用不好对自己是个伤害，关键在于用法。李世民对房玄龄的使用就是一个典型例证。

李世民之所以使用房玄龄，是因为敬重其才干。房玄龄论武功不及尉迟敬德、秦琼、程咬金，论文学造诣不及李白、杜甫，能青史留名主要靠他高超的行政才干。

第一，天资聪颖。

房玄龄祖籍今山东，《旧唐书》说他“幼聪敏，博览经史，工草隶，善属文”。唐代的《法书要录》记载“房行、草亦风流秀颖”。就是说房玄龄的行书、草书写得很漂亮。房玄龄少年时就有很强的政治洞察力，当时是隋文帝时代，隋朝国力强大，天下安宁，大家都觉得是太平盛世，而房玄龄则有不同的看法，他悄悄对自己父亲说：“隋帝本无功德，但诳惑黔黎，不为后嗣长计，混诸嫡庶，使相倾夺，储后藩枝，竞崇淫侈，终当内相诛夷，不足保全家国。今虽清平，其亡可翘足而待。”（《旧唐书·房玄龄传》）意思是隋文帝这个皇帝是抢夺而来，本身没什么功德，现在在继承人问题上又是昏招迭出，早晚有一天要天下大乱。当时隋朝发生了易储事件，太子杨勇被废，杨广靠欺骗手段登上了太子位，房玄龄所论大概指的就是这件事。他父亲当即让他别说了，不过后来证明房玄龄是正确的。

房玄龄十八岁考上了进士，这是很不容易的。当时的吏部尚书高孝基以知人善任而著称，他见过房玄龄后有这么一番话：“仆阅人多矣，未见如此郎者。必成伟器。”（《旧唐书·房玄龄传》）

房玄龄加入李世民集团的时间较晚，太原举兵没有他的份儿。李世民来到关中时他才来投奔，《旧唐书》说“会义旗入关，太宗徇地渭北，玄龄杖策谒于军门，温彦博又荐焉。太宗一见，便如旧识，署渭北道行军记室参军。玄龄既遇知己，罄竭心力，知无不为”。李世民与房玄龄一见如故。房玄龄钦佩李世民的才干，因此尽心尽力辅佐他。

第二，识大体，顾大局，具有洞察力。

房玄龄是个萧何式的人物，都是摇笔杆子出身，萧何是刀笔吏，房玄龄是进士。他们做事也有相同点，比如都有高超的行政能力，比如都很识大体。当年刘邦打下咸阳城，刘邦及其手下哪里见过咸阳这样富丽堂皇的城市，于是一进宫便大肆劫掠财宝美女。萧何则不然，他也跟着抢，但是他抢救的是秦朝的户籍和地图。有了地图就知道山川地理，有了户籍就掌握了人口分布，这两样东西是未来与项羽争夺天下的关键。此举体现出了萧何的远见卓识。房玄龄也是如此，《旧唐书》记载“贼寇每平，众人竞求珍玩，玄龄独先收人物，致之幕府。及有谋臣猛将，皆与之潜相申结，各尽其死力”。每当消灭一个敌人，众将都竭力去抢财宝，只有房玄龄去搜罗人才，将其纳入秦王府。而且在这个过程中房玄龄再次体现出他的政治洞察力——他早早就已经意识到李世民未来与太子李建成会决雌雄，所以很早就开始做准备，而当时太子和李世民之间的矛盾还不太明显。

杜淹是王世充的手下，很有才干。王世充战败后，太子李建成想把杜淹收到自己帐下，结果房玄龄迅速出手，《大唐新语》记载：“（杜淹）大业末为御史中丞。洛阳平，将委质于隐太子，房玄龄恐资敌，遂启用之。寻判吏部尚书，参议政事。”他抢在太子之前帮李世民将杜淹收到麾下，给他吏部尚书，就是为了不“资敌”。当时是武德四年（621），距离玄武门事变还有五年，但是他已经开始将李建成视为敌人了，甚至可以说他下这个决心比李世民还要早。

房玄龄为人也很大度，一点都不嫉贤妒能，《资治通鉴》记载：“玄龄明达政事，辅以文学，夙夜尽心，惟恐一物失所；用法宽平，闻人有善，若已有之，不以求备取人，不以己长格物。”他工作起来尽心尽力，小心翼翼，执法公平，看到别人的优点就高兴，好像是自己的优点一样。不以完人的标准去苛求他人，不以自己的长处为资本而去纠正、强求他人。古往今来没几人能做到这一点。

第三，行政能力高超。

李世民在晚年曾经如此总结自己的前半生：“贞观之前，从朕经营天下，玄龄之功也。”（《资治通鉴》卷一九五）房玄龄对于李世民的作用就相当于萧何之于刘邦。《旧唐书》说：“玄龄在秦府十余年，常典管记，每军书表奏，驻马立成，文约理赡，初无稿草。”他行军途中起草书信文稿从来不打草稿，一气呵成。唐高祖李渊很欣赏他，对身边人说：“此人深识机宜，足堪委任。每为我儿陈事，必会人心，千里之外，犹对面语耳。”（这人替我儿李世民起草的信件文稿写得太好了，以至于千里传书，我都觉得像是在和儿子面对面会谈。）

当时秦王府里最主要的谋臣就是房玄龄和杜如晦。长孙无忌虽然是李世民最信赖的人，但是他在谋略方面稍逊一筹。房玄龄善于谋划，杜如晦善于决断，《资治通鉴》卷一九三记载：“上每与玄龄谋事，必曰：‘非如晦不能决。’及如晦至，卒用玄龄之策。盖玄龄善谋，如晦能断故也。二人深相得，同心徇国，故唐世称贤相，推房、杜焉。”由此也留下了一个成语“房谋杜断”。

李世民当皇帝之后，法规、礼制、史书都由房玄龄、杜如晦等主持制定撰写，《册府元龟》说：“台阁规模及典章文物，皆二人所定，甚获当代之誉。”可以这么说，唐代规章制度的基本结构就是在贞观年间奠定的，而贡献最大的就是房、杜二人。而杜如晦去世比较早，所以房玄龄对历史的影响更大。

房玄龄创造了一个政坛奇迹。据《资治通鉴》记载，李世民要求房玄龄精兵简政："官在得人，不在员多。"于是房玄龄主持机构改革，朝廷保留文武官员六百四十三名，当然这指的是有品级的官，不包括吏，但即便如此也是一个十分精简的小朝廷。而就是这个六百多人的小朝廷在房玄龄带领下创造了贞观之治，领导一个世界上数一数二的大帝国走向繁荣，并使得西北各族拥戴唐太宗为"天可汗"，在中国人的历史记忆中留下了浓墨重彩的一笔。

李世民对房玄龄的使用就是疑而用之。

"疑人不用，用人不疑"，可真实的情况是，用人也可存疑，关键是怎么存，怎么用。人与人之间有嫌隙和矛盾是正常的，很多时候利益无法同步，难免有"疑"。所以很多情况下，不要纠结于疑或不疑，而要思考在"疑"的情况下怎么用人，或者怎么为我所用。

房玄龄的出身有问题。房玄龄是山东人，不是李世民所处的关陇集团的核心成员。他不是初创元老，而是后期招聘来的，可能需要与领导磨合。

房玄龄与李世民无血缘、姻亲关系。李世民对长孙无忌无比信赖，那是因为早在太原举兵前李世民就娶了长孙无忌的妹妹为妻，夫妻感情也特别好，因此长孙无忌获得信赖靠的是姻亲关系。房玄龄的女儿和儿子虽然也和皇室联姻，但那都是后来的事情了。最初他与李世民之间并无血缘、姻亲关系，因此少了一层保护膜。

既然如此，李世民对房玄龄的态度就有一个从将信将疑到逐步信赖的磨合过程，而房玄龄的态度则是小心翼翼、如履薄冰。

李世民对房玄龄信赖程度逐步加深的原因除了房玄龄努力表现外，还有重要的一端——李世民和房玄龄通过一个事件紧密结合在了一起。这个事件涉及很多核心秘密，以至于根本不能外泄，等于一根线把两人紧紧绑在一起，捆绑成一个利益共同体。换句话说，原本并无紧密关系的人一旦共享机密，一荣俱荣，一损俱损，就成了一个整体。就好比《水浒传》里王伦硬要林冲纳个“投名状”，砍个人头作为见面礼，等于把你也变成土匪杀人犯，从此是一路人了，共同对付外界。

那么是什么事件将李世民和房玄龄紧密结合在一起？那就是玄武门事变。

玄武门事变前后房玄龄厥功至伟，是他首先游说长孙无忌劝说李世民先下手为强，而且他也是太子李建成、齐王李元吉的眼中钉肉中刺。他们认为秦王府最有谋略的就是房玄龄、杜如晦，所以必须剪除此二人，但是苦于找不到借口杀他们，于是退而求其次，游说唐高祖李渊把房玄龄、杜如晦赶出了京城，没有旨意不得返回。

当李世民在长孙无忌、尉迟敬德等人劝说下决心与太子和齐王刀兵相见的时候，迫切需要房、杜返回出谋划策。《资治通鉴》记载房玄龄不敢回：“敕旨不听复事王；今若私谒，必坐死，不敢奉教！”（亲王的命令被称作“教”。皇帝不再让我服侍您，您现在召我回去是抗旨，我不敢回。）这符合房玄龄小心翼翼的性格。李世民勃然大怒：“玄龄、如晦岂叛我邪！”请注意，他怀疑房、杜在高压之下叛变了，可见他对二人的忠诚度没有百分百的信心。李世民拔刀给尉迟敬德，说：“公往观之，若无来心，可断其首以来。”

结果房玄龄和杜如晦乖乖地跟着尉迟敬德回来了，为了掩人耳目，他们打扮成道士，悄悄潜回长安。元代历史学家胡三省给这段文字作注说：“房玄龄之言，亦以激发世民。”（《资治通鉴》）意思是房玄龄搞的是激将法，但房玄龄绝对没有那个想法，最初的“不敢奉教”，就是他的性格体现。后来他们潜入长安，本就是被逼迫而来。

此后一直到事发，房、杜都住在秦王府里秘密谋划。由于史料被篡改，细节已经无从知晓，但是肯定有很多上不了台面的事情。通过史料的比对和研究，大致可知，派长孙氏进入后宫收买游说皇帝李渊身边的妃嫔，私建一支八百余人的敢死队，收买玄武门将领等。这些事有的早就着手进行了，有的则是事变前的临时举措，但是大概都与房、杜二人分不开。而且可能还有很多事湮没在历史长河里，变成永远的秘密了。多年以后，房玄龄因为一件小事被唐太宗遣送回家，当时病重的长孙皇后对唐太宗说：“玄龄事陛下久，小心慎密，奇谋秘计，未尝宣泄，苟无大故，愿勿弃之。”（《资治通鉴》卷一九四）这句“奇谋秘计，未尝宣泄”暗示皇帝——房玄龄为官这么久了，奇谋秘计到现在也没泄露出去，可见他是值得放心的。这里的“奇谋秘计”究竟有多少指的是玄武门事变的事情，已经无从知晓了。

李世民忌讳人们深入了解玄武门事变的细节，所以开始篡改历史。在太上皇李渊去世之后不久，他就着手进行这件事，先后三次提出观看史书，第一次是贞观九年（635）十月，大臣们不答应，没搞成。第二次是贞观十三年（639），这次太宗向主管《起居注》的褚遂良提出要求，褚遂良也没答应。

最后这事还是靠房玄龄才成功的，时间是贞观十四年（640）。唐太宗直接向房玄龄提要求，房玄龄不敢拒绝，找人匆忙修改史书，编成《实录》进呈给他，现在看到的有关玄武门事变的史料多半都经由房玄龄修改。褚遂良为何敢拒绝？因为褚遂良和玄武门事变没有直接关系。房玄龄不一样，修改史书为李世民洗白也是在为自己洗白。经由他修改的史书将李世民集团描写得光明磊落、被逼无奈，也就把很多谋划细节删除了。玄武门事变仍然有很多扑朔迷离的地方，但是秘密已经被房玄龄永远带走了。

李世民给予房玄龄极高礼遇，并逐步增强信任。

玄武门事变就是房玄龄给李世民献上的投名状，共享秘密成为他们的黏合剂，从此李世民对房玄龄的信任与日俱增。这种信任有如下表现：

李世民登基后犒赏有功之臣时将房玄龄排在了第一等，有人不服，宗室淮安王李神通说："臣举兵关西，首应义旗，今房玄龄、杜如晦等专弄刀笔，功居臣上，臣窃不服。"（太原举兵我是首先响应的，房玄龄等人是刀笔吏，怎么功劳居于我之上？）唐太宗回答："玄龄等运筹帷幄，坐安社稷，论功行赏，固宜居叔父之先。"（《资治通鉴》卷一九二）（不要看房玄龄没有在战场上冲锋陷阵，他出谋划策的功劳远在你们这些武将之上。）

在唐太宗的运作下，房玄龄和他成了儿女亲家。房玄龄儿子房遗爱娶了太宗之女高阳公主，女儿嫁给了韩王李元嘉（李元嘉是高祖之子，太宗的兄弟）。

整个贞观朝，作为文臣的房玄龄的地位仅次于长孙无忌。贞观十七年（643）图其像于凌烟阁，这是他荣誉的顶峰。

此时再有人说房玄龄不忠，李世民是很难相信的了。比如大臣萧瑀深受太宗信赖，但是此人有个毛病——傲，尖酸刻薄，与人不和。他曾经在唐太宗面前告发房玄龄："房玄龄与中书门下众臣，朋党不忠，执权胶固，陛下不详知，但未反耳。"意思是房玄龄他们在搞朋党营私，也就是还没反，你不知道而已。李世民听了很生气，把萧瑀数落了一顿："卿言得无太甚！人君选贤才以为股肱心膂，当推诚任之。人不可以求备，必舍其所短，取其所长。朕虽不能聪明，何至顿迷臧否，乃至于是！"（《资治通鉴》卷一九八）（你太过分了，我对房玄龄他们以诚相待，看人要看长处，别老盯着别人短处，我有那么糊涂吗？）

这也就是萧瑀，换了别人就没这么客气了。贞观十九年（645）唐太宗御驾亲征辽东，留下房玄龄主持朝政。这时有人来告密，说有人要谋反。房玄龄问谁谋反，来人回答道："公则是也。"（《资治通鉴》卷一九七）这人也够坦诚。房玄龄更坦诚，既然所告是我，那么我得回避，于是他命令用官方的驿站将告密者送到前线唐太宗那里。唐太宗听说有人要告密，命人手持长刀立于自己身旁，然后问告密者告谁。那人回答："房玄龄。"太宗一听要告房玄龄，案情不问，举报材料不看，就命人把告密者带出帐外腰斩了。然后写一封玺书责怪房玄龄：以后遇到这样的人可以先斩后奏！这显示出太宗对房玄龄的信赖。

唐太宗对待房玄龄的态度有这样的一个转变轨迹，那么房玄龄对待唐太宗的态度如何？

有一个有趣的现象，唐太宗一生以善于纳谏而著称，手下也有一批勇于进谏的直臣。可是仔细分析一下这些直臣就会发现，他们出身秦王府旧人的少，“外来户”多。秦王府旧臣长孙无忌和房玄龄都是谨慎之人，他们的进谏记载不多，外来户比如魏徵，反倒比他们要强硬得多。究其原因，估计是秦王府的人与李世民共同创业，经历过许多腥风血雨，知道这位君王的秉性，尊敬并害怕他。而皇帝李世民为了摆脱杀兄逼父的丑名，必须干出一番事业来，用明君的声誉证明自己。这种心态在客观上促成了贞观之治，将坏事变好事。而明君要善于纳谏，这样才成就了一批直臣。

房玄龄是个能臣、循吏，但绝非直臣。他一生都小心翼翼，有如下表现：

第一，很少进谏。

房玄龄对李世民的态度是尽心辅佐，但是很多事看在眼里也不敢提意见，唐太宗说他：“房玄龄处朕左右二十余年，每见朕谴责余人，颜色无主。”（《资治通鉴》卷一九七）

和长孙无忌一样，有机会进谏他也不接招。一次，有人上书“修洛阳宫，劳人。收地租，厚敛。俗好高髻，盖宫中所化”。唐太宗勃然大怒：“欲国家不役一人，不收斗租，宫人皆无发。”（《资治通鉴》卷一九四）唐太宗的话是对着房玄龄说的，可是房玄龄什么也不敢说。还有一次，有人在太宗面前告状说高官们都轻慢魏王李泰，那时李泰还很受太宗喜爱。太宗又怒了，大发脾气。“房玄龄等皆惶惧流汗拜谢”，房玄龄吓得颤抖如筛糠。

太宗对房玄龄唯唯诺诺的做法也有所不满，直接对房玄龄说："中书、门下，机要之司，诏敕有不便者，皆应论执。比来唯睹顺从，不闻违异。若但行文书，则谁不可为，何必择才也！"（《资治通鉴》卷一九三）（中书、门下不仅要执行旨意，旨意有不妥的地方也要指正，可你们从来都是照办不误，不提意见。要是这样的话，那这个岗位是个人都能干，要你们干什么？）但"房玄龄等皆顿首谢"（《资治通鉴》卷一九三），还是拜谢。

第二，迎合唐太宗。

房玄龄是个明哲保身的人，有时甚至不惜迎合太宗。有一次太宗问他："隋文帝何如主也？"（《资治通鉴》卷一九三）怎么评价隋文帝？房玄龄少年时就说过隋文帝不是个好皇帝，早晚要把国家搞得大乱。可是这次不然，房玄龄知道唐太宗对隋朝两代皇帝都没好感，会抨击隋文帝，所以他故意夸了隋文帝。他这样评价隋文帝："虽性非仁厚，亦励精之主也。"（《资治通鉴》卷一九三）他性格不算仁厚，但也是个励精图治的人。房玄龄之言果然引得唐太宗狠狠地批评，大谈隋文帝是个不智而多疑之人，所以二世而亡等等。群臣频频点头。

第三，修改史书。

这个事前面谈到了，不多说了，一句话——以房玄龄的性格和经历来看，他是做这个事的最合适人选。

房玄龄能力强，但是他谨慎甚至胆怯。有一次，唐太宗的儿子吴王李恪出外打猎游玩，损了老百姓的庄稼，御史因此弹奏。唐太宗舍不得惩罚儿子，却要治儿子副手权万纪的罪，理由是"权万纪事我儿，不能辅正，其罪合死"（《唐会要》卷六一）。御史马上回敬："房玄龄事陛下，尚不能谏止畋猎，岂可独罪万纪乎？”（《唐会要》卷六一）（房玄龄是您的副手，不也照样没能劝止您打猎游玩吗？为什么只怪罪权万纪？）太宗一下被噎住了。房玄龄在这件事上可谓躺着也中枪。

唐太宗爱书法，尤其爱王羲之的书法，王羲之的代表作《兰亭集序》就落到他手里了，而这个过程不太光彩。《法书要录》记载说，当时《兰亭集序》在一个高僧辩才手里。辩才小心翼翼地保管《兰亭集序》，把它看得比眼珠子还宝贵。他在自己房间大梁上凿个洞储存，轻易不给人看。唐太宗向他要，他推辞说丢了。太宗又不好意思强夺，就问房玄龄怎么办。房玄龄建议找个智勇双全的人解决这件事，于是推荐了一个叫萧翼的风流才子去智取《兰亭集序》。萧翼伪装成书生到寺中借宿，他凭借高雅的谈吐，还装扮成王羲之的忠实粉丝，终博得了高僧的信任，高僧给他看了《兰亭集序》。来往次数多了，高僧也好，其弟子也好，都对萧翼失去了警惕。终于萧翼找了一个高僧外出的机会，借口说有东西落在高僧房间，骗过其弟子进入卧房，取走《兰亭集序》献给了太宗。丢了《兰亭集序》，辩才不久就气死了。

现在有学者认为《法书要录》的这个故事是虚构的，甚至辩才、萧翼这两个人也是虚构的。萧翼之名首见于中唐史料《兰亭始末记》，并且无其他可信史料辅证。除了赚兰亭序，再无其他任何事迹，他很可能是虚构人物。郭沫若在《由王谢墓志的出土论到〈兰亭序〉的真伪》中认为，萧翼完全是虚构的小说人物。梁少膺著《王羲之研究二稿》也认为故事漏洞百出，不可信。祁小春《迈世之风——有关王羲之资料与人物的综合研究》也认为，萧翼和辩才都是虚构人物，只存在于传奇小说的想象之中，那么赚兰亭自然也是假故事。

另外，庄严先生《前生造定故宫缘》认为故宫藏《萧翼赚兰亭图》为五代顾德谦所作，与阎立本无关。史树青先生《从〈萧翼赚兰亭图〉谈到〈兰亭序〉的伪作问题》认为："这卷画既不是阎立本画的，也不是萧翼赚兰亭故事，而是后人对《兰亭》迷信，给它戴上了阎立本'萧翼赚兰亭'的帽子。"他认为是五代北宋作品，是点茶图。

不过退一万步讲，故事虽然假，但是仍然有其价值，那就是编故事的人的心态值得研究。这个故事唐代已有，为何编故事的人要将房玄龄设为出谋划策者？而这个出谋划策者为何不是魏徵、褚遂良？唐人觉得房玄龄是最合适的人选，只有他能有此"奇谋秘计"。

贞观二十三年（649），房玄龄病危。唐太宗听说之后心急如焚，屡屡派太医看望。病危中的房玄龄终于一改他一生的小心谨慎。当时唐太宗屡屡对辽东用兵，房玄龄对此十分焦虑，他对儿子说："吾知而不言，则衔恨入地。"（这时我要是不进谏，就要含恨入土了。）于是他抱病写了很长的一篇谏词，告诫太宗要适可而止，要顾惜民力和将士妻小，不要以意气之争来决定外交政策。言辞慷慨激昂，完全不是他以往的作风。房玄龄不是看不出太宗的缺点，而是善于保护自己，临死前终于展现了本我。太宗看到这封谏书很感动，对女儿、房玄龄儿媳高阳公主说："此人危惙如此，尚能忧我国家。"（他病成那样，还在操心我的国家。）

不久，一代名相房玄龄辞世，他是一个聪明绝顶的人，一个有才干谋略的人，一个经历复杂的人。他为大唐盛世做出了卓越贡献；见惯了血雨腥风和宫廷阴谋，一生用小心谨慎做自己的盔甲。他活得精彩，但也不轻松。他就是那个时代的代表性人物。

秦琼

门神之外的秦叔宝

『叔宝每从太宗征伐，敌中有骁将锐卒，炫耀人马，出入来去者，太宗颇怒之，辄命叔宝往取。叔宝应命，跃马负枪而进，必刺之万众之中。』《旧唐书·秦叔宝传》

我中学午饭时最大的乐趣就是听单田芳的评书《隋唐演义》：里面有很多英雄好汉，驰骋天下；而且还有个排行榜，什么十三条好汉、十八条好汉，就跟现在的流行歌曲排行榜一样。那时候为了争论谁的武功更强，男生是会打起来的。后来学了唐史，才知道里面不少人是虚构的，比如头条好汉李元霸（李渊的儿子）就是编的。历史上只有一个李玄霸，而且他早早就去世了，也不会使什么大锤。清朝人写《隋唐演义》借了他的名，而且为了避康熙帝玄烨的讳，把他的名字改成了李元霸。

秦琼毫无疑问是真实人物，而且的确是一条好汉。他不仅是唐初的名将，而且是后世文学作品、民间传说、戏曲舞台上的主角，民国诗人宋恕已在《游五龙潭》一诗中这样说：

胡国宅犹记，

唐家陵久平。

二三老农贩，

闲坐说秦琼。

这是民间的写照，秦琼就是父老乡亲们茶余饭后的谈资，是一个传奇。现在复原下秦琼。

第一，秦琼的出身。

《隋唐演义》里有一出“秦琼卖马”，用了好几回来说这个故事，所谓“三义坊当锏受腌臜，二贤庄卖马识豪杰”。秦琼祖父叫秦旭，父亲叫秦彝，都是北齐大将，因保家卫国而死。秦琼由寡母养大，后来当了历城县的都头。他当差出门在外受困，虎落平阳被犬欺，遭到店小二等人的奚落欺侮，不得不当锏卖马，最终结识了豪杰单雄信，两人成了莫逆之交。后来京剧界还把这个故事搬上舞台，就叫《秦琼卖马》。还有的叫作《天堂县》《当锏卖马》，是谭鑫培先生的代表作，人们关于秦琼的印象出自这里。

那么真实情况呢？秦琼字叔宝，齐州历城人，也就是今天山东济南人。正史没有记载秦琼的身世和先祖，于是给小说家们留下了发挥的空间，比如《隋唐演义》。另外《历城县志》还说秦琼出身寒微，他家世代是打铁的，等等，现在看来都是虚构的。1995 年济南出土了一块墓志，墓主人不是别人，正是秦琼的父亲，墓志记载其父不叫秦彝，

而叫秦爱，祖父名叫秦方太，都是北齐的文官。墓志记载，北周灭北齐之后，秦琼的父亲退出了官场，“周武平齐，君乃告归乡里”（《秦爱墓志铭》）。他的祖父此时应该已经去世了。所以从这一点来说，虽然秦琼的祖父、父亲都是官员出身，但秦琼还真的不是官后代。他家那个官，北齐灭亡就清零了。而且他这一身武艺不知是和谁学的，不见他祖父、父亲带兵打仗的记载，大概只能解释为乱世出英雄吧。

秦琼出道时身份不高，在隋朝大将来护儿手下充任“帐内”，这是隋朝王公和三品以上大员的随从。来护儿是隋朝军事史上的传奇人物，骁勇善战，在平陈统一江南、三征辽东战争中都立有大功。这么一个位高权重的人，对待秦琼的态度非常特别。当时秦琼母亲去世，来护儿特地派人去秦琼老家吊唁，下属们不解，有人问：“士卒死亡及遭丧者多矣，将军未尝降问，独吊叔宝何也？”（《旧唐书·秦叔宝传》）（士卒死亡或者家里有丧事的多了，怎么不见您吊唁，单单就到秦琼家吊唁呢？）来护儿回答：“此人勇悍，加有志节，必当自取富贵，岂得以卑贱处之。”（《旧唐书·秦叔宝传》）（此人骁勇善战，而且很有志向、气节，以后定能靠自己的能力取得富贵，我怎么能把他当一般人来看待呢？）

事实证明来护儿没看错，秦琼果然在隋末战乱中脱颖而出。

第二，秦琼所用的兵器。

一说起秦琼，大家都会想起手持双锏的武将形象。这个也是演绎，就跟历史上的关羽明明善于用长枪，却被渲染成手持青龙偃月刀一样。民间文学好像喜欢给英雄好汉安排个性的武器。

锏这种兵器是什么时候出现的不太清楚，但至少可以肯定的是，唐代铁鞭、铁简都不是制式装备，那么秦琼用的是什么兵器？《旧唐书·秦叔宝传》记载得很清楚："叔宝每从太宗征伐，敌中有骁将锐卒，炫耀人马，出入来去者，太宗颇怒之，辄命叔宝往取。叔宝应命，跃马负枪而进，必刺之万众之中。"唐太宗每次看到敌人阵中有耀武扬威爱显摆的家伙，必然命令秦琼出马，秦琼必然能一枪将敌人刺落马下。这说明秦琼善用的是长枪，而长枪的确是隋唐时期骑兵的主要装备。《唐六典》就记载过四种制式长枪，唐朝的骑兵最主要的武器就是弓箭和长枪。

第三，秦琼所乘马匹。

民间文学和京剧都说秦琼乘一匹黄骠马。真实的秦琼所乘的马匹不是黄骠马，《酉阳杂俎》记载："秦叔宝所乘马，号'忽雷驳'，常饮以酒。每于月明中试，能竖越三领黑毡。及胡公卒，嘶鸣不食而死。"意思是秦琼的马叫作"忽雷驳"，秦琼还经常给它灌点酒，这马厉害，弹跳力惊人，能越过竖起来的三领黑毡。秦琼去世的时候，这匹马十分悲痛，不断嘶鸣，绝食而死。战士与马的感情的确深厚，古往今来例子太多了，这是其中的一个。

忽雷驳这个名字有点怪，其实唐代前期战马的名字听起来都有些奇怪，比如秦琼的老上级唐太宗的昭陵，那里有个昭陵六骏，赫赫有名，都是唐太宗生前骑乘的战马。那些马叫什么名字？"拳毛䯄""什伐赤""白蹄乌""特勒骠""青骓""飒露紫"。有的按照汉语貌似能讲得通，比如"白蹄乌"，大约是白蹄子的黑马，"青骓"大约是青色的马，其他的呢？就不大了解其含义了。现代学者比对突厥语之后发现——六匹马的名字都是突厥语的音译，包括“白蹄乌”和“青骓”。为什么会这样？因为突厥人是马背上的民族，骁勇善战，大概唐人羡慕其骑术，所以常常用突厥语来给自己的马匹命名，甚至可能战马就是从突厥人那里买来的，由此我怀疑忽雷驳这个名字也是音译。

突厥不是唐朝的对手吗？这个不假，但是唐朝的文化特点就是开放包容，有自信。对方强，就分析学习对方强的地方，就连战马名字也可以按照对方的语言来起，并没有觉得不妥；更重要的一点——最终要战胜对方。这就是大唐的气质。

秦琼的生涯可分为五个阶段。

第一个阶段：服役隋军。

隋末天下大乱的时候，秦琼是隋朝政府军，当时他跟随着隋军大将张须陀东征西讨。隋朝各地地方官面对农民起义束手无策，长久不打仗，都没有作战的勇气。张须陀不一样，《资治通鉴》记载他“得士众心，勇决善战”，是一员悍将，经常以少胜多，甚至还曾率领五个骑兵挑战敌人二万，差点死掉。他到哪里，哪里的地方武装就害怕。

后来张须陀率领军队与地方武装首领卢明月率领的十万余大军对峙，张须陀这边只有一万余人，不出奇兵无以制胜，张须陀对将士们说：“贼见吾退，必悉众来追，若以千人袭据其营，可有大利。此诚危事，谁能往者？”（《资治通鉴》卷一八二）（我们诈败，敌人必来追击，然后我们派出一千人抄了他们的大营，这个任务很危险，谁愿意做？）众将都不吭声。他手下的悍将罗士信主动请缨，而此时秦琼也站出来了，表示也要去。

张须陀大为赞赏，这可能是他第一次注意到秦琼。于是张须陀率军队佯装粮尽退兵，卢明月果然紧追不舍，罗士信、秦琼率领一千人埋伏在芦苇中，等敌人主力过去了立即直奔敌人大营。大营栅门紧闭，罗士信、秦叔宝身手敏捷，爬上敌楼，格杀数人，敌军大乱。两人一路砍杀来到大门前，将门打开，将士们蜂拥而入，并且四处放火。卢明月想回军拯救大营，结果被张须陀在背后追杀，最后只剩几百人逃脱，隋军大胜，秦琼一战成名。

第二个阶段：扬威瓦岗军。

《隋唐演义》里很多人出自瓦岗军。这个倒是符合历史的，唐初很多英雄人物都跟瓦岗军或多或少有关系。

瓦岗军的领袖名叫翟让，是隋朝东郡一个小官，曾经因为犯罪被关押在牢里等候问斩。一个狱吏觉得他是个好汉，于是悄悄放了他，翟让跑到瓦岗躲避起来。当时天下已经大乱，不久就有单雄信、王伯当、徐世勣来投奔他。徐世勣就是李勣，也是后来名列凌烟阁的人物。

瓦岗军很快壮大起来，此时一个关键人物来投奔——李密。李密是关陇集团后代，他是宇文泰时期八柱国之一李弼的曾孙，以谋略著称。隋炀帝第二次征辽东的时候，杨玄感在后方举兵叛乱，迎接李密做自己的谋主。李密虽然给杨玄感出了很好的主意，他却不听，最后遭受惨败。李密也差点遇难，于是躲了起来，后来投奔瓦岗军。翟让见到他之后很高兴，因为翟让出身低微，缺乏自信和霸气，而乱世需

要的这种气质李密身上有。再加上李密是关陇集团核心成员的后代，所以很快俨然成了瓦岗军二号人物。

李密在瓦岗军最出彩的一战就是大战张须陀。张须陀当时已经是天下名将，深受将士爱戴。张须陀奉命进攻翟让，而翟让曾经被张须陀击败过，非常害怕，想不战而逃。李密说："须陀勇而无谋，兵又骤胜，既骄且狠，可一战而擒之。公但列阵以待，为公破之。"（《旧唐书·李密传》）张须陀有勇无谋，而且骄兵必败，你列好阵势就行了，看我为你破此敌。

双方交战，李密率军埋伏在大海寺以北密林中，翟让正面接敌。张须陀一看是手下败将翟让，非常轻视他。翟让佯装败北，张须陀在后面紧追不舍。李密从密林中冲出，袭击隋军后背，张须陀大败。张须陀本身已经杀出重围，但是为了救部下，又跃马重返包围圈冲杀数次，最终战死。张须陀的阵亡对隋王朝来说是个巨大的损失。他的部下伤亡惨重，但是秦琼和罗士信逃了出来，投奔了另一个隋军将领裴仁基。没多久，裴仁基投降了李密，秦琼就此成了李密的人。史书记载"密得叔宝大喜，以为帐内骠骑，待之甚厚"（《旧唐书·秦叔宝传》）。得到这员骁将，李密大喜，封官赏赐，给了他很高的礼遇。当时他手下有所谓四大骠骑将军，秦叔宝就是其中一个。李密选军中最精锐的士兵八千人分给四骠骑，号称"内军"，常说："此八千人足当百万。"（《资治通鉴》卷一八三）这八千人的战斗力相当于百万之众。

秦琼这种武将心地是很单纯的，投我以桃，报之以李。李密对他特别好，他也就全心全意报答李密。此时的李密通过大海寺一战奠定了自己的地位，不久翟让正式推李密为主，号称“魏公”。翟让虽然甘心当第二，但是他的兄弟和部下可不愿意，自己的地盘自己做主，李密是个外来户，凭什么让给他。这就是“打天下坐天下”的思想。不久就因为如何处理大批投降过来的隋朝旧臣，双方发生了矛盾，翟让这边对重用隋朝旧臣不满，这里也许就包括秦琼。最后矛盾爆发，李密在一次宴会上杀死了翟让，独揽了瓦岗军大权。

此时的瓦岗军顺风顺水，但是很快迎来了一次大考。在东都洛阳皇泰主政权的怂恿下，李密要拦击一支大军——宇文化及率领的十万骁果，也就是隋炀帝的近卫军。隋炀帝此时已经在江都被宇文化及杀害，宇文化及要率领这十万人返回中原。皇泰主名叫杨侗，是隋炀帝的孙子，隋炀帝去世后他被拥立为皇帝，年号皇泰，史称“皇泰主”。皇泰主及其谋臣想借瓦岗军之手杀掉宇文化及，而李密原本是反隋炀帝的，但此时很可能陷入两难境地。他夹在宇文化及和皇泰主之间，左右为难。此时皇泰主主动来讲和，李密自然高兴，而且还可借机打入皇泰主政权，以便日后谋取洛阳。所以李密与皇泰主联合起来，出兵攻打宇文化及。

事实证明这是非常糟糕的一着棋。宇文化及军队的战斗力非常强，瓦岗军在这一战中虽然获胜，但是杀敌一千自损八百，得不偿失。当时战斗非常激烈，瓦岗军一度有战败的可能，李密也差点阵亡，《旧唐书》记载他当时“为流矢所中，堕马闷绝。左右奔散，追兵且至”。李密被箭射中，从马上掉下来昏迷，左右随从吓得都跑掉了。此时秦琼挺身而出，“唯叔宝独捍卫之，密遂获免。叔宝又收兵与之力战，化及乃退”。秦琼不但以一己之力救出了李密，而且反过身来收拢阵形，与宇文化及再次激战，终于将敌人击败。

第三个阶段：暂时归降王世充。

李密讨伐宇文化及的战役是一着臭棋，虽然获胜了，但是瓦岗军伤亡惨重，实力受到极大削弱。

此时东都洛阳城内也发生了巨变，野心家王世充发动政变掌控了大权，架空了皇泰主，而他掌控大权之后要做的第一件事情就是攻打李密。此时的李密走了臭棋还不自省，反倒越来越骄傲，而且与部下因为战利品分配等问题发生了很多矛盾。王世充趁机打了过来，李密最终战败，一代传奇瓦岗军就此分崩离析。李密投奔了李渊，秦琼和程咬金等人都归降了王世充。王世充敬重秦琼，拜他为龙骧大将军。

王世充是野心家，德行差，并且还是个话痨。再加上他只有东都周围一小块地盘，而强敌林立，秦琼等人觉得他绝对不是能成大事的人，因此就在谋划离开。不久机会来了，王世充与唐军作战，秦琼在阵前忽然策马而出，与程咬金等数十人向西跑出数百步，然后下马向王世充作揖说：“虽蒙殊礼，不能仰事，请从此辞。”（《旧唐书·秦叔宝传》）（虽然你待我们不薄，但是我们不想跟随你。）王世充也不敢追击，毕竟打不过秦琼和程咬金。

第四个阶段：效力大唐。

唐高祖李渊接纳了秦叔宝等人，然后将他们划归秦王李世民麾下。

李世民非常高兴，“太宗素闻其勇，厚加礼遇。从镇长春宫，拜马军总管”（《旧唐书·秦叔宝传》）。李世民早就听说过秦琼的大名，给予其很高的礼遇，拜为马军总管，率领骑兵。这大约是看中了秦琼的骑术。

秦琼不久就有了一次报效李世民的机会。当时李世民要伏击尉迟敬德。尉迟敬德当时效力于刘武周、宋金刚，骁勇善战，可谓横行无阻，而且刚刚获得了一场大胜，俘虏了数名唐军大将，然后率军缓缓后撤。李世民知难而上，越是强敌，越要挑战。当然他也有底气——自己手里也有了一批猛将，其中就包括秦琼。

秦琼率领骑兵部队参加了这一场凶险之战，这是英雄对英雄的战斗。《旧唐书》说秦琼"破尉迟敬德，功最居多"，此战大大鼓舞了唐军的士气——咱们不怕尉迟敬德了，咱们有秦琼。唐高祖听到消息后欣喜若狂，他派人赏赐给秦琼一个金瓶，并且说了这番话："卿不顾妻子，远来投我，又立功效。朕肉可为卿用者，当割以赐卿，况子女玉帛乎？卿当勉之。"（《旧唐书·秦叔宝传》）大意是，你不顾家小来投奔我，又立下如此大功，我身上的肉假如对你有用我都会割下来送给你，何况财物？

不久，唐军取得了巨大胜利，大败宋金刚，并且逼降了尉迟敬德。尉迟敬德在宋金刚战败后困守孤城，被唐军包围，最终投降。从此李世民如虎添翼，两个翅膀一个是秦叔宝，一个是尉迟敬德。特别有意思的是，虽然尉迟敬德最终的投降是唐军整体压力所致，不是经秦琼之手抓的，但是秦琼家却号称生擒尉迟敬德。秦琼的后代秦怀道墓志近年也出土了，写着秦琼"擒尉迟敬德"（《秦怀道墓志》）。唐人往往有家传，自家写的传记，传给子孙。估计秦怀道墓志就是参考了家传，这可能是夸张了，老秦很不谦虚嘛，不知道尉迟敬德怎么看待老战友的家传。

秦琼经历过的最大的一场战役是对窦建德的武牢关之战。这是一场奠定天下局势的决定性战役。当时唐军包围了王世充的洛阳城，王世充向河北地区的窦建德求援。窦建德认为假如王世充失败，那么下一步唐军就极有可能兵锋直指河北，自己就危险了，这就叫唇亡齿寒。所以他率领十万余大军，号称三十万浩浩荡荡前去支援洛阳。

当时唐军内部发生了激烈争论，有人觉得有腹背受敌的危险，因此建议立即撤军。而李世民则认为这是个机会，不如毕其功于一役，对窦建德早晚都要打，不如现在就打。如果战胜了窦建德，那么洛阳的王世充也会绝望，唐军就可以一举两得。

于是李世民留下一部分部队继续围困洛阳，自己则率军来到武牢关迎战窦建德。李世民一生打仗善于使用疲敌之计，很有耐心，常常与敌人长期对峙，然后寻找机会以迅雷不及掩耳之势击溃敌人。这一次他又采用了这招。

李世民和窦建德在武牢关对峙数十天，而且不断派人骚扰其后方粮道，最后窦建德按捺不住，主动挑战。当时窦建德的军队阵容很强，鼓声惊天动地，军阵长达二十里。李世民毫不畏惧，坚阵不出，还用疲敌之计。对方一鼓作气，再而衰，三而竭，李世民就在等那个“三而竭”。窦建德的部队从早上就排列成阵，大呼小叫了一上午，唐军也不接招。到了中午，窦建德的部队又累又渴，为了抢水喝阵形都乱了。李世民看见机会来了，率军突然发动袭击。窦建德正准备召见部下，被打了一个措手不及，连连后退才稍微站住脚跟。唐军与窦建德的部队陷入胶着状态，战况激烈无比。李世民决心出奇制胜，他与秦琼、程咬金等率领一支骑兵部队卷起旗子绕过战场，让对方一时间无法分辨他们的身份。包抄到对方背后，李世民命令张开战旗，猛烈突击，秦琼等人奋勇当先，大破对方。唐朝统一战争中最大的敌人窦建德被彻底消灭，窦建德被俘，其部队土崩瓦解。洛阳王世充看到大势已去，不久也投降，唐朝统一战争获得决定性胜利。在这场战争的后半阶段，秦琼是个关键性人物。

第五个阶段：决战玄武门。

在玄武门事变前后，秦琼也发挥了重要作用。当时双方都在做武装斗争的准备，手下都有一些勇猛善战者。太子李建成和齐王李元吉最忌惮尉迟敬德、秦琼、程咬金等几个人，他们想收买尉迟敬德，没成功，又想拿秦琼、程咬金等开刀。当时突厥进攻，边境告急，齐王李元吉抢得先机，要带兵去打仗。这是国家行为，那么理论上来说，国家的任何人力、物力资源都可以调用。齐王想趁机剪除李世民羽翼，他提出要秦王府的尉迟敬德、程咬金、段志玄、秦琼随军出征，这是釜底抽薪啊。齐王的计划是将这几个人调入自己麾下，然后杀了他们。这个阴谋被揭发，这也是促使李世民决心动手的一大原因。

谈一下秦琼在玄武门事变中的作用。在纷繁复杂的唐代文献中，约百人声称自己参与了玄武门事变。难道当时李世民带一个连的人进入玄武门了吗？绝对不可能。当时李世民事先收买了玄武门的部分守将，才得以带兵器进入门内。可是宫中其他禁军并没有全部被李世民收买，所以他不可能堂而皇之带这么多人进门，目标太大，会引起注意。而且对方只有两个人，没那个必要。那怎么解释那么多人声称参与过玄武门事变？这当中好多人其实是玩文字游戏，玄武门事变是个光荣的事，有点关系的都想借此标榜一下自己，说参与了。那在外面望风、在后方做饭的都算参与对不对？可是进入玄武门的有几人？九人。《旧唐书》的《长孙无忌传》《张公谨传》《隐太子建成传》都说是九人。经过分析，学界认为是尉迟敬德、侯君集、张公谨、刘师立、公孙武达、独孤彦云、杜君绰、郑仁泰、李孟尝九人。没有秦琼。这么一员猛将，为何李世民不带着他？《旧唐书·秦叔宝传》说“六月四日，从诛建成、元吉”。

这么重要的事情，秦琼当然会参与，只是他应该不在一开始进门的那九人之中，他在事变中的具体位置史籍没有详细记载。可以推想，李世民带进门的虽然只有九人，但是太子和齐王有私蓄武装，其中也有一些骁将，例如冯立、薛万彻、谢叔方等，都是些万人敌，所以李世民一定带了更多的人防备他们，只是没有全部进门。据《资治通鉴》记载，太子李建成被射死、李世民追击李元吉的时候，尉迟敬德带了七十人紧跟而来，这七十人怎么冒出来的？估计是原本就在门外埋伏，事变一发生，被收买的禁军打开大门，这些人就冲进来了，可见带来的人不算少。秦琼埋伏在门外，不是说他不重要，反倒说明他重要。因为杀太子和齐王有尉迟敬德等人就够了，门外更重要，需要强人镇守。果然，太子和齐王刚被杀，他们的人就赶来了，据记载兵力多达二千。禁军和秦王党的人在玄武门与太子党展开激烈战斗，估计秦琼就在这个战场上，李世民给他的任务是对付太子这边的冯立、薛万彻等人。当时战况非常激烈，秦王党人数少，渐渐无法支撑，尉迟敬德把太子的头出示给太子党看，对方才纷纷散去。秦琼他们总算不辱使命。

事变后李世民大大封赏有功人员，封秦琼为左武卫大将军，赐实封七百户。但是自此以后，秦琼就很少出现在历史舞台上了，原因是其健康出了问题。他跟人说："吾少长戎马，所经二百余阵，屡中重疮。计吾前后出血亦数斛矣，安得不病乎？"（《旧唐书·秦叔宝传》）（我打过二百多场仗，屡次负重伤，出血加起来起码几斛了，能不病吗？）其后十多年里他以静养为主，贞观十二年（638）卒。李世民特地下令将其陪葬在昭陵，第二年追封为胡国公，贞观十七年（643）又将其列入凌烟阁中。秦琼的名誉在死后达到了巅峰。

程知节

一个真实的程咬金

「授秦王府左三统军。破宋金刚，擒窦建德，降王世充，并领左一马军总管。每阵先登，以功封宿国公。」《旧唐书·程知节传》

程咬金和秦琼一样是唐代的传奇人物，是一千多年来老百姓心目中的草莽英雄、话题人物，也是《说唐》和《隋唐演义》里的主角，他的三板斧一出场肯定是满堂彩；但是真正的程咬金什么样，有什么样的经历，这是这一讲的内容。

围绕程咬金有三问，第一问：程咬金是草根出身吗？

在民间文学里，程咬金是草根出身，说他家住济南，幼年丧父，跟着母亲逃荒到了山东历城，后来还贩过私盐，打死过官府的捕快，坐了大牢云云。那么真实情况如何？

首先，程咬金的确是山东人，根据正史和他的墓志、碑文记载，他是山东济州东阿人。他真的出身寒微，卖过私盐吗？那只是文学创作而已。他的墓志《大唐骠骑大将军益州大都督上柱国卢国公程使君墓志铭并序》已经出土，根据墓志记载，他的曾祖名叫程兴，祖父名程哲，都是北齐官员，尤其是他父亲程娄，是北齐济州大中正。这个官名说明他家是地方豪族，因为“大中正”负责点评地方上的人物，评定他们的等级，《新唐书·柳冲传》说大中正“皆取著姓士族为之，以定门胄，品藻人物”。朝廷再根据大中正的评判任命官员，而这个职务历来是给地方豪族留着的。

但是好景不长，北齐享国短促，被北周所灭，作为前朝官员子弟，程咬金自然不可能获得官职。到了隋炀帝时期国家大乱，战火连天，生灵涂炭，程咬金挺身而出，《旧唐书》记载：“聚徒数百，共保乡里，以备他盗。”在那个战乱年代，能够拉起一支人马的往往都是些地方上有身份、有名望的人。程咬金如此顺利就聚集了数百人，可能与他家很久以来积攒的名望和社会地位有关。

第二问：程咬金武功究竟如何？

民间文学里的程咬金有一个符号——三板斧。据说程咬金善于用板斧，见到敌人就劈过去，很有喜感。《旧唐书·程知节传》记载的真实情况是：“少骁勇，善用马矟。”也就是说程咬金善于用长矛，而且是骑马作战，没有记载程咬金善于使用板斧这种有江湖气息的武器。

第三问：为何名字如此草根？

程咬金这个名字颇接地气，按理说文官家庭，应该很有文化，但我认为这个名字或者是个诨名，或者是乳名，他的大名很少人知道，他自己也不大用。在战乱年代带着一群草莽英雄东征西讨，叫个带点痞气的名字更容易和手下打成一片。

可是后来形势变了，再不是山大王了，而是带兵的大将，那么这个名字就不合时宜了，程咬金改名叫程知节，所以史籍中“程咬金”三个字很早就不用了，更常见的是“程知节”。什么时候改的没有明确的记载，可能是在他归降唐朝之后。他曾经是瓦岗军李密的部下，后来还投降过王世充，最后归降唐朝，《河洛记》记载：“王世充将兵围新安，将军程咬金帅其徒以归义。”也就是说投降唐朝之前，他还叫“程咬金”，那么改名就应该是投降后的事情，他新名叫“知节”，字叫“义贞”。古人的名与字意思常常是相关联的，知节，义贞，意思就是有节操，忠贞，这是新王朝对他的期待。

综上可以看出，真实的程咬金与民间文学里的程咬金有很大差异，不过这些都是皮毛，真正差异大的是程咬金的性格、谋略。民间文学里那个莽撞而运气奇佳的混世魔王是人们的想象，历史记载中的程咬金其实是个很复杂的人物。

他是瓦岗军大将，但他是如何与瓦岗军联系上的并无记载，那时在战乱中，聚众自保的行为是很常见的。当时很多人都自立山头，手下少的有几十人，多的几千上万人，而这些人也往往成为各路军阀争取的对象，唐初很多著名大将都是这样的出身。

程咬金投奔瓦岗军的时候，瓦岗军的头领已经是李密了。李密这人有谋略，有胆量，算得上一代枭雄，而且知人善任，培养出了一大批能征善战的将领。到了唐朝，这些人就成了国防的中坚力量。

在瓦岗军里，程咬金毫无疑问是非常受重视的，他被李密任命为内军骠骑将军。当时李密手下有八千精锐，为军中之军，分属于四个骠骑，秦琼算一个，程咬金也算一个，“自云：‘此八千人可当百万’知节既领其一，甚被恩遇”（《旧唐书·程知节传》）。民间文学里说程咬金后来还当了瓦岗军的头目，号称混世魔王云云，纯属杜撰。

瓦岗军失败以后，很多将领都被迫投降了王世充，程咬金和秦琼都是这样。不过对于王世充，程咬金始终认为他不是正命之主，事实证明他是对的。

王世充是隋末战乱中趁势而起的一个野心家。此人研究过兵法，很聪明，同时也很狡猾，而且嘴巴上从来不吃亏，文过饰非，巧舌如簧。大家都知道他不在理，可是谁也无法驳倒他。他还善于阿谀奉承，他在隋炀帝时期担任江都丞，负责管理隋炀帝的行宫。隋炀帝最爱江都，而王世充“乃雕饰池台，阴奏远方珍物，以媚于帝，由是益昵之”（《旧唐书·王世充传》）。王世充大兴土木，四处搜集珍奇玩物，取媚隋炀帝，隋炀帝越发喜欢他。

王世充在镇压农民起义过程中屡建大功，隋炀帝对他很信任。瓦岗军威胁到东都洛阳的时候，隋炀帝派他前来救援。王世充率军与瓦岗军打了一百多场仗，不分胜负。为了激励王世充，隋炀帝派人在军中拜他为将军，并且“诏诸军皆受世充节度”（《资治通鉴》卷一八四）。王世充率军渡河与瓦岗军大战，结果吃了大亏，被瓦岗军赶到河里淹死上万人，败退途中遇到大雪，又冻死数万人，最后带回来区区数千人。他向越王杨侗请罪，越王觉得这阵子洛阳岌岌可危，不好处罚他，毕竟王世充还算是善战的。

不久，隋炀帝在江都被宇文化及杀了，宇文化及带着十万禁卫军，押送着隋朝宗室、后宫、百官向关中进发。

消息传到洛阳，举城哀悼。大臣元文都、卢楚等人共同拥戴越王杨侗即位，年号皇泰，这就是历史上的“皇泰主”。眼看着宇文化及的大军距离洛阳越来越近，元文都等人合谋怎么对付他。此时的形势很微妙，洛阳城外尚有瓦岗军，那么攻击宇文化及会不会腹背受敌？元文都想到一个一石二鸟之计："莫如以尊官宠李密，以库物权啖之，使击化及"（《旧唐书·王世充传》）。（不如给李密封高官，再给他多送些金银财宝，让他去打宇文化及。）这样做目的何在？元文都接着说："令两贼自斗，化及既破，而密之兵固亦疲矣。又其士卒得我之赏，居我之官，内外相亲，易为反间，我师养力以乘其弊，则密亦可图也。"（《旧唐书·王世充传》）让他们来个两败俱伤，而瓦岗军内部受我封赏，必然上下离心，我军趁势而出，连李密一起吞并。

此时李密的心思就耐人寻味了，敌人的这个计策他应该能看得懂，但是他接受了，"时密与东都相持日久，又东拒化及，常畏东都议其后，见盖琮至，大喜，遂上表乞降"。（《资治通鉴》卷一八五）估计当时他是这样考虑的：现在腹背受敌，必须联合一个打掉一个，洛阳方面主动讲和，自然大喜。而且这是个借机打进洛阳的好机会，收拾掉宇文化及，趁敌人麻痹再攻入洛阳。

在战场上，瓦岗军奋勇冲杀，程咬金身先士卒，与敌人激烈战斗。这一仗也非常凶险，李密差一点把命丢掉。宇文化及被打败了，可是瓦岗军也元气大伤，好在程咬金等暂时无恙。

此时东都城内正在酝酿政变，王世充和李密打了那么多仗，早已经杀红了眼。元文都主和，可王世充不买他的账，他对手下说："元文都辈，刀笔吏耳，吾观其势，必为李密所擒。且吾军士屡与密战，没其父兄子弟，前后已多，一旦为之下，吾属无类矣！"（《资治通鉴》卷一八五）意思是元文都这计策纯属瞎搞，李密肯定会借机打进来，你我和李密打了这么多的仗，杀了那边那么多人，李密一旦得计，我们都是死路一条。王世充鼓动手下和他一起发动政变，铲除了元文都等人，架空了皇泰主。

李密战胜宇文化及后本想入城来见皇泰主，听说这个消息后立即退了回去，双方又恢复了对峙局面。要说王世充真是心眼多，李密占据洛口仓，手里粮食多，王世充的洛阳粮食短缺，所以不少人逃出去投奔李密。王世充想到一招，他自己缺粮，但是城里布帛很多。李密有粮，但是缺布帛，士兵没衣服穿。于是王世充提出交易，以布帛换粮食。李密觉得可以，互通有无。结果，粮食运进城，洛阳人心稳定了，投奔李密的人大为减少，李密后悔不迭。

此时的瓦岗军已经元气大伤，士气低落。王世充觉得时机成熟了，于是率军主动挑战。李密召集众将商议，史籍没有记载程咬金的发言，但是他的老上级裴仁基是主张坚壁清野不要轻易迎战的，理由是敌人缺粮，对峙久了必然败退，那时追杀可获全胜。而单雄信主张立即决战，王世充是手下败将，不足为惧。李密最后听了单雄信的建议。说起来，李密和单雄信一样，都有轻敌之心，这是兵法大忌。

于是双方展开一场大战，前哨战正是程咬金打的。当时敌军首先攻击单雄信大营，单雄信求援，李密派遣裴行俨和程咬金营救。结果裴行俨中箭落马，程咬金冲上前去格杀数名敌军，将裴行俨救下，放在马上一起回撤。马负担沉重所以速度缓慢，敌人追了上来，一矛刺了过来，《旧唐书》和《资治通鉴》记载此事时都用了一个词“刺槊洞过”——长矛刺透了程咬金的身体。《新唐书》的作者就觉得难以置信，用了这样一句话，“追兵以槊撞之”，意思是追兵不是用槊刺程咬金，而是用槊撞他。也许有史料来源，但真相如何就无从考证了，古今战场上身体受了贯通伤还能作战的也不乏先例，只要没伤到要害器官。程咬金有可能是被刺中了，但是此时他完全爆发，转过身去，硬生生折断了敌兵的矛杆，然后将敌兵杀死。对方见到这一幕无不胆寒，纷纷败退。瓦岗军算是赢了第一仗。这一仗程咬金尽显英雄本色，不过后来的大战中程咬金销声匿迹了，有可能就是因为负伤导致缺席了。

瓦岗军初战胜利，更使得李密放松警惕，晚上宿营甚至不设壁垒。王世充先派二百骑兵埋伏在李密大营附近，又激励战士，鼓舞士气，第二天与瓦岗军再度激战。战况胶着之时，王世充又使了一计，将一个相貌特别像李密的人捆起来给大家看，高喊道："已获李密矣！"（《资治通鉴》卷一八六）本方士卒一见士气大振，越发奋勇，此时那二百伏兵趁势冲入瓦岗军大营，四处纵火。瓦岗军瞬间崩溃，李密和部将四散而逃。

大丈夫能屈能伸，瓦岗军的失败使得程咬金不得不暂时委屈一下，他和裴仁基、秦琼等一起投降了王世充。王世充待他们不薄，高官厚禄都给了，但是程咬金始终看不上王世充的为人。

第一，恨其谄媚。王世充是拍隋炀帝马屁发迹的，程咬金这种耿直的武人是看不惯这一点的。

第二，厌其无气度。王世充胜了李密之后得意扬扬，不久就废掉了皇泰主，自立为帝，国号为郑，年号开明。刚开始还想展现点明君风范，在顺天门外摆个座位，坐在那里听政，广开言路，命令"西朝堂受抑屈，东朝堂受直谏"。（《旧唐书・王世充传》）在西朝堂听老百姓诉冤狱，在东朝堂听老百姓上书直谏。可是言路一开，老百姓每天上书几百份，搞了几天他就不耐烦了，再也不接见了。而且此人没有皇帝的气质，说起话来滔滔不绝，《旧唐书·王世充传》记载："世充每听朝，必殷勤诲谕，言辞重复，千端万绪，百司奉事，疲于听受。"一件事翻来覆去不停唠叨，而且千头万绪，令底下的臣子们都摸不着头脑，没有皇帝应有的庄重和一言九鼎。

第三，恨其杀害裴氏父子。裴仁基是秦琼和程咬金的老上级。裴行俨是他的儿子，程咬金曾在战场上舍命救过裴行俨。裴家父子看不惯王世充，密谋杀死王世充帮助皇泰主复位，结果消息泄露，被王世充满门抄斩，王世充还把皇泰主也杀掉了。这件事让程咬金等人十分愤恨，而且估计有唇亡齿寒之感。他们和裴家都是从瓦岗军投降过来的，当然寒心，所以开始谋划逃跑。

当时程咬金态度最为坚决："王公器度浅狭而多妄语，好为咒誓，此乃老巫妪耳，岂拨乱之主乎！"（《资治通鉴》卷一八七）（王世充这个人气量小、浅薄，而且好说大话，爱赌咒发誓，这就是个老巫婆，哪里像个拨乱反正、匡扶天下的君王！）那么逃到哪里去？当时最有希望的政权就是李渊的唐王朝，不仅据有关中和长安，而且兵多将广，李渊也是个很有谋略和气度的人。李密失败后也投奔了他，所以程咬金和秦琼等人认定唐朝是最佳选择。

机会很快来了，唐军与王世充进行战斗，程咬金、秦琼都被派在第一线。他们趁王世充不备，策马而出，直奔唐营。

阵前得了程咬金、秦琼这样的大将，唐军自然欢欣鼓舞。李渊命令两人在李世民麾下听令，李世民当然巴不得。而受到李世民重用的程咬金可谓使尽浑身解数，屡立战功，《旧唐书·程知节传》记载说："授秦王府左三统军。破宋金刚，擒窦建德，降王世充，并领左一马军总管。每阵先登，以功封宿国公。"在整个统一战争中程咬金几乎没有落下任何一场重要战役。也正因为如此，他成为李世民最信赖的大将之一，是秦王府的铁杆干将。

在玄武门事变中，程咬金始终是一个重要人物，这场政变展现了他的决断力。他是太子和齐王的眼中钉。太子和齐王在皇帝李渊面前撺掇将程咬金任命为康州刺史。康州在今天广东德庆，路途遥远，这次任命的目的就是让程咬金在这个关键时刻无法为李世民效力。关于此事发生的时间，各种记载不同，两《唐书》的《程知节墓志铭》记载为武德七年（624），《程知节墓志铭》记载为武德四年（621），《资治通鉴》则记载为武德九年（626）。从事理上判断，武德九年说更可靠，因为此时才是剑拔弩张的时候，当时程咬金听到这个任命大为紧张，对李世民说："大王手臂今并剪除，身必不久。知节以死不去，愿速自全。"（《旧唐书·程知节传》）（您的左膀右臂都被撵走了，您也就危险了，我以死抗命，坚决不去，您也赶快下决心。）当时房玄龄、杜如晦等人都被撵走了，所以他说您"手臂今并剪除"，最后结果如何？正史没有记载，但《程知节墓志铭》记载"寻奉教留住"，程咬金没有去康州。李世民留住程咬金，就是为了发动政变。果然，六月四日玄武门事变爆发，程咬金是参与者之一，并发挥了巨大作用。《程知节墓志铭》记载他因功赏绢六千匹，骏马二匹，还有一大批金银器，并被拜为右武卫大将军，赐实封七百户。

他最后能列上凌烟阁，主要就是因为统一战争和玄武门事变的双重功劳。

但是遗憾的是，程咬金的缺点也很明显——缺乏全局掌控力。

程咬金在整个贞观年间一直是顺风顺水，一直到高宗时期仍然受到重视，被拜为左卫大将军。但就在这个时候，他迎来了人生的一个低谷——征讨突厥阿史那贺鲁时被免官。

这个事不能全怪程咬金，但是暴露出程咬金的一个缺点——没有主帅应有的全局掌控力。虽然程咬金是一员猛将，是大家心目中的硬汉，但他一辈子打仗都是在别人的麾下，换句话说，他很少有独当一面的时候。当主帅和当主将完全不一样，后者更多的是需要勇气，前者更多的是需要大局观和掌控力，程咬金偏偏缺乏。

高宗永徽六年（655），程咬金被拜为葱山道行军大总管，讨伐西突厥沙钵罗可汗。行军大总管相当于方面军司令，是战时临时任命。这个沙钵罗可汗本名叫阿史那贺鲁，原本是西突厥的将领，曾经帮助唐朝征讨龟兹王有功，被唐朝封为左骁卫将军、瑶池都督。他在唐太宗去世之后开始作乱，四处攻城略地，骚扰其他西域部落，公开与唐朝为敌。唐朝派遣程咬金远征讨伐。

刚开始战事还是比较顺利的，程咬金分头进军，接连几次战斗都取得了胜利，尤其是在战场上出现了一颗新星——苏定方。苏定方后来为唐朝东征西讨屡建奇功，是军事史上的传奇人物，此时他担任的是前军总管。有一次程咬金正与敌人交锋，敌人骑兵多达二万，而且还有西突厥别部二万多骑兵来支援，唐军一时间非常吃力。苏定方当时另有任务，在距离主战场十多里的地方，还隔着一道山梁，看不到主战场，但是一个优秀的军人往往具备敏锐的洞察力以及主动求战的精神。当时苏定方所部只有五百人，正在歇息，忽然苏定方观察到山梁另一侧烟尘四起，他立即判断当时有一场大战。虽然自己这边人很少，但是职责所在，岂能避战？于是他率领这五百人跃马登上山梁，发现山下果然激战正酣，苏定方一声呼啸，带领五百人冲向敌军。他的突击位置选得非常好，刚好是敌人阵形的腰部。居高临下这么一冲，敌军大乱，唐军两翼夹击，大获全胜，缴获无数。

此时一个小人出现了，程咬金手下副大总管王文度，他看见苏定方立此大功非常嫉妒。他自己立不了军功，于是想把程咬金、苏定方的手脚都束缚起来，让他们也无法立功。他对程咬金说："今兹虽云破贼，官军亦有死伤，乘危轻脱，乃成败之法耳，何急而为此！自今常结方阵，置辎重在内，遇贼则战，此万全策也。"（《资治通鉴》卷二〇〇）（虽然我们胜利了，可是也有损伤，以后应该把部队结成方阵，把辎重放在中间，徐徐前进，这样才是万全之策。）这个方案等于让唐军不再主动寻敌歼敌，而是被动等待敌人上门，并且用非常呆板的方阵来迎战，这种阵形不至于大败，可也无法大胜。

王文度又对外声称自己获得了皇帝的密旨，说"以知节恃勇轻敌，委文度为之节制"。（《资治通鉴》卷二〇〇）（程咬金太莽撞，委命王文度节制他。）苏定方听说此事后非常着急，他找到程咬金说王文度的建议绝对不可接受，这种战术说白了就是怯懦，根本不可能立功。而且他高度怀疑王文度是矫旨，建议立即逮捕他："且主上以公为大将，岂可更遣军副专其号令，事必不然。请囚文度，飞表以闻。"（《资治通鉴》卷二〇〇）（皇上怎么可能任命你为大将的同时又找个人管着你，这肯定是王文度搞的鬼，不如将其囚禁起来，上报朝廷。）

此时程咬金的态度令人遗憾，他犹豫了。王文度出的是馊主意，想必他清楚，可是王文度说有旨意这事儿他无法断定真假。距离遥远，信息交流不畅怎么办，宁可信其有不可信其无，于是他竟然默认了王文度的战术。这就体现出程咬金的性格弱点，他缺乏独当一面的能力，很快他就为这个缺点付出了代价。

唐军在王文度指挥下变得碌碌无为，“士卒终日跨马，被甲结阵，不胜疲顿，马多瘦死”(《资治通鉴》卷二〇〇)，整日顶盔贯甲被动等待敌人，十分疲惫，连马都死了很多。

到了恒笃城(《新唐书》作“怛笃城”)，有一些胡人主动出来投降。王文度竟然做出了令人发指的事情：“此属伺我旋师，还复为贼，不如尽杀之，取其资财。”(《资治通鉴》卷二〇〇)(这些人等我们过去后还会叛乱，不如都杀了，把他们的财宝夺走。)苏定方站出来反对：“如此乃自为贼耳，何名伐叛！”(《资治通鉴》卷二〇〇)(这样干我们自己就是贼了，还谈什么平叛？)王文度不听，竟然杀害了这些胡人，瓜分其财产，全军只有苏定方坚决不从。王文度这个举动大大损害了唐军的声誉，阿史那贺鲁借机逃跑，程咬金出师的主要目的没达到。

回到长安，有司调查之后认定王文度有罪，坐矫诏当死，特除名；而程咬金领导不力，减死免官。程咬金在人生最后阶段，却跌了这么大一跤，此事虽然他不是主要责任者，但反映出他的领导能力不足。不久，高宗皇帝念其有功，又任命他为岐州刺史。此时的程咬金已经身心疲惫，于是上表请求退休，皇帝准许。麟德二年(665)程咬金卒，享年七十七岁，皇帝下令将其陪葬昭陵。

程咬金就是这样一个复杂的人物，骁勇善战，屡建奇功，在大是大非问题上很有判断力，但是在领导能力方面又有缺憾。总之一句话，他与民间文学里的那个莽汉完全不是一回事。

李世勣

从徐世勣到李勣的人生

『论功行赏，太宗为上将，勣为下将，与太宗俱服金甲，乘戎辂，告捷于太庙。』《旧唐书·李勣传》

在隋末唐初，有这样一群人，他们多次改换门庭，但从未真正归属过任何势力。他们以超强的能力为国家做出了贡献，他们以自己的方式影响了历史发展进程，这也使得其经历比其他人更为曲折、丰富，李勣就是其中的代表。

李勣经历丰富，不妨以他的名字的变化为视角来看看他的一生。他生前有三个名字，徐世勣、李世勣、李勣，死后还被剥夺了李姓；每次姓名的变化都有其背景和故事。

首先来看看他叫徐世勣时候的经历。

徐世勣是他的本名，字懋功，曹州人。根据他的神道碑《英贞武公李公碑》的记载，他祖父叫徐康，是北齐的将军，当过太守。他的父亲叫徐盖，《旧唐书·李勣传》记载："家多僮仆，积粟数千钟，与其父盖皆好惠施，拯济贫乏，不问亲疏。"就是说他家是乡村富豪。

徐世勣这个人在民间文学里被描述成足智多谋的军师。徐懋功，给人的印象是一个诸葛亮式的人物，而真实的李勣不是这样的。这个人身上有江湖匪气，又有乡土气，也有英雄气。他是一个有自己的世界观和价值观的人，不管按什么模式来理解他，都会出现既对又不对的结果。

来看一下他的江湖气。

十七岁的时候徐世勣投奔了瓦岗军翟让。别看年龄小，他可不是初出茅庐者，在此之前他已经在家乡揭竿而起。那时隋朝已经陷入动乱，所以李勣少年时就已经举兵，一度嗜杀成性，《隋唐嘉话》记载了他对自己青少年时代的回忆："我年十二三为无赖贼，逢人则杀；十四五为难当贼，有所不快者，无不杀之；十七八为好贼，上阵乃杀人；年二十，便为天下大将，用兵以救人死。"就是说他从少年时代起就是个无赖强贼，而且杀人不眨眼，稍大点懂事了，谁惹他他杀谁，十七八是个好贼，只有上阵才杀人，二十以后是大将了，用兵拯救苍生。

但是江湖气始终伴随着李勣的一生，即便在位极人臣之后，他说话办事还往往流露出江湖气。例如贞观十九年（645），他随唐太宗远征高丽。唐太宗接受了敌人一座城的投降，并要求严肃军纪，不得掳掠，结果李勣竟然反对说："战士奋厉争先，不顾矢石者，贪虏获耳。今城垂拔，奈何更许其降，无乃辜将士之心乎？"（《旧唐书·高丽传》）他认为士兵出生入死，所为就是劫掠财物。这不是正规军的心态，纯属李勣个人主张，可以说是军阀习气的残余。李世民告诉他，军纪一定要严肃，将士也不能不赏，但是太宗许诺用国库的钱来赏。

江湖气还有个体现，那就是李勣文化水平不高。小说演义里把李勣描绘得如诸葛亮一般机智，实际上李勣虽识文断字，但水平不高。征高丽时偏将给他写信报告军情，但是担心信件被敌人截获，所以写了离合诗。所谓离合诗，就是把一个字拆成几个字，这几个字乍看起来还是一句诗，这是古代版的密码信。离合诗是文人墨客附庸风雅的游戏之作，李勣看不懂，勃然大怒："军机急切，何用诗为？必斩之！"（《旧唐书·元万顷传》）幸亏旁边有文人元万顷看明白了，赶紧给他解密，他这才明白是怎么回事。

下面再看看他的乡土气。

李勣一生乡土气息很浓厚，这是优点，主要体现在他的不忘本上。当了宰相之后，他也没忘记自己来自乡村。有一次一个老乡来拜访他，他们一起吃饭。结果小老乡顺手把主食饼的边缘掰下来丢掉了，可能是因为饼的边缘比较干硬。李勣看到了大为不快，他说，年轻人，经过农民的犁地，锄地，灌溉收割，晒场打场，麦子才能磨成面，做成饼，再到饭桌上，你今天这举动对得起农民吗？最后他说了这么一句："此处犹可，若对至尊前，公作如此事，参差斫却你头。"（《朝野佥载》卷五）（在这里也就罢了，要是在皇上面前这么做，马上砍了你脑袋。）该老乡听了大为惭愧。这就是古代版的"光盘行动"。

不忘本还有个体现，就是重手足情。李勣始终守护他的姐姐。每次姐姐生病，李勣都亲自守着炉子给姐姐熬粥，有一次不小心胡子都被火给烧着了。姐姐说家里多的是奴仆，这是何苦？李勣回答："岂无人耶？顾今姊年老，勣亦年老，虽欲久为姊粥，复可得乎？"（《大唐传载》）（不是没人，而是因为你也老了，我也老了，这样为姐姐熬粥的机会，还能有多少？）手足之情，跃然纸上。

至于英雄气，徐世勣很快就展现给世人看了。

十七岁的时候徐世勣带着自己的人马投奔瓦岗军，他给翟让提出的一个建议就是主动出击，扩大补给范围：“宋、郑两郡，地管御河，商旅往还，船乘不绝，就彼邀截，足以自相资助。”（《旧唐书·李勣传》）他的建议是控制运河河道，截获漕运。翟让听了他的话，袭击运河，果然获得了大量财宝和物资，士气大振，但因此招致隋军著名大将张须陀的讨伐。当时李密已经是瓦岗军二号人物，在他的指挥下瓦岗军大败张须陀，将其杀死。《旧唐书·李勣传》说“勣与频战，竟斩须陁于阵”，将斩杀张须陀的功劳记在了徐世勣名下。

徐世勣和李密的关系非同一般，他觉得李密是个英雄，所以很拥护他，曾经劝翟让让位给李密。翟让也有这个意思，但是翟让的身边人，比如他的兄弟，极力反对，不愿意将头把交椅拱手让人。但是李密的确比翟让能干，眼光也高，所以最后翟让还是推李密为主，号称“魏公”，徐世勣被封为右武候大将军。

很快徐世勣就给李密出了个好主意——攻占黎阳仓。当时战乱，天下饥馑，谁手里有粮谁占据主动。黎阳仓是国家粮库，粮食很多。瓦岗军攻占此地，开仓赈济饥民，于是众人来投奔，不多久瓦岗军就扩充了二十多万新兵。然而，翟让与李密之间矛盾重重。就在此时，瓦岗军爆发内乱，李密摆了一场鸿门宴，在宴会上杀死了翟让。徐世勣也在座，还被误伤了，刀斧手一刀砍到了他的脖子上，徐世勣的好友王伯当急忙喊“这是徐世勣”，这才幸免于难。李密心里过意不去，把徐世勣扶到帐下，亲自给他包扎上药。此后，翟让的部下分给徐世勣、

单雄信、王伯当三人统领。

在瓦岗军与宇文化及的大战中，徐世勣负责镇守黎阳仓，与宇文化及方展开了一系列激烈的攻防战。这一仗虽然打赢了，但是瓦岗军损失很大，瓦岗军内部的矛盾也由此凸显出来。李密变得越来越骄傲，与部下离心离德，加上手里只有粮没有钱，也无法犒赏将士，大家逐渐对李密不满，徐世勣也是如此。他曾在一次宴会上讽刺李密，李密非常不高兴，“使世勣出镇黎阳，虽名委任，实亦疏之”。(《资治通鉴》卷一八六）李密让他重新去镇守黎阳，实际上就是疏远他。

李密被王世充击败之后，仓促投奔关中地区的李渊。李渊和李密同属关陇集团后代，李渊的祖父和李密的曾祖是亲密战友，所以他选择这里。当时徐世勣没有跟着李密跑，而是继续履行职责。此时的徐世勣占据的地盘非常大，东面一直到大海，南面一直到长江，再加上中原地带。那么徐世勣就面临一个抉择：是自立山头，还是投降王世充，或者投降李渊?

此时一个重要人物来了——魏徵。魏徵跟随李密投降了李渊，主动请缨劝说徐世勣降唐。徐世勣听从了劝告，但做出了一个很特别的举动。他对自己的部下说:“魏公既归大唐，今此人众土地，魏公所有也。吾若上表献之，即是利主之败，自为己功，以邀富贵，吾所耻也。”(《旧唐书·李勣传》)(我所占的地盘是魏公李密的地盘，要是把这块土地献给李唐，那就是利用旧主的失败给自己邀功，我耻于如此行事。)

于是他采取了非常的步骤——把辖区户口、州县名录送给在长安的李密，然后由李密献给李渊，意思是这仍然算是李密送给大唐的礼物。李渊听说徐世勣要投降，结果等半天等不来降表，正觉奇怪时，李密来了。听了事情的原委，李渊大为感慨："徐世勣感德推功，实纯臣也。"（《旧唐书·李勣传》）徐世勣真是个推功的君子，所谓纯臣就是忠臣。于是下诏拜他为右武候大将军，封曹国公，赐姓李氏，依旧镇守黎阳。从此徐世勣改名叫李世勣。

所以说徐世勣的英雄气不仅体现在他的战功上，也体现在他的胸怀上。他体现出了一种超越派系利益之上的至高原则，就是儒家所提倡的忠义，而这正是李渊所欣赏的。

徐世勣改名叫李世勣之后，很快又展现了他的忠义，因为他的那个旧主李密又叛逃了。原来李密投降唐朝的时候，心理预期值很高，出身关陇集团核心，又是瓦岗军的前领导人，自认为来到长安应该成为宰辅。但是李渊只任命其为光禄卿，光禄卿主管祭祀和宴饮。李密觉得遭受了羞辱，在李密的墓志铭里，有关李密的心理是这样描述的："公威虽未振，主自为谋。盖当世旧部先附，多出其右；故吏后来，或居其上。怀渔阳之愤愤，耻从吴耿后列；同淮阴之怏怏，羞与绛灌为伍。负其智勇，颇不自安。"（《唐故邢国公李密墓志铭》）这个墓志的撰写者不是别人，正是李密的老部下魏徵，他对李密的心理应该是有所把握的。他指出，李密因为对李渊给的待遇不如心理预期而不满，尤其是看到自己曾经的手下的待遇比自己都好，所以愈加愤愤不平，我猜想这个所谓"旧部"和"故吏"指的就是李世勣等人。魏徵在这里使用了两个典故，一个是东汉的彭宠，一个是西汉的韩信。他们都有个共同特点，即都是半途归附，但是又对待遇不满，最终以反贼身份身败名裂。

李密想回到潼关以东召集旧部重新起事，于是骗李渊说自己想去东边招降旧部。李渊放他走了，但半途反悔，于是派人召他回来。李密一看事情败露了，干脆就袭击了唐朝地方官，彻底反了，最后被唐朝地方官追上杀死了。

李密死了，而李世勣仍在黎阳镇守。李渊念他们曾为君臣，于是派人向李世勣通报了情况。李世勣听说后再次展现了他的忠义，他主动请求为李密办丧事，“勣服衰绖，与旧僚吏将士葬密于黎山之南，坟高七仞，释服而散，朝野义之”。（《旧唐书·李勣传》）（李世勣穿着孝服，和李密的其他旧部一起将李密风光大葬，修了一座高大的坟茔，朝野上下都称赞他的忠义。）

李渊对李世勣的大度很快就收到了回报，李世勣也很忠于他。当时河北地区的军阀窦建德攻打黎阳，窦建德的实力在当时来说与唐军不相上下，黎阳很快被攻破，宗室淮安王李神通、魏徵、李世勣的父亲等都被俘了。李世勣原本已经逃出包围圈，但是由于惦念父亲，于是回去投降了窦建德。窦建德很看重他，继续重用他，但是李世勣时刻想着回归唐朝。他为窦建德东征西讨屡立战功，但也在寻找机会，想杀死窦建德。有一次，窦建德说好要来黄河以南李世勣的大营，李世勣什么准备都做好了，结果窦建德老婆生孩子，未能成行。

不过很快李世勣不想回归也得回归了。李世勣的拜把子兄弟李商胡手下有五千兵马，也暂时归降在窦建德旗下。但是李商胡母亲霍氏十分强势，与众不同，善于骑射，性格剽悍，人称“霍总管”，此处借用了隋代“总管”一词，约相当于今“司令”。霍氏在李世勣面前说：“窦氏无道，如何事之？”（《资治通鉴》卷一八八）李世勣回答：“母无忧，不过一月，当杀之，相与归唐耳！”（《资治通鉴》卷一八八）因为是拜把子兄弟的母亲，所以李世勣也叫她母亲，他许诺最多一个月，杀了窦建德，就一起归唐。

等李世勣走了，霍总管跟儿子说，既然李世勣也愿意一起反窦建德，不如干脆现在就反。这等于逼着李世勣跟他们一起反。于是他们连夜动手，杀死了很多窦建德的人。

然而，此时李世勣还在窦建德军营中，听到消息出了一身冷汗。他和李商胡是结拜兄弟，窦建德一定会怀疑他，所以他赶紧率领数十人跑了，投奔了唐朝。

他父亲还在窦建德营中，可是此时李世勣别无选择。好在窦建德是个豁达大度的人，手下要杀李世勣的父亲，他说：“世勣，唐臣，为我所虏，不忘本朝，乃忠臣也……其父何罪！”（《资治通鉴》卷一八八）

李渊也好，窦建德也好，都是君子。李世勣忠于旧主，在他们这里都能得到肯定和赞扬，说明他们心中除了派系斗争之外，还有个共同的至高原则性，那就是忠义。派系斗争、战争总有结束的时候，但是未来王朝的建设、民族的凝聚力还是需要道德支撑的。道德是超越派系斗争之上的，此时的道德标准就是忠义，所以他们的大度是更高层面的考虑。

再次降唐的李世勣如鱼得水，在对刘武周、宋金刚的战争，对王世充的战争，对窦建德的战争中都立有大功，《旧唐书·李勣传》记载：“论功行赏，太宗为上将，勣为下将，与太宗俱服金甲，乘戎辂，告捷于太庙。”他可以和太宗乘同一辆车，一起告捷于太庙，这是至高荣誉。

此后的李世勣继续为唐朝东征西讨，统一国家。贞观四年（630），李世勣和另一位著名军事家李靖一起取得了一次重要的胜利——彻底击败东突厥。突厥在隋末唐初对中原地区形成了巨大的威胁，插手中原政局，唐朝的多数敌人都有突厥支持。唐朝自己也未能免俗，太原举兵的时候也不得不笼络突厥。唐朝建立之后，突厥骑兵曾深入唐朝境内，唐高祖甚至打算放弃长安迁都到秦岭以南。此敌不除，国无宁日。太宗登基后，很多部落起兵反抗突厥，再加上遭遇了大雪灾，牛羊死了很多，突厥实力大受损伤，唐军趁势发动进攻。这是自汉朝对匈奴战争之后中原地区对草原游牧民族最大的战争，这一战唐军大获全胜，颉利可汗被俘，东突厥灭。

而此时的李世勣也达到了他人生的顶峰，他出将入相，成为李世民重要的助手。有人建议李世民修长城抵御外族进犯，李世民这样回答："隋炀帝不能精选贤良，安抚边境，惟解筑长城以备突厥，情识之惑，一至于此。朕今委任李世勣于并州，遂使突厥畏威遁走，塞垣安静，岂不胜远筑长城耶？"（《旧唐书·李勣传》）李世勣获得了"国之长城"的赞誉。

但是此时的李世勣也有他的苦恼，他始终不是关陇集团核心成员，也不是秦王府旧臣。换句话说同朝为臣，他与长孙无忌、褚遂良、房玄龄、于志宁等太宗的心腹始终不是一路人。那么他是否可以积极表现，融入他们的团体？李世勣经过多年的政治斗争，已经形成了自己的一套世界观，他有着与众不同的处世方法。

首先，他明白能力是自己受重用的资本，也是立身的根本。他是国之长城，所以可以说他有恃无恐。

其次，他要保持一定的独立性，这样才能在惊险重重的政治斗争中立于不败之地，反正不论谁胜利都需要他。

所以自降唐一直到去世，李世勣始终保持一定的独立，从来不依靠哪个山头，可谓特立独行。李世勣的这种独立性，主要体现在以下两件事情上。

第一，在玄武门事变前保持中立。

李世勣投降的是唐朝，不是李世民，虽然他曾和李世民共同作战，但那是职责任务，不是私人关系。所以在武德年间太子李建成和秦王李世民你死我活的斗争中，他始终保持中立，他这样做是明哲保身。他有很强的能力，任何一方上台都不可能不用他，因此他不偏不倚。

由于玄武门事变的史料经过了李世民的修改，所以很多事情变得扑朔迷离。据《旧唐书·隐太子建成传》记载，李世勣在玄武门事变前曾经向李世民效忠，站到了李世民一边。而有的史料则记载李世民的确在事变前向李世勣透露过风声，试探过他，但是他的态度很微妙，他没有把这个消息透露出去，但他也没有站到秦王这边。司马光在写《资治通鉴》的时候权衡了各方史料后这样记载："世民犹豫未决，问于灵州大都督李靖，靖辞；问于行军总管李世勣，世勣辞；世民由是重二人。"意思是李世民事先向李靖、李世勣都征询过意见，试探站边，但是都被婉拒了。不过李世民非但不恼，反而更加重视此二人。司马光解释说他这样写为的是"有益风化"，可见也无真凭实据，多是揣测。但不管怎样，整个玄武门事变中李世勣、李靖都没有参与，这是确凿无疑的。

第二，在贞观后期储位之争中保持中立。

在唐太宗晚年太子李承乾、魏王李泰的储位之争中，李世勣还是一副超然的样子，不像长孙无忌等很早就摆明态度。虽然最后唐太宗立晋王李治为太子的那场著名会议李世勣参加了，但基本属于看客，因为他知道这是核心集团内部的事情，作为外来户少说为妙。

那么李世民如何对待李世勣？可以说八个字：恩在眼前，剑在脑后。李世民必须用李世勣，此人能力有目共睹，可是对于这种聪明且始终与自己保持一定距离的属下，李世民恩威并用。

李世民始终对外展示自己对李世勣的恩待，高官厚禄就不说了，图像于凌烟阁也不用说了，来看《旧唐书·李勣传》记载的两件事："勣时遇暴疾，验方云须灰可以疗之，太宗乃自剪须，为其和药。勣顿首见血，泣以恳谢，帝曰：'吾为社稷计耳，不烦深谢。'"李世勣生病需要人的胡须做药，太宗亲自把胡子剪下来了。要知道古人云"身体发肤，受之父母，不敢毁伤"（《孝经·开宗明义》），太宗这举动算是很出格的，这是高姿态展示对李世勣的恩待。

在晋王李治当了太子之后，李世民对李勣说了这样一番话："朕将属以幼孤，思之无越卿者。公往不遗于李密，今岂负于朕哉！"（太子以后托付给你了。以前你不负李密，现在也一定不会负我。）李世勣磕头感谢圣恩，然后君臣坐下一起喝酒。李世勣喝醉了趴在桌子上睡了，唐太宗亲自把衣服解下来披在李世勣身上。

但是，唐太宗真的就对李世勣完全放心？不是的，他始终对李世勣保持着压力，李世勣心里也清楚，君臣之间简直可以说达成了默契，这就叫"剑在脑后"。

李世民去世前在病榻上对太子李治有过这样一番部署："李世勣才

智有余，然汝与之无恩，恐不能怀服。我今黜之，若其即行，俟我死，汝于后用为仆射，亲任之；若徘徊顾望，当杀之耳。”（《资治通鉴》卷一九九）（李世勣聪慧，你对他没有恩泽，估计他不会服你。我现在贬他的官，他要是毫无怨言，你上台后再召他回来拜为宰相。假如他有怨言，那就立即杀了他。）这就是帝王心机。

于是太宗下令将宰相李世勣贬到外地去当都督。李世勣无比精明，立即明白是怎么回事，知道太宗和太子都在等着看他的态度。李世勣接旨后站起身来，骑上马就直奔外地赴任，中途路过家门，他连头都没回。太宗这才放心，君臣之间又是一场心照不宣的交手。

李勣去世后，唐高宗为他所立的《大唐故司空太子太师上柱国赠太尉扬州大都督英贞武公李公碑》记述了这件事：“出为叠州都督，寻除特进、检校洛州刺史。朕纂承丕绪，延想旧勋，又授公开府仪同三司、尚书左仆射。”当然，对这背后的杀机和曲折只字未提。

不久太宗去世，唐朝进入了高宗时代。李世民生前为了不扰民，命令只要“世”和“民”两个字不连写就可以不避讳，所以李世勣一直叫“世勣”，但是高宗即位后为了表示对太宗的尊重，下令“世”和“民”需要避讳，于是李世勣改名叫李勣了。

下面就看看他叫李勣之后的事情。

李勣在高宗朝仍然是重要人物，高宗按照太宗的部署将他召回拜为宰相。此时凌烟阁功臣去世的很多了，余下的也垂垂老矣，李勣已经是元老中的元老了。他在朝政方面发挥着巨大作用，而且他仍然摆出一副中立的姿态，不依靠任何势力，独来独往，最明显的例证就是立武则天为后事件。武则天是太宗的后妃，但是在照顾生病的太宗的过程中和太子李治发展出地下恋情。高宗李治即位后始终惦记着她，还把她从感业寺接回来。然后武则天通过一系列运作除掉了和自己争宠的王皇后、萧淑妃，下一步就需要正式成为皇后，结果此事遭到了以长孙无忌、褚遂良、于志宁为首的一大批重臣的反对。要知道这都是关陇集团的核心成员，他们要维护的是太宗留下来的秩序。王皇后是太宗当年指定的儿媳，太宗死前曾向他们托孤，因此长孙无忌等坚决反对立武则天为后。褚遂良甚至在御前会议上把笏板都扔了，把帽子也解了，在地上磕头，气得武则天从帘子后面出来和他对骂，场面十分不堪。

重臣中没有一个人敢站出来支持武则天。中下级官吏倒是有几个投机者支持武则天，可是分量不足，高宗十分苦恼。烦闷之际高宗忽然想到一个人——李勣。李勣始终没表态，御前会议要讨论立后问题的时候，李勣借口有病干脆不来，不知他的态度如何。

于是高宗特地找来李勣，征求他的意见。李勣说了这么一句话，可谓一锤定音："此陛下家事，何必更问外人！"（《资治通鉴》卷一九九）（这是您的家事，何必问外人！）高宗恍然大悟，于是下令立武则天为后，立后的仪式特地指定李勣为主持人。武则天终于如愿以偿，并开启了她迈向女皇宝座的第一步，这一步就是李勣给她铺的路。

要问李勣为何这样回答，我想原因首先是他从来都是独立的，不属于关陇集团。长孙无忌始终在他上头，压着他，只有扳倒长孙无忌才能实现他自己的利益最大化。他很聪明，知道只要始终做事符合皇帝的利益自己就可以不倒，犯不着站到长孙无忌这边。而高宗，他始终想摆脱父亲留给自己的元老集团，想独立。在立后这件事上，高宗如此执着，其实主要是想通过此事彰显自己的独立性，所以君臣在这方面一拍即合。武则天成为皇后以后，长孙无忌集团不久也被剪除，李勣通过他的独立立场再次立于不败之地。

但李勣帮助武则天成为皇后，并不意味着他从此就是武则天的人了。翻检史籍就会发现，李勣与武则天始终保持一定距离，采用一种超然的态度。而且虽然年纪很大了，但是李勣的超强能力仍然在发挥巨大作用，比如八十岁时还带兵远征辽东取得决定性胜利。而且李勣很注意奖掖后进，培养年轻人，“当时称其有知人之鉴”（《旧唐书·李勣传》），当时的人都称赞说他有知人善任之明。高宗为了表彰李勣，下令第二次将其画像绘制到凌烟阁上。他是唯一两次图像于凌烟阁的人。

高宗总章二年（669）冬，李勣病重。病重的李勣拒绝医药，他说一辈子位极人臣，已经值了。他抱病坐起来和弟弟一起喝酒，推杯换盏说了这样一番话：“我见房玄龄、杜如晦、高季辅辛苦作得门户，亦望垂裕后昆，并遭痴儿破家荡尽。我有如许豚犬，将以付汝，汝可防察，有操行不伦、交游非类，急即打杀，然后奏知。”（《旧唐书·李勣传》）他说的这三个人都是大臣，他们的儿子都因为谋反等败家。这些大臣辛辛苦苦创造的家业，都毁在不孝子手里。他说以后他的子孙有如此行事的，立即杀之。他说的这番话还真有远见，他的孙子徐敬业，后来造反反对武则天，失败被杀，连累已经死去的李勣被剥夺李姓，掘坟毁尸。一直到中宗时期李勣才恢复名誉，重新风光大葬。徐敬业就是违背了他祖父保持中立的基本原则，导致身败名裂。史官这样总结李勣的一生：“以义藩身，与物无忤，遂得功名始终。”以忠义为立身根本，任何时候都注意不与任何一方发生抵触，所以才得以建功立业并保全自身。这是他一生的写照。

柴绍

平阳公主的贤外助

『遣绍将数百骑趋华阴，傍南山以迎公主。』《旧唐书·平阳公主传》

柴绍是唐高祖女儿平阳公主的丈夫，夫妻二人是历史上少有的武将夫妻，而他们的儿子却是一个败家子。

柴绍是晋州临汾（今属山西）人，祖父和父亲分别在北周和隋朝中央政府为官。因此柴绍的青少年时代是在关中度过的，《旧唐书·柴绍传》记载："绍幼趫捷有勇力，任侠闻于关中。少补隋元德太子千牛备身。"他从小就孔武有力，而且"任侠"，就是说身上有侠气，锄强扶弱，因此在关中一带很有名气。这一点很重要，因为后来李渊太原举兵，平阳公主等在关中联络豪强响应的时候，能得到那么多帮助，和柴绍的名气有很大关系。

柴家和李渊家同朝为官，柴绍和平阳公主是在李家飞黄腾达前结成的夫妻，基本等于白手起家，这样的夫妻感情一般是比较稳固的。

由于柴绍在长安为官，所以夫妻二人一直住在长安。李渊在太原举兵的时候，长安城的形势是这样的：隋炀帝不在长安，也不在洛阳，而在江都。长安城内守军实力比较薄弱，城外和全国其他地区一样，都有零星的农民起义。很多豪强也自建武装，正在观望。而长安自古以来就是帝王之都，地势有利，土地肥沃，人口众多，是秦汉霸业的基础，所以李渊一开始就把矛头直指长安。事实证明他的选择非常正确。

在举兵之前，李渊就秘密联系了女儿女婿。柴绍听了之后立即动身前往太原，但问题是怎么安顿妻子，他对妻子说："尊公举兵，今偕行则不可，留此则及祸，奈何？"（《资治通鉴》卷一八四）（你父亲要举兵，我要去参加，不方便带你，可是留你在长安，举兵消息传来就危险了，怎么办？）为何柴绍不带公主一起走呢？估计是因为此时是个微妙时刻，如果全家一起走，必然引起隋朝的怀疑。自己走，家眷留在长安，就不会被怀疑是去造反的。

而平阳公主此时就体现出她与众不同的气质，她说："君弟速行，我一妇人，易以潜匿，当自为计。"（《资治通鉴》卷一八四）（你不要担心，快走吧。我是个妇人，容易藏匿，而且我有我的办法。）她不甘心当个随军家属，坐等胜利到来，她也要大展宏图了。

平阳公主是李渊第三女，是李渊原配窦氏所生。平阳公主绝对不是大门不出、二门不迈的柔弱闺女，有没有练过武史籍没记载，但是基本可以肯定她懂兵法，会打仗。以宋朝为分界线，在此之前的妇女非常活跃，很多重大历史事件都有女性的参与，包括军事行动。《木兰辞》就是写于北朝，完成于唐代。花木兰也许是虚构的，但这个人物被塑造出来也是有历史大背景的。十六国以来一方面战乱不断，一方面中原文化被注入了新鲜血液，有很多骁勇善战之人，包括一些妇女。宋朝杨门女将那是虚构的，这平阳公主才是真的女将，绝对骁勇。

下面分析柴绍和平阳公主在这个关键阶段的举动。首先是柴绍的行动。

柴绍渡过黄河之后，路上巧遇两个熟人——李建成和李元吉。他们两个也接到了李渊的命令，正起身从河东出发日夜兼程赶往太原。见了柴绍，李建成和他商量：父亲召集我们的信件看起来很急迫，只怕已经举兵了吧。要是消息传开就危险了，这离太原还很远，一路上危险重重，“今欲且投小贼，权以自济”（《旧唐书·柴绍传》）。不如就近找个“小贼”，暂时投奔他，以保安全。“小贼”就是小股的占山为王的人马。此时全国到处都是这种小股人马。柴绍反对，他说：“不可。追既急，宜速去，虽稍辛苦，终当获全。若投小贼，知君唐公之子，执以为功，徒然死耳。”（《旧唐书·柴绍传》）（千万不敢，辛苦点，抓紧赶路，没事的。你要是投奔了哪个小贼，他知道你是李渊的儿子，要把你献给官府邀功请赏怎么办？那不是自投罗网吗？）李建成一听有道理，于是三人抓紧赶路。快到太原的时候传来了举兵的消息，三人互相祝贺，然后去见李渊。

李渊任命柴绍为右领军大都督府长史，兼任马军总管，也就是骑兵司令。大军从太原出发，兵锋直指长安。

一路上还有隋军大部队存在，所以有硬仗要打，第一场硬仗就是对隋军大将宋老生的战斗。宋老生手下有三万精兵，战斗力很强，宋本人也以勇武著称。当时他率军镇守霍邑，正好挡住李渊的去路。而且天下大雨，无法作战，军中粮食告急，再加上听说突厥想联合刘武周包抄自己的大本营太原，所以李渊召集军事会议商讨对策。有人甚至建议干脆撤军回太原。李建成、李世民等不赞成，认为一旦撤回就成了割据一方的土军阀了，统一天下想都别想了。而且敌人会从四面八方包围太原，形势反倒会更凶险。而此时，柴绍的一番话帮助李渊下了打的决心，他亲自来到霍邑城下进行了侦察，然后回来报告说："老生有匹夫之勇，我师若到，必来出战，战则成擒矣。"(《旧唐书·柴绍传》)（宋老生不足畏，此人是匹夫之勇，我们挑战他一定会出城应战，这样我们就可以一举将他击溃。）刚好此时雨停了，李渊大喜，下令全军晾晒盔甲武器，然后直扑霍邑。

按照柴绍的建议，李渊布下包围圈，然后派人在城下巡视，还指指点点，好像在勘察设立大营的地点。果然，宋老生按捺不住了，于是他出动全部兵力，想趁敌人尚未安营打个措手不及。而李建成、李世民则兵分两路包抄过去，一番激战，宋老生被斩，霍邑被拿下，唐军赢得了第一场大胜利。柴绍在战斗中立有大功，《旧唐书·柴绍传》记载："绍力战有功。"这算是个开门红。

唐军紧跟着乘胜前进，接连过关斩将，柴绍始终是马前卒。在另一场对隋军大将桑显和的战斗中，柴绍再次取得大胜。此时通往长安的道路已经畅通无阻了。

与此同时关中发生了什么事？我们来看看平阳公主的行动。

柴绍走了之后，平阳公主立即离开长安城，前往距离长安不远的鄠县别墅。隋唐时期所说的别墅又叫作"别业"，这跟现在那种单独一栋小楼的别墅不是一回事，而是连房子带田地的一大片庄园。她之所以来到这里，是因为一则可以告诉外界她尚未远离长安，使敌人不至于生疑，二则可以确保自身安全。

她在别墅里紧锣密鼓进行准备，策应她的父亲。《资治通鉴》卷一八四记载“散家赀，聚徒众”。将家财散尽，招兵买马。史籍没有记载这些举动是她父亲部署的还是她自己的主张，我估计是她自己的主意。在敌人眼皮子底下招兵买马预谋造反这种事假如是李渊的部署，李渊一定不会让平阳公主独自一个人干，起码不会把柴绍从公主身边支走。所以估计是公主自作主张，这也反映出这个女子的胆识，柴绍临走时她说的那句“当自为计”看来指的就是这件事。

此时李渊的堂弟李神通正在长安，太原举兵消息传来时官府要逮捕他，他就跑到了鄠县山中，联系地方豪强对抗隋军。此时紧邻鄠县的盩厔县（今周至县）有一股势力很大的武装，头领是一个胡人，名叫何潘仁，他的兵力多达数万人。

平阳公主派遣自己的奴仆马三宝去联系何潘仁。马三宝虽然是奴仆，但是很有胆略，口才也好，后来就因为跟着平阳公主立有大功官拜左骁卫大将军。贞观年间他去世的时候，唐太宗还特地废朝一日，以示哀悼。马三宝来到何潘仁这里，尽力说服，于是何潘仁和李神通合兵一处，合力攻下了鄠县县城。

紧接着平阳公主又派马三宝联系了很多地方豪强，大家纷纷响应前来投靠。最后平阳公主总兵力多达七万人，可说是一支雄厚的武装力量了。要说这些人为何听从平阳公主，我估计有以下三个原因。

第一，李渊有号召力。此时各路人马群龙无首，要想不被隋军各个击破，必须依靠一个领袖。而李渊是关陇集团成员，是贵族子弟，且兵力雄厚，很有号召力。不是每一个起义军的首领都想夺取天下的，他们好多人就是官逼民反民不得不反，本身没有那么高远的志向。他们需要一个领袖来领导他们，那么毫无疑问李渊是合适的人选。

第二，柴绍有个人魅力。柴绍这个人自青少年时代就名闻关中，大侠。大家乐于为其所用，战乱年代侠气往往会发挥巨大作用，平阳公主沾了夫婿这个光。

第三，平阳公主的军事实力。平阳公主不是一般女子，勇敢果决，而且她的兵力像滚雪球一般越滚越大。她给自己确立的目标就是在父亲大军到来之前扫清长安外围，其军事压力使得各股力量不得不听命。

平阳公主率领军队在长安以西攻城略地，接连攻克多座县城。可以这么说，除了没打长安城之外，长安的外围几乎都被她扫荡了。长安已经像一个熟透了的苹果，就等着李渊来摘了。而且她不是一个人在战斗，除了李神通之外，还有李渊另一个女婿段纶也在长安以东举兵响应。李渊的军队渡过黄河来到关中的时候，平阳公主率领一万多精兵前来接应。李渊“遣绍将数百骑趋华阴，傍南山以迎公主”（《旧唐书·平阳公主传》）。这对夫妻见面，应该是感慨良多。别人家夫妻见面卿卿我我，这一对夫妻，丈夫从山西一路披荆斩棘冲杀而来，妻子在关中迎难而上，此时见面不知该有多少话需要倾诉。

李渊没有把女儿的军队并入其他部队，而是让她单独立营，这是对她功绩的赞赏，也是对她指挥能力的肯定。这支军队就叫作娘子军。这是“娘子军”的由来，换句话说它跟洪常青率领的一群女兵不一样，是一个女将率领的一群男兵。

接下来就要攻打长安城。此时的长安闭门自守，人心惶惶，里面兵力倒不算少，就是没斗志。李渊手下兵力有二十万，竞相向前，而且制造了很多攻城器械，“绕京竹木，歼于斯矣”（《大唐创业起居注》卷二）。就是说为了造器械，把京城附近的竹木都伐光了。根据《大唐创业起居注》的记载，攻打长安时最积极的就是新附的部队，也就是刚刚并入的那些部队，其中应该就包括这支娘子军。

登基称帝的时候，李渊将这个女儿封为平阳公主，而且每次赏赐公主们的时候，给她的赏赐都要比别的公主多得多，“以独有军功，每赏赐异于他主”（《旧唐书·平阳公主传》）。别的公主也没话说，毕竟自己在玩绣花针的时候人家在玩大刀。

武德六年（623），平阳公主病逝，唐高祖非常悲痛，下令要风光大葬，而且要加上鼓吹之乐。官员们说按照自古以来礼法的规定，妇人葬礼不能用鼓吹。唐高祖恼了，说：“鼓吹，军乐也。往者公主于司竹举兵以应义旗，亲执金鼓，有克定之勋。周之文母，列于十乱，公主功参佐命，非常妇人之所匹也。何得无鼓吹！”（《旧唐书·平阳公主传》）（鼓吹是军乐，一般不给妇人用。可是我这个女儿当年在关中举兵响应我，亲自指挥打仗，是建国的元勋，好比周代的邑姜。邑姜是周武王的王后，据说是西周建国十大功臣之一。所以平阳公主不同寻常，葬礼一定要使用军乐。）

下面我们继续看看柴绍在建国后的举动。

柴绍在唐朝建国后继续参与统一战争，史籍记载他几乎参与了每一场重大战役，包括对西北军阀薛举、山西军阀宋金刚、洛阳军阀王世充、河北军阀窦建德的战斗，因功封霍国公，赐实封一千二百户，拜右骁卫大将军。这位驸马还真不是靠裙带关系当官的，真的是靠功勋一步步上来的，最终名列凌烟阁。

武德六年六月，也就是平阳公主去世四个月之后，柴绍就化悲痛为力量，奉旨率军抵御吐谷浑和党项的进犯。吐谷浑原为鲜卑的一支，其先祖吐谷浑带领族人迁居到西北，由此得名吐谷浑族。党项族又叫党项羌，是古老民族羌人的一支。唐以后党项建立了西夏，此时它和吐谷浑联合起来与唐朝争战。

柴绍率军与敌人在今天甘肃境内遭遇，双方展开了一场大战。敌人有地势之利，居高临下，唐军形势不妙。柴绍此时采取了一个极其特殊的战术，他命人弹奏琵琶，还让两个舞女翩翩起舞，自己坐在一边欣赏。敌人忽然看到这样一副奇景，十分好奇，争相引颈观望，阵形都乱了。其实柴绍已经派遣部队包抄敌后，他的做法是为了吸引敌人的注意力。正看美女看得入迷，唐军骑兵从背后猛扑上来，他们被打了一个措手不及，四散溃逃。游牧民族的军队虽然英勇善战，但是军队整体组织性、纪律性不强。柴绍略施小计就吸引了他们的注意力，可谓充分利用敌人弱点。

值得一提的是，唐朝统一战争的最后一战就是柴绍打的，时间是贞观二年（628）。柴绍奉命讨伐军阀梁师都，梁师都是突厥支持的割据军阀。平定他不仅可以完成国家的统一，而且对突厥也是一个强硬的回应。为什么派他打这一仗呢？因为在武德年间柴绍就曾经带兵抵御过突厥，很有经验。打梁师都要预防突厥的干预，所以派他去是很合适的。

在叙述里没有提到玄武门事变是因为柴绍与玄武门事变没什么关系，这在凌烟阁功臣中是罕见的。凌烟阁二十四功臣中和玄武门事变有直接、间接关系的多达二十二人，只有他和宗室李孝恭与此事没关系。我估计是因为他在投奔太原和后来征战过程中与李建成多有合作，所以李世民向他保密，没有让他参与。

贞观十二年（638），柴绍病重，太宗亲自来到府上慰问。不久柴绍去世，举朝哀悼。但是柴家的故事并未结束，柴绍和平阳公主英雄一世，但是却虎父出犬子。他们的儿子柴令武因为谋反被杀，给柴家抹黑了。而且这个案子还涉及另一位凌烟阁功臣房玄龄的儿子，令人感慨万千。权力某种程度上也是腐蚀剂，娇生惯养的权贵子女更容易在权力中迷失方向。

柴绍夫妇就两个儿子，柴令武是二儿子。他也是位驸马，娶了唐太宗第七女巴陵公主，这对夫妻卷入了高阳公主谋反案。高阳公主的夫婿就是另一位凌烟阁功臣房玄龄的儿子房遗爱。高阳公主是公主中的一朵奇葩，她年少时很受太宗的宠爱，所以养成了骄横跋扈的性格，行事非常荒唐。

首先，热衷制造家庭矛盾。此女爱闹事，公公房玄龄刚去世，她就撺掇自己的丈夫房遗爱和哥哥房遗直分家，而且还想找碴儿剥夺房遗直的爵位给自家。因为房遗爱不是长子，所以爵位是由房遗直继承的。她不服，想尽办法要夺过来。

其次，私生活糜烂。高阳公主的情夫很多，而且身份都很特别，不是和尚就是道士。要问这是怎么回事，我估计是因为和尚道士可以请到家里做法事，接触的机会多。她最主要的情夫是唐僧玄奘最主要的助手辩机。辩机是玄奘译经最主要的助手，而且帮助玄奘撰写了《大唐西域记》，是个很有学问的高僧。高阳公主看上了他，两人勾搭成奸。有一次长安城发生盗窃案，司法部门在起获贼赃的时候发现了一个金宝神枕，一问是从辩机那里偷来的。问题是这个枕头是宫中女眷用的东西，辩机是从哪里得来的。有司审讯，辩机交代说是公主赠送的，由此二人奸情败露。太宗大怒，下令将辩机腰斩。

最后，不孝。太宗因为她制造家庭矛盾而批评了她，后来又杀了辩机，并大大斥责了她。她非但不吸取教训，反倒对父亲心怀怨气。不久太宗去世，高阳公主竟然不哭泣，“太宗崩，无戚容”。(《资治通鉴》卷一九九)

高宗当了皇帝，她并不服从自己的这个兄弟。这次她的胃口很大，不仅要在房家称王称霸，还想在全天下称王称霸，她谋划要废掉高宗，另立荆王李元景为帝。李元景是高祖的第六子，换句话说是太宗的弟弟，高宗的叔叔。此人一直有野心，自己的侄子做了皇帝，他暗地不服气，曾在房遗爱等人面前声称自己做了一个梦，“元景尝自言，梦手把日月”(《资治通鉴》卷一九九)。梦见日月都在他手里，那不就是要当皇帝吗？这么个有野心的人，和有怨气的房遗爱、高阳公主联合起来，搞起阴谋诡计是顺理成章的。

那么柴令武夫妇为什么和房遗爱、高阳公主他们联合起来呢？史籍记载没有说明具体原因，我推测有两个原因。

首先，柴令武和房遗爱有个共同点，他们都不是家中长子，没有权利继承父亲爵位，因此心中有怨气，只有剑走偏锋才能后来居上。

其次，他们原本就与高宗不是一条心，而这一点早在太宗在世的时候就已经埋下种子了。原来他们曾参与过魏王李泰的阴谋，当时魏王李泰和太子李承乾争位，暗地里曾经广结朝臣，“时皇太子承乾有足疾，泰潜有夺嫡之意，招驸马都尉柴令武、房遗爱等二十余人，厚加赠遗，寄以腹心”（《旧唐书·濮王泰传》）。后来魏王李泰和太子李承乾双双被废，晋王李治也就是唐高宗，成了笑到最后的人。柴令武和房遗爱是有案底的。

也正因为如此，他们才一拍即合。此时他们还得到了一个强外援——薛万彻。薛万彻是太宗时期的猛将，也是位驸马。他因事受处罚，心怀怨气，跟他们走到了一起，明确表示说“若国家有变，当奉司徒荆王元景为主”。（《资治通鉴》卷一九九）换句话说这个集团内有人，外有人，有文臣有武将，已经初具规模了。柴令武本来要去外地当官，但是推说巴陵公主有病要在长安治病，自己要照顾她，滞留在长安与同伙紧锣密鼓进行谋划。

这个集团阴谋的败露还是高阳公主导致的，此女果然是成事不足败事有余。在密谋这么大的事的同时，她还不忘跟丈夫的哥哥房遗直争夺爵位和家产。这次她使用了绯闻工具，“使人诬告遗直无礼于己”（《资治通鉴》卷一九九），告房遗直非礼自己。桃色事件历来是政治斗争的工具之一，高阳公主来了这么一招，房遗直也撕破脸皮了，而且最要命的是，他已经察觉到了自己弟弟的造反阴谋。这次索性向官府举报，并且表示：“罪盈恶稔，恐累臣私门。”（《资治通鉴》卷一九九）（他们恶贯满盈，要是不告发，早晚要连累到我自家。）高宗听了大吃一惊，刚当皇帝没多久就有这么大的一场阴谋，实在令人震惊。于是他派遣长孙无忌审理此案，长孙无忌当时还是朝中第一臣，由他亲自审问，可见案件有多重大。

审讯的结果是，房遗直所言属实。而且长孙无忌居心不良，顺手把吴王李恪也诬陷为阴谋集团成员。就因为太宗生前喜爱此子，一度想传皇位给他，所以长孙无忌一直记恨他，借这个机会把他牵连了。永徽四年（653）二月，案件审结，“诏遗爱、万彻、令武皆斩，元景、恪、高阳、巴陵公主并赐自尽”。柴令武夫妇就这样魂归黄泉了。

柴绍、平阳公主这一对英雄夫妻却养了这样一个不肖之子，令人扼腕叹息。中国古语云“富不过三代”，第一代往往是披荆斩棘，历经苦难，识大体、明事理。第二代、第三代往往一代不如一代，他们生在蜜罐里，娇生惯养，以为一切都是自己应得的。得不到的时候要争取，可是又没有足够的本领，往往就剑走偏锋，玩邪的，最终的结果往往是身败名裂。柴家还不到第三代就惹下这么大的祸端，可资殷鉴。

李靖

文武双全的第一儒将

「可与论孙、吴之术者，惟斯人矣。」《旧唐书·李靖传》

他是唐代第一军事理论家，又是战场上的名将。他曾经差点将唐朝扼杀在摇篮里，而后来又成为唐朝的大功臣，为唐朝创造了最辉煌的军事成就。他低调内敛，但身后又成了民间传说中的托塔天王，他就是李靖。

李靖与尉迟敬德、秦琼等不一样，他是帅才，所以说李靖是唐朝第一将，不是指李靖的个人武功有多强，而是指他的指挥能力、军事思想。唐朝能打仗的人很多，但是能将军事问题上升到理论层面，堪称军事家的，大概非李靖莫属。

此人的经历很有意思，是一个凭借个人能力独立存在的人。也就是说他有足够的资本让任何人都买他的账，从而不倚靠任何人，是他的能力把他推向了凌烟阁。

下面我们就来看看他的经历。

李靖是关中三原县人，本名叫李药师。他的祖父和父亲分别在北魏和隋朝为官。他的舅舅是隋朝名将韩擒虎，韩擒虎在平定南朝实现国家统一方面立有第一功。韩擒虎对自己这个天资聪颖且喜爱兵法的外甥极其欣赏，他说："可与论孙、吴之术者，惟斯人矣。"（《旧唐书·李靖传》）（能和我一起讨论孙子、吴起兵法的，只有此人了。）刚为官时李靖出任长安县功曹，京官，后来又任驾部员外郎。虽然官职不是很高，但很多大臣欣赏他。宰相杨素就是其中之一，他对李靖说："卿终当坐此。"（《旧唐书·李靖传》）（你总有一天要坐到我这个位子上来。）那就是当宰相的意思。

李靖文武全才，从他后来写的文章就能看出来，条理清楚，语言流畅优美。这就使他和其他武将有了区别，其他人多多少少都有点草莽英雄的感觉，而李靖则透着儒将的风采。

也正因为如此，他的思维敏锐度和观察力非同寻常，但是这个特点差点害到唐王朝，也差点送了他自己的命。

隋末战乱的时候他正在马邑当郡丞，马邑当时在李渊的执掌范围内。李渊当时担任太原留守，掌管河东一带对突厥和起义军的战争。李渊得到这个任命时曾欣喜若狂，觉得自己机会来了，对李世民说："唐固吾国，太原即其地焉。今我来斯，是为天与。与而不取，祸将斯及。"（《大唐创业起居注》卷一）（我是唐国公，太原周边自古称唐，让我来这里是天意，我不能违背天意，否则上天会降灾。）所以他借着与突厥和起义军作战的机会锻炼人马，暗地里扩充实力。隋炀帝派的监视之人看不出什么，但是李靖看出来了，"靖察高祖，知有四方之志"（《旧唐书·李靖传》），他观察李渊，觉得此人有野心，即所谓四方之志。李渊竭力掩饰还是被他看出来了，要不怎么说他观察力很强。

此时的李靖还忠于隋朝，所以他想揭发李渊。于是他做了一个很特别的举动，据《旧唐书·李靖传》记载，他“因自锁上变，将诣江都，至长安，道塞不通而止”。他把自己当作囚徒捆起来前往江都告状，当时隋炀帝在江都。这里有两个疑问值得深思。

第一，为何自锁?

司马光写《资治通鉴》的时候就纳闷:“上变当乘驿取疾，何为自锁也?”(《资治通鉴》)去揭发密谋应该走官方驿站快点，自锁为何?估计是因为此时山西掌握在李渊手里，他要是明目张胆地跑，难免被发现，李渊一定会派人追他。因此玩个花招，假装自己犯罪了被解往朝廷受审，可以瞒天过海。

第二，为何取道长安?

从山西去江都告状，为何绕道西边走长安?我估计是因为此时隋朝已经到处是战乱，河南方向已经是战场，他只有取道相对比较安全的关中绕大圈才能到扬州去。

可是到了长安他才知道，长安通往南方的路也断了。当时到处是战火，关中成了孤岛，于是他只能滞留长安。假如他早点走，早早见到隋炀帝，隋炀帝再下个密令（要知道此时李渊副将王威等是隋炀帝的人），大唐王朝也许就被扼杀在摇篮里了。

他在长安的时候据说也很积极，“李靖与卫文昇为隋守长安，乃收皇族害之”。(《大唐新语》卷六）他在城内戕害李渊的亲属。不过坦白说，此时长安城内即便有李渊的亲戚，也不会是什么至亲，最多是远亲，像平阳公主之类的早都得到李渊的指令躲出城外了。但是他这样干就是公开与李渊为敌，李渊恨他。李渊占领长安的时候，李靖被俘。刑场上，卫文昇等人都被杀了，就在刀斧手举起屠刀要杀李靖的时候，李靖大喊："公起义兵，本为天下除暴乱，不欲就大事，而以私怨斩壮士乎！"（《旧唐书·李靖传》）（您要平定天下，怎么能为了一己私怨而杀壮士？）李世民早就听说李靖是个军事奇才，此时正是用人之时，杀了他太可惜，于是向李渊求情。李渊接受了建议，释放了李靖。李靖随即进入了李世民的幕府。

这件事的影响，一是李渊总记恨李靖，过了很久气才消；二是李世民信赖李靖，李靖也忠于李世民。

首先看李渊对李靖的态度演变。

李渊虽然饶了李靖一命，但是很明显对他还是没有完全信任。李靖担任岐州刺史的时候，当地有一个人知道李渊恨李靖，因此希望通过诬告李靖得到荣华富贵，"人或希旨，告其谋反。高祖命一御史按之，谓之曰：'李靖反且实，便可处分'"。（《大唐新语》卷六）"希旨"就是揣摩皇帝的意思。唐高祖一听立即采信，把任务交给一御史，可惜史书未留下这位御史的姓名。唐高祖示意要是所告属实，御史就自己处分，意思是杀了李靖。

这位御史来到岐州，带着告状者一起回长安。御史心里明白，李靖不可能反，李靖是个忠诚耿直的人。李靖当年要告发李渊，那也是忠于职守，李靖那时是隋朝的官，看见谋反能不告发？现在李靖是唐朝的官，照样忠于职守，不会谋反的。可是怎么证明这是一场诬告？御史边走边想办法，终于想到一招。晚上到驿站住宿的时候，他忽然惊呼状纸丢了，还装模作样把手下人抽了一顿，然后对告密者说："李靖反状分明，亲奉进旨，今失告状，幸救其命，更请状。”（《大唐新语》卷六）意思是，您写的状纸丢了，没有办法，要不然您再写一份。

告状者毫无戒备，于是重新写了一份状纸。等他写完，御史冷笑一声，拿出了原先那张状纸。两张状纸放在一起一对比，时间、地点、事件都有很多出入，前后不一，这足以证明告状者在撒谎。他将这个结果告诉了唐高祖，“高祖大惊。御史具奏，靖不坐”。（《大唐新语》卷六）李靖逃过此劫。这位御史很有经验，要知道，一个撒谎者需要一个好记性。不信我们做个实验：怀疑谁撒谎，就等他把谎言忘得差不多的时候，冷不丁让他复述一遍，往往细节前后不一。他原本就是编的，不是事实，时间长了就忘记细节了。御史就这样凭借自己的智慧救了李靖一命。

即便如此，唐高祖也没有对李靖消除戒心。李靖讨伐南方军阀萧铣的时候，一度进展不顺利，李渊竟然又生了杀心，“阴敕硖州都督许绍斩之。绍惜其才，为之请命，于是获免”。（《旧唐书·李靖传》）高祖密令都督许绍杀了李靖，许绍觉得这太过分了，李靖是人才，不应该这样对他，于是向李渊请命，李渊这才饶了李靖。后来李靖在战场上屡建战功，唐高祖这才逐渐信任李靖：“朕闻使功不如使过，李靖果展其效”。（《旧唐书·李靖传》）（与其奖励他，不如刺激他，这一批评果然让李靖发挥出能量了。）他给李靖写了一封书信，大大表扬了李靖，然后说：“既往不咎，旧事吾久忘之矣。”（《旧唐书·李靖传》）后来在平定南方和抵御突厥的过程中，李渊对李靖是全方位信任，军权完全委托，李靖也不辱使命。

再来看李世民对李靖的态度。

当年要杀李靖的时候，是李世民说情救了他一命，然后又把他收入幕府。但是耐人寻味的是，李靖还真称不上是秦王府旧臣。在玄武门事变前，他和李世民的关系只能说是一般的下属与上级的关系，看不出其立场倾向。李世民曾向他透露过口风，想试探他："世民犹豫未决，问于灵州大都督李靖，靖辞；问于行军总管李世勣，世勣辞；世民由是重二人。"（《资治通鉴》卷一九一）也就是说李世民放出口风后李靖没答应参与，但也没向皇帝或者太子告发。换句话说是中立立场。李靖在这一点上和李勣一样，这两人都是能力超强，所以无所畏惧。当年他的才华把他从刑场上救了下来，现在他照样可以在政变关键时刻不参与，无论谁胜利都不可能不重用他。

果然李世民一直非常倚重他，并没有因为他的不参与而怪罪。而且终其一生信任他，而李靖之所以让李世民一生信任，就是因为他的三大功，这是李世民亲口说的："公南平吴，北破突厥，西定吐谷浑。"（《新唐书・李靖传》）下面我们分别来看看他的三大功。

第一功：平定南方。

当时南方有大军阀萧铣，他原本是隋朝地方官，隋末举兵反隋，占据了长江中游地区，自立为帝，国号梁。首都在江陵，也就是今天湖北荆州一带。势力最大的时候，东至今天江西，西到重庆三峡，北到汉水，南到岭南都是他的地盘。唐朝要完成统一战争，那这个钉子一定要拔除。武德四年（621），李靖向皇帝建议攻打萧铣，他献上了一个"平萧铣十策"，高祖看了之后大为欣赏。他命宗室李孝恭为荆湘道行军大总管，让李靖当他的副手。李孝恭是李渊的侄子，也是后来名列凌烟阁的功臣。但是李渊对此时的李孝恭并不放心，"高祖以孝恭未更戎旅，三军之任，一以委靖”。(《旧唐书·李靖传》) 李孝恭缺乏军事经验，所以唐高祖将实际指挥权交给了李靖。唐军自上游进发，要穿过三峡的时候正好遇到汛期，萧铣认为唐军这个季节不敢来，“铣以时属秋潦，江水泛涨，三峡路险，必谓靖不能进，遂休兵不设备”。(《旧唐书·李靖传》) 果然唐军来到三峡的时候将士们都不愿意继续前进，担心自身安全。李靖对李孝恭说：“兵贵神速。今吾兵始集，铣尚未知，若乘江涨，倏忽抵其城下，掩其不备，此必成擒；不可失也！”(《资治通鉴》卷一八九) 李靖建议趁敌人麻痹打个措手不及，机不可失，失不再来，于是全军在他的鼓舞下冒着危险闯过三峡。刚过三峡，就遇到了敌人——一股多达数万人的大部队。敌人压根没料到唐军此时出现，大吃一惊。唐军猛扑过去，“获战舰三百余艘，杀溺死者万计”(《资治通鉴》卷一八九)，李靖出其不意的计策果然成功了。

紧跟着唐军兵锋直指只有数千兵的江陵。萧铣紧急召唤各地援兵，但是路途遥远，一时赶不来。李孝恭看到敌方人少，很轻敌，就想一举击溃之，李靖阻拦——这是困兽，困兽犹斗，如今正是他们为了保命要拼命的时候；过一两天，他们心中惶惑，士气也会低落，那时再打可以确保胜利。但是李孝恭不听。李渊早就告诉他军事上要听李靖的，但此时他早已将这个嘱咐抛在脑后，把李靖留在营中，自己率领精锐部队出战，结果如李靖所料，打了败仗。敌人追击过来，看见唐军遗弃的物资钱粮，竟然停下来抢东西。每个人都抢了很多，负担沉重，行走困难。李靖在后方瞭望，看到这个场景意识到机会来了，立即率领营中留下来的部队奋力出击。敌人阵形早已凌乱，根本扛不住李靖的冲击，大败。李靖乘胜直扑江陵城，在城下掳获了大量的敌人舟船。李靖命令把这些船都放开，任它们漂到长江里。部下不明白了：“破敌所获，当借其用，奈何弃以资敌？”（《资治通鉴》卷一八九）（好不容易缴获这些东西，应该留给自己用，为何丢到江里？）这体现出李靖的智慧。他说敌人的援兵正在从下游赶来，我们有腹背受敌的危险：“今弃舟舰，使塞江而下，援兵见之，必谓江陵已破，未敢轻进。”（《资治通鉴》卷一八九）（现在我们把这些无人驾驶的船放到江里，顺流而下，敌人援兵看到了会认为江陵已经被攻破，船都没人管了，肯定就不敢来。等他们回过劲来，怎么也得十天半月，那时我们已经拿下江陵了。）敌人援军看到这些船，真的以为大势已去，很多人就此还投降了唐军。李靖打仗，就是这样智慧。

援军不来，江陵城里的敌人就丧失了希望，不得不投降。很多将士建议严惩敌人，没收其财产分给将士们，李靖坚决反对：“今新定荆、郢，宜弘宽大，以慰远近之心，降而籍之，恐非救焚拯溺之义。但恐自此已南城镇，各坚守不下，非计之善。”（《旧唐书·李靖传》）（我们是官军，应该宽宏大度，而且南边还有很多地盘没打下来，如此行事，那些人一定会坚守，得不偿失。）李孝恭听从了其建议，宽待俘虏，果然萧铣的地方官纷纷投降。

武德六年（623）李靖又平定了长江中下游的军阀辅公祏，此时岭南也已经在他的压力下归降了唐朝。李靖凭借一己之力几乎平定了南方。高祖很高兴：“李靖是萧铣、辅公祏膏肓，古之名将韩、白、卫、霍，岂能及也！”（《旧唐书·李靖传》）意思就是说，李靖是萧铣和辅公祏的心腹大患，古代名将韩信、白起、卫青、霍去病也比不过李靖。

第二功：大破突厥。

突厥是唐朝初期最大的威胁。当年在太原举兵的时候，李渊不得不称臣于突厥。那时的突厥春风得意，广泛插手中原事务。当时北方草原游牧民族频繁南下侵扰，这个倒不是说这些民族侵略成性，实际上是经济结构的问题。草原游牧民族经济结构太单一， 只有一种经济模式——游牧，这犯了经济学上的一个大忌——所有鸡蛋在一个篮子里。一旦有天灾马上就会陷入困境，那么此时为了弥补损失，就会对长城以南采取入侵行动。一般来讲，他们主要是想要粮食和财货。唐代有一种神鸟叫作“突厥雀”，这种鸟平时生活在草原上，一旦它飞过长城，人们就知道突厥要来了。长城以南的人认为这是天赐的神鸟，专门负责报警的。实际上“突厥雀”就是草原沙鸡，这种鸟遇到旱灾等灾害没有草籽吃的时候，就会飞到长城以南寻找食物。它的到来说明草原遭灾了，那突厥人不久也没吃的了，于是就会接连南下。

唐朝建立之后突厥没少侵扰，一度让高祖有迁都的念头。太宗刚即位没几天，突厥就打到了渭水北岸，太宗单枪匹马去会见突厥可汗，双方展开了一场谈判。太宗可能答应了突厥一些要求，才使其撤兵了。而且在唐朝统一战争过程中，好几个对手背后都有突厥的支持，因此无论是高祖还是太宗，都对突厥恨之入骨。

贞观三年（629）机会来了，突厥遭遇了双重打击：一方面一些附属部落叛乱，突厥可汗去镇压，被这些部落击败；另外天灾来了，游牧经济特别容易受天灾影响。当时发生了雪灾，牛羊大量死亡，突厥人陷入了绝境，甚至饿到将雪层下面死去的牛羊的骨头挖出来磨成粉喝掉，堪称突厥牌壮骨冲剂，困窘到如此地步。

唐太宗意识到千载难逢的机会来了，于是他拜李靖和李世勣为将，倾全力攻打突厥。李靖打仗历来是智谋与勇猛并重，这次仍然是这样的战法。他亲自率领前锋部队三千骑兵，出其不意直扑突厥腹地。突厥突利可汗听说李靖率领区区三千人打来了，觉得有诈，以往没有唐军敢如此深入的，何况是如此少的兵马。这说明李靖背后有大部队："唐兵若不倾国而来，靖岂敢孤军而至。"（《旧唐书·李靖传》）所以他决定逃跑。

李靖一方面四处略地，一方面又派人在草原上大行离间计，四处造谣，不断有突厥所部来投降，而且在这个过程中还俘虏了隋炀帝的皇后萧后和一些宗室。萧皇后在隋炀帝被杀后先是被宇文化及带往关中，宇文化及被李密和窦建德击败后又被窦建德俘虏了，后被在突厥和亲的隋朝公主接到了草原上。此时她又被唐军俘虏了。后来她在长安定居，死后和隋炀帝在扬州合葬。

取得了如此大胜，李靖仍然不肯轻易罢休。他意识到突厥此时是最虚弱的时候，假如放手，来年水草丰美会死灰复燃。此时突厥大可汗颉利可汗惧怕唐军，逃得远远的不说，而且派使者向唐朝乞和。唐太宗答应了，派重臣唐俭作为使者和他谈判。李靖对自己的部将说机会来了，唐俭去了敌营，敌人以为和谈开始，我军不会有所行动，警惕性降低，我们应该去偷袭他们。部将认为这样会对唐俭造成危险，李靖回答说："此兵机也，时不可失，韩信所以破齐也。如唐俭等辈，何足可惜。"（《旧唐书·李靖传》）当年韩信突袭齐国，导致正在那里出使的汉臣郦食其被杀，齐国也被攻克。在李靖眼里，唐俭不足惜。

李靖精选了一万骑兵，带上二十天的干粮，日夜兼程，深入草原大漠，直扑突厥大营。路上凡是遇到突厥零星人马一律俘虏，带着走，免得他们去报信。颉利可汗看到唐朝使者来到，很高兴，放松了警惕。李靖骑兵到了距离他大帐十几里的地方他才发现，此时已经来不及组织人马了，于是他只身逃跑。李靖冲进营地大肆砍杀，最后俘虏约十万人。颉利可汗慌忙逃跑，忘记杀唐俭，于是唐俭逃走了。不多久，颉利可汗也被俘虏，被押解长安。

消息传到长安，举国欢庆，唐太宗和太上皇一起喝得大醉，太宗还借着高兴劲跳了一场舞。平定东突厥是唐朝前期最辉煌的胜利。一个大患被铲除，而且威震整个东亚和中亚，奠定了唐朝东亚领袖地位的基础。最终唐太宗被各国拥立为“天可汗”与此事直接相关，正是李靖一手将唐朝的伟业推上了顶峰。

第三功：西定吐谷浑。

吐谷浑原本是鲜卑的一支，后来迁居到了青海，此时开始与唐朝为敌。吐谷浑屡为边患，还曾经扣留唐朝使者，威胁到了西北地区的安全。唐太宗想解决这个问题，觉得李靖最合适，他说“得李靖为帅，岂非善也！”（《旧唐书·李靖传》）可是太宗不好意思张口，原来一年前，年纪大的李靖已经半退休了，而且脚还有病，于是太宗派遣房玄龄去探口风。

房玄龄去了刚一张口，李靖立即就明白了。他徐徐说道：“靖虽年老，固堪一行。”（《旧唐书·李靖传》）唐太宗大喜，拜他为西海道行军大总管，率大军讨伐吐谷浑。这一仗主要是在青海湖以南一直到黄河源头这一带打的，唐军首先需要克服高原反应，而且吐谷浑的可汗在逃跑的时候将沿途的草原放火烧了，就是为了让唐军的马没草吃，也就无法追他。众将都认为这仗没法打了，但是部将侯君集认为，自己困难，但敌人更困难。他们已经穷途末路，应该深入高原，继续追击。李靖赞同其主张，于是兵分两路大举追击。这一仗无比艰难，高原上有的地方没有水，于是“人龁冰，马啖雪”（《资治通鉴》卷一九四），起初人吃冰马饮雪，后来连冰雪都没了，战士们只能用刀刺马，喝马的血。李靖一个老者，也跟年轻人一样奋力追击。最终吐谷浑可汗自缢身亡，其儿子投降了唐军，唐军立他为新的可汗，然后大军凯旋。

这三大功就是李靖军事生涯最辉煌的三场胜利，唐朝的南、北、西三个方向都是他平定的。所以说李靖是唐朝第一将，首要原因就在这里。

不过就在此时，李靖又遇到了一个麻烦，这件事又唤醒了他内心不愉快的记忆。在平定吐谷浑的战争中，有一个名叫高甑生的部将，他是秦王府旧臣，所以很骄傲，但在行军中他延误时间，遭到了李靖的处罚，内心不服，于是战后向皇帝诬告说李靖谋反。唐太宗压根不信，命令将高甑生流放到边疆。虽然太宗展现了自己对李靖的信任，但李靖内心的隐痛却发作了。当年他得罪了唐高祖，两次差点被高祖所杀，现在老了又遭到小人诬陷，他感到不寒而栗。于是他开始闭门谢客，连亲戚都不见，安心养老。

李靖这个人虽然善战，但是个性格内向的人，担任宰相期间，总是显得笨嘴拙舌，“性沉退，每与时宰参议，恂恂然似不能言”。（《册府元龟》卷三一〇）他不仅战功赫赫，而且著作颇丰，两唐书记载了多部他的著作，当然主要是军事著作。他的兵法被后人称为“卫公兵法”，因为他的封号是卫国公。《卫公兵法》是一部伟大的兵书，里面对战略、战术、军队训练、武器装备甚至军队医疗、阵亡士卒的抚慰等都有论述，是研究唐朝军事史的宝贵史料。

贞观二十三年（649）李靖去世，享年七十九岁，死后陪葬昭陵，一代英雄谢幕。但是有关他的传奇故事一直在民间流传，唐代有很多民间文学把他当作主角，比如著名的《虬髯客传》。而且还有好多神话故事也把他当主角，把他给神化了。尤其是后世的《封神榜》和《西游记》，把他变成了所谓哪吒的父亲托塔天王。虽然《封神榜》说这个李靖是商朝的总兵，但考证历史，名叫李靖同时又身为名将的也就只有唐朝这个李靖了。托塔天王实际上就是在民间神话故事基础上逐渐演变出来的形象，李靖的名字也就借着托塔天王的名号传之永久了。

魏徵

瑕不掩瑜的一代谏臣

「夫以铜为镜，可以正衣冠；以古为镜，可以知兴替；以人为镜，可以明得失。朕常保此三镜，以防己过。今魏徵殂逝，遂亡一镜矣！」《旧唐书·魏徵传》

在凌烟阁里有一位非常特殊的人物，魏徵，说他特殊有两个原因。

首先，他曾是李世民的死敌。凌烟阁里曾经是李世民死敌的不止他一个，还有尉迟敬德等，但凌烟阁的设立与表彰玄武门事变功臣密切相关。尉迟敬德等人虽然以前是李世民的敌人，但是在玄武门事变的时候已经是李世民的心腹干将了。而魏徵则不然，在玄武门事变前，他还在积极谋划如何除掉李世民，所以他能跻身凌烟阁，实在是一个另类。

其次，他的历史影响深远，比凌烟阁其他功臣都要深远。唐太宗在历史上以明君而著称，他在位的二十多年虽然不是中国历史上最鼎盛的时代，却是中国历史上少有的政治清明、廉洁高效的时代。人们称贞观时期为盛世，原因就在于此。而谈到贞观之治，就必谈到魏徵，人们公认唐太宗和魏徵这对君臣才是中国历史上明君贤臣之典范。

在专制时代，人们不能把希望寄托在制度上面，就只能寄托在“君明臣直”之上，犹如撞大运一般。唐太宗、魏徵这对君臣满足了人们的愿望，人们反复歌颂这对君臣，希冀自己的时代也是如此。他们已经变成了一组符号，反衬出专制时代的不确定性。

人们对唐太宗和魏徵最深刻的印象就是唐太宗十分虚心，闻过则喜，善于纳谏，而魏徵则很忠心，而且十分耿直。评价一个人物，要看其行为所造成的结果，而不要看其动机。魏徵的耿直与李世民的大度都有自己的心理动机，与他们的历史瑕疵有关系，但是这一点并不能否定这对君臣的历史地位。

就唐太宗而言，最大的瑕疵就是玄武门事变。玄武门事变说白了就是一场杀兄逼父的宫廷政变，甚至会让人联想到隋炀帝。李世民一生都在担心人们怎么评价他，担心自己的历史形象是昏君暴君。他让房玄龄帮他修改史书，就是不自信的体现。也正因为如此，他决心奋发有为，当一个贤君、明君，以便掩盖过去。所以他的大度和虚怀若谷是自我修炼的结果，跟他以前的性格大为不同。玄武门事变前的李世民果敢勇猛，同时脾气暴躁，而且某种程度上来说心狠手辣，比如玄武门事变时他把太子李建成、齐王李元吉的子嗣们屠杀殆尽。但是当了皇帝以后他就一改过去，变得豁达、大度，而且能纳谏，某种程度上来说就是“忍”的结果。从这点来看，李世民的确超过历史上绝大多数君主。

就魏徵而言，他的历史也有很大的瑕疵，他的瑕疵是不忠。一般印象里魏徵是个铁骨铮铮的人，可是翻开其履历就会发现——他不止一次改换门庭，儒家所倡导的“忠义”他做得并不好。

魏徵，河北巨鹿人，少孤贫，《旧唐书·魏徵传》说他“弃赀产不营，有大志，通贯书术”。就是说，一般人看来他不务正业，不经营财产。但是魏徵博览群书，从小就有大志向。

隋末战乱的时候，他是隋朝地方官元宝藏的书记官。元宝藏后来想投降瓦岗军李密，于是让魏徵替自己给李密写信，这封信他写得文采飞扬，条理清晰。李密觉得写信人是个人才，于是召魏徵来见。魏徵给李密献上了十策，也就是如何争夺天下的十条建议，李密觉得不错，可是没有采纳。后来李密要与王世充决战的时候，魏徵曾经准确预测这一战要输，因为瓦岗军已经在和宇文化及的战斗中大伤元气了。最后的结果是瓦岗军战败瓦解。

战败后李密投奔长安李渊，魏徵随行，这是他的第三个效忠对象。但是投奔李渊之后，李渊长期都没有重视他，这让魏徵颇为郁闷，于是他想立功。

当时李密虽然已经投奔李渊，但是瓦岗军很多旧将还在原驻地坚守，其中势力最大的是徐世勣，大半个中原都在他的手里。所以魏徵想去招安，这样就可以立个大功，于是向李渊毛遂自荐。李渊果然高兴，拜他为秘书丞，让他去招安徐世勣。

魏徵见了徐世勣，给他讲了很多道理，想以天命打动之。于是徐世勣决定降唐，把户籍地图都派使者送给了李密，让李密献给李渊。

魏徵在徐世勣这里还没走，河北军阀窦建德就来袭了。窦建德击败了徐世勣，俘虏了很多人，其中包括魏徵。而魏徵就此投降了窦建德，被窦建德拜为起居舍人，这是他的第四个效忠的对象。

窦建德被击败后，魏徵再次降唐，再次改换门庭，唐王朝再次接纳了他。

这次他成了李建成的太子洗马，是李建成手下主要的谋臣。在给李建成当谋臣期间，魏徵敏锐感觉到秦王李世民是太子的威胁，所以他一再向太子提出要提防秦王。

窦建德死了以后，河北地区的人民很怀念他，他的部将刘黑闼趁机反叛，得到了很多人的响应。唐朝地方官纷纷被杀，河北岌岌可危。秦王李世民率军去镇压，但是所用军事手段效果不佳。魏徵意识到——机会来了。他对李建成说："秦王功盖天下，中外归心；殿下但以年长位居东宫，无大功以镇服海内。"（《资治通鉴》卷一九〇）（比起秦王来说，您现在就剩下一个优势——年长。您功劳远逊于李世民，威望也不如他，这样很危险。）因此他的建议是"殿下宜自击之以取功名，因结纳山东豪杰，庶可自安"。（《资治通鉴》卷一九〇）（太子可主动申请去打刘黑闼，建立大功，还可以借机结交山东豪强，这样可以巩固太子的地位。）

于是李建成向高祖提出请求。高祖应允，拜他为山东道行军元帅，率军镇压刘黑闼。李建成听从魏徵的建议，双管齐下，军事打击与笼络人心并重，果然平定了河北地区。

在玄武门事变前剑拔弩张的时候，魏徵无时无刻不在劝李建成先下手为强，但最终还是被李世民抢了先机。秦王府的人随即大肆搜捕太子和齐王的人，魏徵被抓了，李世民见了他立即怒斥："尔阋吾兄弟，奈何？"（《新唐书·魏徵传》）（你离间我们兄弟，为何？）魏徵回答："太子早从徵言，不死今日之祸。"（《新唐书·魏徵传》）（太子要早听我的，就没今天这事了。）李世民知道这是个人才，非但没有恼，反倒释放了他，不久拜他为谏议大夫。魏徵从此开始为李世民服务了，这是他的第六个效忠对象。

如此频繁改换门庭，是儒家士大夫之大忌。明朝的洪承畴，松山战役投降了满洲，然后为满洲入主中原立下了汗马功劳，堪称开国元勋。即便如此，乾隆皇帝时期编写《贰臣传》还把他放进去了。纵然对我朝有功，但对于前朝来说，不忠且投敌，违背了儒家最高的道德，就是罪人，就是贰臣。洪承畴只改换过一次门庭，就被称作“贰臣”，那魏徵如何？

魏徵内心能不担心后人对他的评价吗？一个士大夫，如果连忠义都做不到，还有何脸面？他前半生真的谈不上什么风骨，遭遇逼迫就投降，骨头并不硬。魏徵的前半生是时代逼迫的，那是个战乱的年代，改朝换代的年代，很多人都改换过门庭。魏徵的后半生是唐太宗塑造的。

想当明君是太宗的夙愿，他要用明君的名声来洗刷杀兄逼父的丑名。而明君身边都要有直臣，需要大家集思广益，如此才能成就政治清明，正所谓“君明臣直”，所以太宗需要魏徵。而魏徵也需要太宗，他需要用直臣的名声来洗刷贰臣的污名，两人可谓暗相契合。

魏徵刚归顺唐太宗时的一件事触动了他。当时魏徵被派到河北去“安辑”。当年平定刘黑闼叛乱的时候，太子李建成很多部下战后留在这儿镇守，所以玄武门事变后要安抚他们。而魏徵身为河北人，又是李建成旧部，是一个合适的人选。

魏徵路上遇到太子的两个亲信被官府押解送往长安，魏徵认为，事变后已经有命令，所有的太子党、齐王党都不追究，现在却把这两人押往长安，那他河北安抚就没用了。“今若释遣思行，不问其罪，则信义所感，无远不臻。”（《旧唐书·魏徵传》）（现在要是释放了这两人，不追究他们的罪过，那么河北地区的旧部就会被感动，再远的地方也会被收服。）果然，释放了此二人，在河北地区产生了良好的示范作用。这件事被太宗知道了，十分赞赏，所以他开始特别关注魏徵，魏徵也更加兢兢业业。

从此以后，太宗与魏徵联袂塑造了中国古代史上君臣关系的典范。正如魏徵自己所说：“陛下开臣使言，故臣得尽其愚；若陛下拒而不受，臣何敢数犯颜色乎！”（《资治通鉴》卷一九四）（皇帝鼓励我开言，所以我忠直，假如皇帝是个拒谏之人，我又如何敢？）

《资治通鉴》卷一九五中魏徵的谏言非常多，其中绝大多数都被太宗所接受。魏徵的言论透露了如下思想特点：

第一，难。守成难。开国初期的君主一般都经历过血雨腥风的战争，总觉得这世界上还有比打仗更难的事情吗？陆贾告诉汉高祖：有，马上得天下，不能马上治天下。魏徵告诉唐太宗：有，那就是守成。太宗曾经问大家：“创业与守成孰难？”房玄龄回答说国家草创的时候，群雄逐鹿，然后称霸天下，当然是创业难。魏徵则回答，在艰难中得天下，在骄奢淫逸中失天下，所以守成难。太宗笑着说：“玄龄与吾共取天下，出百死，得一生，故知创业之难。徵与吾共安天下，常恐骄奢生于富贵，祸乱生于所忽，故知守成之难。”（房玄龄是和我一起打天下的，知道创业难。魏徵是和我一起治天下的，害怕我骄傲自满，所以告诉我守成难。）魏徵告诉太宗的这个“难”字，就是提醒他不能满足于现状，要谨慎治理国家，要知道治理国家的复杂性。“水能载舟，亦能覆舟”，要知道民意不可违，失去老百姓的支持是极度危险的事情。

第二，静。有时静不代表不作为，静是力量，静是静观其变，静是一种自信。太宗刚刚即位时的唐朝，国力相当衰弱，远没有隋朝强盛。人民生活水平、经济发展、人口状况都不容乐观。整个国家，一言以蔽之，还是比较凋敝的。在这种情况下魏徵提出治理国家重在一个“静”字，正如老子所说，“治大国若烹小鲜”（《道德经》），此时的静意味着不折腾，敬惜民力。静下来，表面上看这个国家的外貌也许改进很慢，可是老百姓人心安定，这比什么都重要。魏徵曾经在唐太宗面前直言不讳的指出，唐国力和隋朝没法比，列举了军队数量、国库资产、人口数字，然后说“度长计大，曾何等级？”（《旧唐书·魏徵传》）没有办法跟隋朝比，但是紧跟着他又指出：“然隋氏以富强而丧败，动之也；我以贫寡而安宁，静之也。”（《旧唐书·魏徵传》）隋炀帝继承了前代积累的国力，欲成为伟人，大兴土木，征伐高丽，生活骄奢淫逸，拒谏者塞，专己者孤，所以很快就崩溃。我们弱，可是我们不折腾，有自控力，所以很安定，因此静比动好。

有时候，静甚至比动有更大的力量，魏徵就这样给唐太宗展示过“静”的力量。比如当时岭南地区有个大酋长叫冯盎，此人曾在唐初主动归降唐朝。但是到太宗时期有传闻说冯盎叛乱了，理由是他和岭南另一个酋长谈殿互相攻打，而且长期不入朝拜见，因此大家建议太宗派遣大军讨伐。唐太宗正准备这么做，魏徵站出来了，提出了相反的意见。他给太宗分析，冯盎要是叛乱，理应发兵把守岭南各处交通要道，侵犯州县，可是这都好几年了，也没见他这样做。朝中越告发他叛乱，他越不敢来朝见，他越不来朝见，就越有人告发他叛乱，已经是恶性循环。因此他给太宗的建议是派遣使者安抚冯盎，就能平定岭南。果然，冯盎见了使者欣喜若狂。如魏徵所料，他是担心已经失去皇帝信赖，入京朝见凶多吉少。此时看到使者，证明皇帝没有放弃自己，自己有了申诉渠道，自然欣喜。他很快就派遣自己的儿子进京拜见太宗请罪，岭南就此安定。太宗高兴，他说："魏徵令我发一介之使，而岭表遂安，胜十万之师。"（《资治通鉴》卷一九二）

第三，诚。太宗即位不久发生过这样一件事：当时要征兵，征召十八岁以上男子，但是有大臣建议如果中男中有身材高大的，也要征召。中男指的是十六到十八岁的男子，太宗允许。魏徵则坚决反对，辩论了一阵后太宗恼了，说出了实情。为何执意要征召中男里那些身材壮硕的？因为皇帝怀疑他们是"奸民诈妄以避征役"（《资治通鉴》卷一九二），意思是他们是在户籍年龄上造假，谎称自己不到十八，为的是逃避兵役、徭役。隋唐时期的确有这种现象，称为"诈老诈小"，例如年龄五十多的谎称自己六十,二十多岁谎称自己不到十八，目的都是逃避征役。

魏徵说兵不在多而在于精，现有的兵源已经足够，更何况这样做表面看来是惩戒百姓中不诚信的人，实际上皇帝自己就在做不诚信的事情。太宗十分讶异，魏徵于是列举了多个事例，例如太宗即位时下诏说天下欠国库财物的可以免除债务，实际上官府大肆追缴老百姓欠秦王府的债，理由是"国库"不包括秦王府库，这就是玩文字游戏。您以前是秦王，现在是天子，秦王家库不是国库是什么？下令关中免租调两年，关外免赋税徭役一年，可是又说已经征收的财物、已经服的徭役不在免除范围，从来年开始计算。

现在又要点兵，指责百姓不诚信，难道皇帝就诚信了？太宗听了这番话恍然大悟："夫号令不信，则民不知所从，天下何由而治乎！朕过深矣！"（《资治通鉴》卷一九二）（号令前后不一，失去诚信，老百姓就不知所从，天下也就无法治理，我的过错太深了！）于是他赏赐给魏徵一个金瓮以示奖赏。

魏徵的众多奏言，始终贯彻一个思想就是诚信，国无信不立。

魏徵的谏言很多，其中包括高度强调治国的审慎、君王的节俭、民心之可贵、诚信之必要。唐太宗时期敢于直谏的大臣很多，但在所有大臣里魏徵的谏言最多，最激昂。太宗稍微有点过犯，魏徵就言辞激烈地指出来，有时太宗很生气，他也丝毫不让步。有的人都觉得魏徵有点过了，但是唐太宗说："人言魏徵举止疏慢，我视之更觉妩媚。"（《资治通鉴》卷一九四）人人都说魏徵对我很不懂规矩，但是我看他觉得很妩媚，这里妩媚指的是姿态美好的意思。

而且唐太宗特别害怕魏徵。专制社会，尤其是那个时代的皇权专制，实际上已经没有了掣肘的力量，能够约束皇权的大约只有对天命的迷信以及君主的个人品行。统治者有所畏惧是好事，证明他的行为尚有边界。有一次魏徵进宫奏事，说完事问，人人都说陛下要巡幸南山，外面车队人马都准备好了，还不见走。唐太宗回答："初实有此心，畏卿嗔，故中辍耳。"（《资治通鉴》卷一九三）（没错，有这个打算，但是怕你说我出游劳师动众，所以不去了。）

还有一次，唐太宗得到了一只鹞，古代鹞是用来打猎的。太宗很喜欢这只鹞，把它放在手臂上把玩，结果魏徵来奏事。太宗一听魏徵来了，十分慌张，因为能预料到魏徵看到这一幕一定会说自己玩物丧志、打猎劳民伤财。可是远远已经看到魏徵走过来了，太宗情急之下只好把鹞塞到自己怀里。魏徵过来奏事，一直说个不停，好不容易走了，太宗把鹞掏出来一看，憋死了。

当然，太宗也有被魏徵惹毛的时候，说实话太宗实际上是个脾气暴躁的人，能忍这么久已经很难得了。魏徵有时说话过分，太宗被惹恼也是事出有因。有一次退朝回到后宫，太宗气得抓狂，长孙皇后询问之，太宗说："会须杀此田舍翁。"非杀了这个老农民不可！老农民说的就是魏徵。长孙皇后一听，立即退下去，换了一身朝服出来拜贺。唐太宗看了奇怪，长孙皇后回答说："妾闻主明臣直；今魏徵直，由陛下之明故也，妾敢不贺？"（《资治通鉴》卷一九四）（君明臣才直，有如此直臣，说明您是个明君，我怎么敢不祝贺您？）这话两层含义，一则为皇帝宽心消气，二则点明，只有这样的直臣多了，才能衬托您的明君地位，而当明君不是您的夙愿吗？唐太宗听了恍然大悟，转怒为喜。

总的来说，太宗与魏徵的关系是良性互动，这对君臣为唐朝政坛带来了正气，贞观之治的魅力就在于此，所以说凌烟阁二十四臣中对贞观之治贡献最大的就是魏徵。

魏徵这个人也不是没有缺点，他的政治主张一切都是从正统的儒家角度出发的，虽然很中肯，但是有时却显得迂腐不合时宜。贞观十五年（641），草原游牧民族薛延陀攻打依附于唐朝的突厥部落，被李世勣击败。唐太宗想继续发兵解决薛延陀，遭到了魏徵的反对，理由可想而知，一定是反对穷兵黩武，所以唐太宗就罢手了。后来薛延陀元气恢复，再次进犯，当时魏徵已经去世，李世勣说假如当时不听魏徵的，也就没有今天的麻烦。太宗回答：“然。此诚徵之失；朕寻悔之而不欲言，恐塞良谋故也。”（《资治通鉴》卷一九七）太宗也认为这是魏徵的过错，他当时就后悔了，那么为何当时不继续发兵？是不愿为此堵塞言路。

这种政见方面的过失倒还罢了，哪个政治家都有失误的时候，不过有几件事反映出魏徵的缺点，也让太宗心生不快，并最终导致太宗对他的态度发生了扭转。

看重名声是魏徵的优点，但凡事过犹不及，有两件事让太宗心生芥蒂。

第一，联姻山东旧贵族。

当时中国有这样一批人——他们出身旧贵族家庭，仰仗着家族名声心高气傲，虽然自身没什么官职也没什么本事。这些人就是以五姓七家为代表的所谓山东士族，山东指的是崤山以东。魏晋南北朝是个门阀时代，贵族势力强大。这些贵族后代在唐代名望很高，虽然没什么杰出人物，但是重视门风礼法，社会认可其地位，争相与之攀亲。太宗瞧不惯这个现象：“我与山东崔、卢、李、郑，旧既无嫌，为其世代衰微，全无官宦，犹自云士大夫，婚姻之际，则多索钱物。或才识庸下，而偃仰自高，贩鬻松槚，依托富贵，我不解人间何为重之？”（《贞观政要·论礼乐》）认为他们就靠着先祖一把“冢中枯骨”耀武扬威。可是大家照样趋之若鹜，很多大臣都想和山东士族联姻，房玄龄、李世勣、魏徵都是如此，这反映出魏徵的虚荣心。

第二，史馆炫书。

魏徵很看重自己的名誉，在意青史留名，所以干了多此一举的事。当时他私下把自己写的一些谏言整理成记录给史官看，希望可以收录到官方史书中，太宗知道了之后非常不高兴。“徵又自录前后谏诤言辞往复，以示史官起居郎褚遂良，太宗知之，愈不悦。”（《旧唐书·魏徵传》）因为这有借着皇帝给自己博取名誉的嫌疑。

不过这两件事还没有影响到唐太宗对魏徵的基本态度。贞观十六年（642）魏徵病重，唐太宗不断派遣医生看望。魏徵一生勤俭，住宅很简陋，太宗屡次提出官府为他家修房子，魏徵都不答应。此番病重，太宗决心要让他能亲眼看着自家装饰一新，“洎征寝疾，太宗将营小殿，遂辍其材为造正堂，五日而就”。（《封氏闻见记》卷五）把宫中正准备盖的一间小殿工程停了，把建材移到魏家，用了五天给魏家造了一座正堂。

贞观十七年（643）魏徵去世，太宗十分悲痛，说出了那段著名的话：“夫以铜为镜，可以正衣冠；以古为镜，可以知兴替；以人为镜，可以明得失。朕常保此三镜，以防己过。今魏徵殂逝，遂亡一镜矣！”（《旧唐书·魏徵传》）魏徵那就是我的一面镜子，现在这个镜子永远失去了！魏徵陪葬昭陵，碑文由太宗亲自撰写。就在魏徵去世几个月以后，唐太宗下令建凌烟阁表彰功臣，可以说魏徵之死是促成凌烟阁制度的因素之一。

但也就在此后不多久，太宗对魏徵的态度发生了巨变。此时发生了太子李承乾和魏王李泰争位之乱，最后这两人双双被废黜，而魏徵生前曾是太子的老师。太子身边两个人，一个杜正伦，一个侯君集，两个人都因为此事而获罪，而这两人都是魏徵生前极力推荐的，尤其是侯君集。魏徵极力推荐他当宰相，而侯君集罪过也最大，他甚至暗示李承乾可以借助自己在军中的威望搞政变，所以唐太宗把他杀了。这件事发生后，唐太宗怀疑魏徵是同党。当时太宗正准备将公主嫁给魏徵的儿子，至此下令停婚，并且下令将魏徵墓前自己所撰写的墓碑推倒。

此事令人扼腕叹息。很多人觉得太宗过分了，毕竟是捕风捉影，全靠猜测。又过了两年，太宗伐辽东遭遇了失败，劳民伤财一无所得，太宗很后悔："魏徵若在，不使我有是行也！"（《资治通鉴》卷一九八）于是太宗派人去魏徵墓前祭祀，并且重新立碑。所以说，魏徵的作用是无可替代的，不因为他的缺点而有任何减损。

魏徵是凡人，凡人就会有缺点，也许还会有"污点"；但是魏徵能把"污点"变为动力，释放出巨大的能量，从这一点来说，魏徵也是个堂堂君子。

侯君集

为卿不上凌烟阁

「吾为卿，不复上凌烟阁矣。」《封氏闻见记》

在凌烟阁功臣中有一个非常特别的人物，他和其他功臣一样有着超强的能力，在玄武门事变和对吐谷浑、高昌的战争中立有大功，为大唐扬威西域。但是性格决定命运，他自视甚高，桀骜不驯，在遭遇挫折之后转而以阴谋的方式报复太宗，最终把自己送上了断头台。而他的所作所为也大大伤害了太宗皇帝，太宗甚至为此再也不登凌烟阁。这个人就是侯君集。

侯君集是关中豳州人，生年不详，史籍没有记载他的身世。但是1958年他母亲的墓志出土，透露出他的母亲姓窦，官宦世家，那么侯君集家门第也可能不低，因为古人讲究门当户对。史籍记载侯君集事迹是从他投靠李世民开始的。当时太原举兵不久，李世民一边四处征战，一边到处网罗人才，侯君集就是其中之一。《旧唐书》说他胸有大志，但是不踏实："性矫饰，好矜夸，玩弓矢而不能成其艺，乃以武勇自称。”他比较骄傲，很自负，学射箭只学了个半截儿，但是不耽误他以武艺自夸。不过从他后来的经历来看，侯君集有很强的军事指挥能力和行政才干，他的自负也不是没有资本的。不过他太自负了，所以不能与其他人处好关系，也不能正确面对人生低谷；智商可能很高，但是情商不足。

李世民是秦王的时候，侯君集就一直陪伴其左右，在玄武门事变之前，侯君集的态度和长孙无忌、尉迟敬德等人是一致的——先下手为强，《旧唐书·侯君集传》记载：“建成、元吉之诛也，君集之策居多。”李世民最看重这个，侯君集因此官拜右卫大将军。

侯君集的前半生可谓顺风顺水，最突出的贡献是连续打了两场胜仗，建立了很大的功勋。

第一场，对吐谷浑的战争。

讨伐吐谷浑，主帅是老将李靖，侯君集是副手，但是侯君集在这场战役里起到的作用是至关重要的。

在唐军登上青藏高原之前，侯君集给李靖建议，要出其不意突袭敌人，李靖采纳了他的意见，派遣轻骑兵携带干粮猛扑敌人腹地。敌军被打了个措手不及，于是向青藏高原腹地逃跑，那里海拔高，唐军会不适应。而且吐谷浑人一边跑一边在身后放火，将大片大片的草原烧个干干净净，这样唐军的马就无草可吃。唐军此时应该是见好就收，还是穷追不舍？部将们争论不休，侯君集当然是主张继续追击的，李靖再次采纳了他的建议，兵分两路，“靖与薛万均、李大亮趣北路，使侯君集、道宗趣南路”。（《旧唐书·侯君集传》）两路人马紧紧追赶，不给敌人喘息之机。

这一路唐军要克服高原反应，还要给马找草料，“人龁冰，马啖雪”。有的地方连冰雪都没有，就用刀刺马身，喝马的血。侯君集等人就是这样以惊人的毅力咬牙坚持下来，行军二千余里，终于追上并且大破敌军。侯君集还带人去寻找并观察黄河源头，这可能是历史上官方第一次寻找黄河源头的举动。最后侯君集与李靖会师。

回来之后唐太宗拜侯君集为陈国公，而且让他担任吏部尚书，管官员。这时，侯君集的一个短板就暴露出来了，原来他认字没问题，但没学问。唐代选拔官员，讲究“身言书判”。侯君集是吏部尚书，可是文化方面却有较大短板，但是他奋发图强，“君集出自行伍，素无学术，及被任遇，方始读书。典选举，定考课，出为将领，入参朝政，并有时誉”。（《旧唐书·侯君集传》）也就是说他恶补文化，读了很多书，而且在主持选拔、考核官员的时候展现了很强的行政能力，为当时的人所称道。

第二场，对高昌的战争。

过了几年，又有一场重大战争等着侯君集去打，那就是对高昌的战争。

高昌位于今天的新疆吐鲁番一带，高昌国民族成分多样化，因为它地处丝绸之路上，是个多元文化交融的地方。时任国王叫麹文泰，是汉族人。这人曾经盛情款待取经路过高昌的玄奘和尚，在贞观四年（630）还曾经带夫人来过唐朝首都长安。唐太宗盛情款待他们，而且还封他的夫人为公主。但是这次唐朝之行却给麹文泰一个错误的印象，他认为唐朝国力衰败。原来隋朝的时候麹文泰也来过中原，当时隋朝国力非常强盛，隋炀帝大业五年（609）的各项经济指标，唐太宗终其一生都没能够超越，唐朝建国之后约一百年的开元、天宝年间国力才超过了那个时期。再加上隋炀帝本人好大喜功，善于掩饰，尤其爱在外国人面前展现“国力”，比如他曾经在洛阳举办万国大会，外国人在城里吃饭都不要钱，还把洛阳城里的树干都用丝绸包裹起来，通宵达旦举行歌舞表演，乐队人数成千上万，只为获得外国人称赞。所以麴文泰来到隋朝，当然会觉得这里富丽堂皇、国力强盛。

唐朝时麴文泰再来，形势不一样了，唐朝还没从战乱中完全恢复，再加上唐太宗没那么强的虚荣心，所以比较务实。麴文泰入朝这一路上物资供应都不能完全保障，《旧唐书·魏徵传》记载：“往年文泰入朝，所经州县，犹不能供。”所以麴文泰开始轻视唐朝，他对自己的大臣说：“吾往者朝觐，见秦、陇之北，城邑萧条，非复有隋之比。”（《旧唐书·高昌传》）所以他有了不臣之心，而且此时西突厥不断拉拢他。西突厥是唐朝的敌人，无时无刻不想着控制丝绸之路，而高昌是丝绸之路重镇，所以西突厥不断对高昌进行利诱。麴文泰心中的天平倾斜了，倾向西突厥了。

他再也不来朝贡，而且率军攻打唐朝的属国伊吾国、焉耆国。西域各国到唐朝进贡的使节只要经过高昌的，他一律扣住不放。有隋末逃亡到高昌的民众想回国的，他也扣住不放。丝绸之路名存实亡。

唐太宗十分恼火，派使者前去谴责，希望高昌能幡然醒悟，结果麴文泰毫不在意地说：“鹰飞于天，雉窜于蒿，猫游于堂，鼠安于穴，各得其所，岂不活耶！”（《旧唐书·高昌传》）鹰是天上飞的，野鸡是草里窜的，猫在厅堂上行走，老鼠在洞穴里躲着，各安其所多好，他要求唐朝不要干预自己。唐朝是当时东亚世界的领袖，保卫丝绸之路是义不容辞的责任。以当时唐朝的经济结构而言，丝绸之路的贸易绝对不是国家根本。中国是个重农国家，外贸在当时最多算锦上添花。但是中亚西域很多小国，全靠丝路商税和贸易生存，所以希望唐朝能来整顿秩序。

经过一番思考，唐太宗决心任命侯君集为交河道行军大总管，率领兵马数万攻打高昌。

消息传到高昌，麹文泰竟然不怕："唐去我七千里，沙碛居其二千里，地无水草，寒风如刀，热风如烧，安能致大军乎！"（《资治通鉴》卷一九五）他还轻视唐朝的国力，认为唐朝没力量组织一场大规模远征。

但是侯君集是一个毅力顽强的将军，在他的带领下，唐军克服了沿途的艰难险阻，大军直逼高昌腹地。而且侯君集还带着一大批善于制造攻城器械的工匠，一出戈壁找到树林就动手造各种器械，诸如撞车、抛石车、巢车之类。麹文泰听说唐军真的来了，极度震惊，竟然暴毙而亡。他的儿子麹智盛即位。

侯君集得到情报说麹文泰死了，而且即将举行葬礼，部下建议趁着敌人国葬之际发动突然袭击。侯君集不同意："不可，天子以高昌无礼，故使吾讨之，今袭人于墟墓之间，非问罪之师也。"（《资治通鉴》卷一九五）大意是，我们是正义之师，要打堂堂正正的战争，不能利用人家办丧事的机会偷袭。

于是大军在他指挥下徐徐推进，麹智盛开始还想抵抗，但是高昌军队的战斗力无法跟唐军相比。唐军包围住高昌的城池，各种攻城器械蜂拥而上，用木头填塞壕沟，在巢车配合下抛石车将敌人的城楼和城墙打坏，又使用撞车撞击城墙，城墙塌了好几丈。根据考古勘查，高昌故城是夯土城墙，所以撞车可以撞坏它。这样的猛攻使得高昌再也无法支持，麹智盛不得不向唐军求和。他写了一封信给侯君集，说得罪皇上的是先王，他已经死了，自己刚即位，哀怜和平。侯君集要求他亲自来军中投降。但是麹智盛还心存侥幸，迟迟不肯投降。原来他还在希冀西突厥能相救，西突厥的大部队就在离高昌不远的地方。但是他没想到的是，西突厥是个纸老虎，看见侯君集大军赫赫军容，竟然不敢来，而且拔营远遁，逃到千里之外。麹智盛计无所出，加上唐军攻城越来越急，不得不投降，当了侯君集的俘虏。唐军获得三郡、五县、二十二城。

高昌的降顺使得丝绸之路重新畅通，西域各国欢欣鼓舞，唐朝国威再一次得到展现，侯君集也达到了他人生的顶点。可也就在此时，他性格中阴暗的一面开始暴露，也使得他走上了一条不归路。按照官方说法，主要有两个体现：

第一，磨班超碑自述功劳。

侯君集有个部下名叫姜行本，在行军途中看到了汉代班超纪功碑，“其处有汉班超纪功碑，行本磨去古刻，更刊颂陈国威灵”。（《新唐书·姜行本传》）他把班超碑文给磨掉，然后刻上新的内容，称赞“陈国”的功勋，“陈国”就是陈国公，是侯君集的封号。部下干的事侯君集不可能不知道，即便没有授意，起码是默许了。那时也没有保护文物的意识，我们不苛责他毁坏文物，但主要的问题是，侯君集功劳能盖过班超吗？

如此说来，宝贵的汉代班超纪功碑就毁于姜行本之手，而侯君集等人的狂妄似乎也得到了佐证。但这是官方说法，实际情况如何呢？

新疆哈密北约四十五公里有焕彩沟，沟内有石碑一块，三面有字，西面有清代岳钟琪所书“焕彩沟”三字，其余字迹已经不清，但是依然可辨认“惟汉永和五年六月十五日”“沙海”等字样，《新疆图志》保留有拓片，可辨认文字如下：

第一面：“惟汉永和五年六月十五日伊（下缺），马云中沙南侯获字伯（下缺）……孝廉（下缺）”。

第二面：“君口字伯（下缺），次元字仲（下缺），口口径安（下缺）”。

第三面：“陶（下缺），東（下缺），建宁（下缺），奚斯（下缺）”。

根据马雍《新疆巴里坤、哈密汉唐石刻丛考》，碑西面还有楷书字迹，与碑上其余文字截然不同，可辨认出“唐姜行本”“口口十四年六月”等字样，所以怀疑这就是《旧唐书》所说姜行本磨掉的汉碑，但问题是，此碑是班超纪功碑吗？看来不是，文字内容没有一点和班超有关，而且“永和五年”是公元140年，距离班超去世已经有三十多年。看来姜行本的确磨去了汉碑制作了自己的碑，但这块碑与班超无关。有趣的是，巴里坤还有另外一块姜行本纪功碑，此碑不在高昌，而在二百五十公里外的巴里坤松树塘，为何？多位学者认为，姜行本担负的是伐木制作攻城器械的任务，松树塘自古就是林木繁茂之地，所以姜行本曾来过此处，碑文里的“伐木殚林，公输比妙”等就是证据。《旧唐书·侯君集传》：“高昌平，君集刻石纪功还。”此事为八月事，而焕彩沟碑时间是六月，因此马雍等认为姜行本前后刻过两块纪功碑，一块是焕彩沟碑（被传为磨掉班超纪功碑文字的那一块），另一块是现存的《姜行本纪功碑》。

目前来看，只要没有第三块碑的发现，或者不能证明第二块《姜行本纪功碑》也是磨掉汉碑再制作的话，就不能证明《旧唐书·姜行本传》里姜行本磨掉班超碑一事是真实的。它有可能是姜行本磨掉永和五年汉碑一事的以讹传讹，保留到正史里可能是史官们觉得可以以此来烘托侯君集及其部下的狂妄，为侯君集后来的覆灭做铺垫。

第二，败坏军纪。

磨碑之事存疑，但是军纪败坏一事成为侯君集无法消除的污点。进入高昌都城后，侯君集带头破坏军纪。高昌是丝绸之路之国，富有财货，侯君集可能早就垂涎三尺了，据《旧唐书·侯君集传》记载，他"辄配没无罪人，又私取宝物。将士知之，亦竞来盗窃，君集恐发其事，不敢制"。将士们看到主帅将无辜的平民发作官奴婢，又盗取各种宝物，都纷纷效仿。侯君集怕大家说是学他，所以不敢严肃军纪，听之任之。这件事给唐军的声誉造成了极大的破坏，也使得长安舆论哗然。

侯君集班师回到长安的时候，等待他的不是庆功宴，而是牢狱之灾。侯君集遭到了弹劾，罪名就是败坏军纪，有关部门把他投入监狱，要进行审判。此时大臣岑文本站出来替侯君集说话："记人之功，忘人之过，宜为君者也。"当君主的要善于记住部下的功劳，忘记部下的过错。他列举了汉武帝宽恕李广利、隋文帝宽恕韩擒虎的故事，还引用了黄石公《军势》里的一段话："使智，使勇，使贪，使愚。故智者乐立其功，勇者好行其志，贪者邀趋其利，愚者不计其死。"部下有聪明的、勇猛的、贪婪的、愚钝的，应该充分顾及他们各自的特点，由着他们的天性，但是要把他们的天性和力量都纳入为国效力这个渠道中来。让智者为立功而骄傲喜悦，让勇者发挥他们的勇猛，让贪婪者因为利益诱惑而发挥能量，让愚钝者不畏死，总之一句话——君主要善于使用各种人，要善于利用他们的特点，哪怕是缺点，也要变成为我所用。因此他恳求唐太宗原谅侯君集，毕竟这是个不可多得的人才。

太宗听从了岑文本的劝告，释放了侯君集。这是法外开恩，岑文本的这番高论实际上是一种政治实用主义，不顾法制原则，也不顾政治影响，因为侯君集能力强就不顾此事的恶劣影响而网开一面。岑文本救得了侯君集一时，救不了他一世。

侯君集因为此事觉得自己受到了莫大的委屈，越发觉得自己被冤枉了，怨气郁积。他这种性格张扬的人容易激动，也容易被挫折搞得一蹶不振。《旧唐书·侯君集传》记载，“自以有功于西域，而以贪冒被囚，志殊怏怏”。他总觉得自己受了天大的委屈，所以一股子邪气没处释放。于是陆续间，有好几个人察觉到了侯君集的叛离之心。

在侯君集还比较受太宗器重的时候，太宗让他去跟李靖学兵法。李靖是唐朝第一军事理论家，李靖还是侯君集老上级，曾一起远征吐谷浑。可是学了一阵子，侯君集跑到太宗面前告状，说李靖想谋反。他说：“李靖将反。至隐微之际，辄不以示臣。”（《大唐新语》卷七）意思是每每兵法学到紧要关头，李靖就不教我了，他留一手是想造反的时候用。太宗把这个话告诉李靖，李靖说现在是太平时日，我教给他的兵法已经足以应付一般的战阵了，他非要穷尽我的兵法，意欲何为？“今君集求尽臣之术者，是将有异志焉。”（《大唐新语》卷七）他想穷尽我的兵法，说明他才是有野心的。还有一次，李靖和侯君集一起骑马去尚书省，一路上侯君集总是若有所思，走过去了都没发现。李靖立即得出结论：侯君集心不在焉，有谋反意图。这就是互相敌视带来的“疑邻人偷斧”的心态，不过后来的事证明李靖还真没看错，侯君集的确谋反了。

李道宗是唐朝宗室，也是名将。侯君集被太宗赦免之后，李道宗也觉察到了侯君集的怨气。在一次宴会上，李道宗跟太宗说，未来如果有难，侯君集必然是谋反头领。太宗问他依据何在，李道宗说侯君集自打灭了高昌，就自以为有天大功劳，耻居房玄龄、李靖之下，再加上认为受了委屈，所以整天口吐怨言。太宗回答说你也没真凭实据，不要乱猜测，“朕岂惜重位，第未到耳”。(《旧唐书·江夏王道宗传》)我以后还会重用他的，只不过时候没到。但是很可惜，侯君集等不到那一天就想谋反了。

大臣张亮有一次到洛州当都督，侯君集送行时候突然来了这么一句——“何人相排？”(《资治通鉴》卷一九六)(谁排挤你去洛州？)洛州就是洛阳，唐朝的东都，去那里当都督怎么算被排挤？于是他随口开了个玩笑：“非公而谁！”(《资治通鉴》卷一九六)(除了你还有谁？)没想到就这一句玩笑引发了侯君集好一通牢骚：“我平一国来，逢嗔如屋大，安能仰排！”(《资治通鉴》卷一九六)(我平了一个国家，带来的责难跟一个屋子一样大，哪里还有本事排挤你？)然后他撸胳膊挽袖子说：“郁郁殊不聊生！公能反乎？与公反！”(《资治通鉴》卷一九六)张亮听后吓出一身冷汗。侯君集走了，张亮悄悄去找太宗皇帝，太宗问他和侯君集说话时候是否第三人在场。张亮说没有。太宗说，若要以张亮的话为证据责问侯君集，他必然不承认，到时无人证、无物证，案件审不下来，还会搞得人心惶惶，所以不要再声张了。太宗把这个事压下来了。

通过这些例子可以看出，侯君集此时自高自大、目中无人，而且怀着极大的怨气。唐太宗虽然隐忍，但忍耐是有限度的。

太宗的担心还是发生了。侯君集真的谋反了，他深陷太子李承乾的谋反阴谋之中。李承乾贵为太子，但是遭到了魏王李泰的威胁，太子位可能不保，所以李承乾就暗地里招募人手，以备不时之需。李承乾也知道侯君集对皇上不满，所以就主动联络他。当时侯君集的女婿贺兰楚石是太子部下，所以太子就通过他招揽侯君集。侯君集加入了这个阴谋集团中，侯君集曾在太子面前说："此好手，当为用之。"(《旧唐书·侯君集传》)

据说侯君集心里还有个自己的意图，"君集以承乾劣弱，意欲乘衅以图之，遂赞承乾阴图不轨。"(《旧唐书·侯君集传》) 意思是侯君集认为李承乾是个蠢材，可以利用。这意思是说侯君集有更大的打算，想先帮助李承乾谋反，然后，既然这个家伙蠢笨，那么自己是不是可以取而代之？如果为真，那侯君集的野心就不仅仅是泄愤那么简单了。

加入阴谋集团后，侯君集寝食不安，担心泄密坏事。有时候睡觉会突然惊醒，醒了就唉声叹气。他的夫人看他这个样子觉得奇怪，作为国家大臣，为何这样寝食难安？应该是心里有事，假如不是好事，就去自首，或许可以保全性命。可见他夫人差不多猜到了是什么事，但是侯君集没听她的。

李承乾东窗事发的时候，侯君集也就暴露了。他的女婿贺兰楚石马上向皇帝举报了自己的岳丈，侯君集第二次被投入监狱。这次来审问他的不是别人，正是太宗本人。太宗来到牢房，对侯君集说，不想让那些刀笔吏羞辱他，所以亲自审问。几项证据一摆，侯君集哑口无言。太宗长叹一口气，看来谋反是实。

回到朝堂之上，太宗对群臣说，侯君集是个对国家有大功的人，记得他的好。按理说侯君集是死罪，但是太宗想饶他一命。群臣纷纷说："君集之罪，天地所不容，请诛之以明大法。"（《旧唐书·侯君集传》）他罪不容赦，群臣等于判了侯君集死刑。这就是侯君集糟糕的人际关系的体现，当他落难的时候没有一个人站出来支持他，当年那个支持他的岑文本也不吭声。掉在井里的侯君集只看到群臣丢下斗大的石头，却没有一根救命稻草。

唐太宗召见侯君集，说不杀你不行了，从此与君永别。侯君集涕泪横流，唐太宗也十分伤心："吾为卿，不复上凌烟阁矣。"（《封氏闻见记》）（以后再上凌烟阁，看到你的画像我会伤心，从此我再也不登凌烟阁了。）

行刑时侯君集的表现还算是一条汉子。他十分镇静，脸色不改，对监刑官说："君集岂反者乎？蹉跌至此！然尝为将，破灭二国，颇有微功。为言于陛下，乞令一子以守祭祀。"（《旧唐书·侯君集传》）我不是谋反者，只是一时糊涂走错路而已，我好歹也算灭过两个国家，总有点功劳吧。你替我向皇上请求一下吧，留我一个儿子延续香火。太宗听了监刑官的汇报，当即决定赦免侯君集夫人和一个儿子，算是给这个老部下一个安慰。

一代英雄侯君集就此辞世。人的能力和情商究竟哪个更重要？有的人有能力而无情商，遇到一点挫折就怨天尤人，自暴自弃，能力对这样的人来说就是毒药。因为有能力，所以就认为上级应该重用他，对他的缺点视而不见；因为有能力，所以他有了谋反的野心，卷入阴谋集团；因为有能力，所以他看不起别人，搞不好人际关系。侯君集智商太高、情商太低，导致他最后误入歧途。

屈突通

复杂时代下的矛盾人物

「宁食三斗艾，不见屈突盖；宁服三斗葱，不逢屈突通。」《旧唐书·屈突通传》

屈突通是一个很复杂的人物。他的身上，忠诚与屈服同在，善战与胆怯并存。他曾是隋炀帝最后的希望，但后来成为唐太宗的心腹，终其一生，他又以清廉而著称。他就是那个时代复杂情况的一个浓缩。

屈突通姓屈突，名通，从这个姓氏可以判断他家属于鲜卑宇文部的库莫奚族。屈突通自幼喜好兵法，善于骑射，在隋朝的时候受到重用。他是隋文帝很器重的大臣。他文治武功两方面的本领都很强，但是在这两个领域里他的表现有所不同。

就文治而言，他是一个能吏和廉吏。

有一次隋文帝派遣他去巡查国家牧场。那个时代养马是一项重要的任务，骑兵在古代的重要性不言而喻。国家设立有大片的牧场，蓄养数以十万计的马匹。隋唐两代国家牧场都在陇右，大约在今天的甘肃一带。陇右水草丰美，唐朝在此地有大型牧场八座，蓄养数十万匹战马，为国家武力所仰赖。

屈突通来到这里后进行了认真的巡视、检查，结果发现了重大问题——有两万多匹马被官员隐瞒不报，隐瞒的目的毫无疑问是私下出售牟取暴利。

屈突通把这个情况向隋文帝做了汇报。隋文帝勃然大怒，要杀这些贪官，总计一千五百人。屈突通看到数字过于庞大，担心引发官场大地震。他向隋文帝进谏，反复陈说不可因为牲畜而杀人，天下还有比人命更重的？隋文帝正在气头上，于是瞪大眼睛呵斥他。屈突通坚持己见，而且说“臣一身如死，望免千余人命”。(《旧唐书·屈突通传》)。他愿意用一己之命换这一千多人的命。最后隋文帝被说服了：“朕之不明，以至于是。感卿此意，良用恻然。”(《旧唐书·屈突通传》）于是那些罪犯最终被免除死刑。

通过此事隋文帝对屈突通更加信任，任命他为左武卫将军。屈突通以奉公守法而著称，即便是自己的亲戚犯了事他也绝对不轻饶。他有个弟弟叫屈突盖，担任长安令，和屈突通一样六亲不认、铁面无私，大家都怕这兄弟俩，民间有谚语说：“宁食三斗艾，不见屈突盖；宁服三斗葱，不逢屈突通。”(《旧唐书·屈突通传》)(宁吃三斗艾草，也不愿意见屈突盖，宁吃下三斗大葱，也不愿意见屈突通。)

隋文帝去世之后隋炀帝即位。隋文帝之死本就是历史上的一桩公案，他极可能是被隋炀帝杀死的。隋炀帝预料自己即位一定有人不满，这人就是他的亲兄弟汉王杨谅。杨谅懂兵法，有才干，对杨广夺嫡一直心存不满。此时他正在并州（太原）镇守，手中握有重兵。隋炀帝想趁着杨谅还不知情时将他召来杀掉，所以派遣屈突通带着伪造的隋文帝诏书去召杨谅。

但是，他们不知道隋文帝在世时曾经和杨谅有个秘密约定。隋文帝怕有人矫旨害汉王杨谅，所以和他约定：如果我有敕文召你，在“敕”字旁边会加一个墨点，假如没这个点，那一定是伪造的。

杨谅打开敕书一看没有这个点，立即察觉情况不对，京师一定有变，于是拘留屈突通，反复逼问。屈突通咬紧牙关不承认，最后杨谅拿他没办法，只好把他放了。

估计杨谅也能猜出个大概，皇帝的玉玺已经被人冒用，事情已经比较明显。但是举兵的话需要时间做准备，若此时把屈突通杀了，就会暴露自己，只好释放了他。屈突通逃得一命跑回了长安。不多久汉王杨谅就起兵造反了，但是很快就被镇压。

屈突通此番去见杨谅，差点丢命，隋炀帝由此更为器重他。加上他懂兵法，所以炀帝对他委以重任。杨玄感叛乱的时候屈突通参与平叛，建立了很大的功勋。后来屈突通还受命镇压农民起义，当时北方农民起义军有十多万，屈突通兵少，来了之后他并不急于战斗，对方由此以为他胆怯。他将计就计，声称要撤兵。对方信以为真，四处派兵搜罗给养，兵力就此分散。屈突通抓住机会，突然发动奇袭，起义军大败，被杀之人多达上万。屈突通此时展现了他残酷的一面，他将被杀之人的首级集中起来筑了一座小山，号称“京观”，用以展示战功。因为镇压地方武装，屈突通得了一个善战的美名。但是后来李渊专门评价过此事，他说屈突通应对的地方武装战斗力很弱，根本说明不了问题。

至于屈突通用兵的特点，《旧唐书·屈突通传》给做了个概括，说

“通每向必持重，虽不大克，亦不败负”。意思是他打仗稳扎稳打，虽然没有大胜仗，可是也不吃大败仗。这是屈突通戎马一生的特点。

隋炀帝看到农民起义风起云涌、局势已经失控，变得心灰意冷。这个人爱激动，好大喜功，一旦形势不利又容易自暴自弃。他不想待在长安、洛阳，欲去江都，也就是扬州。他在平陈战役中曾经在那里住过一段时间，对那里的美景念念不忘，因此他决定死也要死在扬州。但是长安、洛阳都需要人镇守，长安他就交给了屈突通。

当李渊在太原举兵的时候，长安陷入恐慌。屈突通率兵前往河东，与另一个隋军大将宋老生一起镇守黄河以东，防止李渊过河威胁关中。李渊对这两个敌人进行了分析：“老生乳臭，未知师老之谋。屈突胆薄，尝无曲突之虑。”（《大唐创业起居注》卷二）大意是，宋老生乳臭未干，不懂师老兵疲，屈突通胆子小，不会打硬仗，不足为虑。他对屈突通的这个评价其实说到了点子上，屈突通用兵求稳，不善出奇制胜，没有深入敌后的胆略。

李渊军队先攻击宋老生，宋老生阵亡，紧跟着兵锋直指屈突通。李渊沿着汾河进军，想渡过黄河取长安，但是屈突通军队正在黄河附近驻守，而且手中握有重兵。屈突通军队是隋炀帝保护长安最后的希望，也是隋炀帝留在北方的主力军之一。渡河忌讳强敌在侧，于是李渊决定先攻打屈突通镇守的河东城。

河东城城墙高厚，易守难攻。在野战中，李渊军队遇到屈突通军队的时候无往不胜，但是攻坚战就不一样了。那时候没有火炮，所以攻坚战是个难题。经过艰苦奋战，李渊军队终于打开一个突破口，一千多名战士登上了城墙。但是屈突通守城很有心得，他指挥军队集中攻击突破口，箭如雨下，李渊的人竟然在城墙上站不稳脚跟。加上此时大雨，李渊不得不命令军队撤退，攻城宣告失败。李渊大将军府记室参军温大雅写的《大唐创业起居注》记述这一段的时候说，李渊本意就是向屈突通示威，所以点到为止。宋代司马光写《资治通鉴》的时候认为温氏纯属粉饰失败。

但是李渊是个很睿智的人，他准确把握了屈突通的心理，命令大军绕过河东城，直接渡过黄河。有人说屈突通还在背后，这样不危险？李渊做了这样的分析："屈突通精兵不少，相去五十余里，不敢来战，足明其众不为之用。"（《资治通鉴》卷一八四）（屈突通距离渡河地点只有五十多里，我军一渡河就直奔长安城，他却不敢出城来截击，说明他部下人心不齐，不为其所用。）但是李渊预言屈突通一定还会出城，他是这样说的："然通畏罪，不敢不出。"（《资治通鉴》卷一八四）（屈突通不会总是缩在河东城不出来，他一定要出来，因为他怕受制裁。）隋炀帝给他的任务是保卫长安，现在长安岌岌可危，他就是明知战败也必须出城，否则将是死罪。所以我军渡河之初，屈突通畏敌，不敢出城，我军渡河后，他想到后果严重，最终肯定会出来。

结果果然如李渊所料，屈突通不敢截击李渊军队。但是听说李渊进军长安之后，屈突通坐不住了，思前想后，虽然凶多吉少，但是还是要打一仗的，否则没法交代，于是他率军前往关中。在潼关附近，屈突通的军队与李渊的心腹刘文静率领的军队遭遇，双方展开一场大战。

屈突通派遣大将桑显和夜袭刘文静。刘文静逐渐不支，三个营寨被拔了两个，只有刘文静本人所在的营寨还在苦苦支撑。刘文静手下大将段志玄（未来的玄武门功臣之一）拼死奋战，率领数十名骑兵反复冲杀，最后自己中箭负伤，再也冲不动了。刘文静也受了箭伤，军队士气低落到了极点。

就在此时桑显和犯了一个致命的错误，觉得本方士兵连夜苦战，疲惫到了极点，因此下令暂停行动，就地吃饭。军事上有句话叫“战场迷雾”，意思是敌我双方作战时像隔着一层雾一样，指挥官眼见的都是本方的损失与困难，往往会有意无意夸大困难程度，殊不知敌人那边可能损失更大，比己方更艰难，因此咬牙坚持到底就能胜。但是桑显和明显不谙此理，他不知敌方更疲惫，而且士气已经低落，己方胜利就在眼前。休息吃饭，等于给了敌人一个宝贵的喘息之机，导致形势逆转。桑显和用实际行动证明了一个吃货是如何误事的。

刘文静抓住这个良机，派人悄悄进入已经被攻破的两个营寨，又派了数百名精锐骑兵利用地形迂回到敌人背后，然后一声令下，几路人马一起冲击敌阵。桑显和大败，兵将多数做了俘虏。李渊算是取得了进军长安路上的一次重大胜利。桑显和的军队是屈突通的主力，他败了就等于屈突通也败了。有人劝屈突通投降，屈突通说我受两代皇帝恩遇，怎么能够背叛？最后被大家劝说急了，屈突通劈头来了这么一句：“要当为国家受人一刀耳！”（《旧唐书·屈突通传》）李渊派遣家奴来劝说屈突通，结果家奴被屈突通杀了。

长安陷落的消息传来，屈突通的家人都做了俘虏，屈突通听说后万念俱灰。他和桑显和一起向洛阳撤退，结果桑显和投降了唐军。屈突通带领的军队在半路被唐军团团围住，他将军队排列成阵，决心进行最后一战。

此时唐军已经不想和屈突通硬拼，攻心为上，于是派遣屈突通的儿子屈突寿去劝降。屈突通的家人在长安都被俘了，唐军这次把屈突寿带来就是劝降用的。没想到屈突通看见了自己的儿子，大吼一声："昔与汝为父子，今与汝为仇雠。"（《旧唐书·屈突通传》）（昔日我与你是父子关系，现在与你是死敌！）他还命令左右向屈突寿射箭。

此时他昔日的部下、已经投降唐军的桑显和转而开始做屈突通部下的工作。他站出来冲着屈突通的部下大喊："京师陷矣，汝并关西人，欲何所去？"（《旧唐书·屈突通传》）（长安已经陷落，你们都是关西人，老家都在关西，你们想跟着屈突通去哪里？）

这话威力大极了。屈突通的部下的确以关西人居多，这一带的人家乡观念很重，安土重迁。所以桑显和这一嗓子是打中要害了，屈突通的部下原本就觉得大势已去，不愿意再打，桑显和一提家，军心瞬间崩溃。屈突通还站在那里硬挺着，他的部下却纷纷抛掉武器，解开铠甲，投降了。

屈突通心如刀绞，大势已去，无力回天。他面向扬州方向拜了又拜，号哭不止。他一边哭一边说："臣力屈兵败，不负陛下，天地神祇，实所鉴察。"（《旧唐书·屈突通传》）然后他才投降了唐军。

屈突通被送到了长安，见了李渊。李渊笑说他来晚了。屈突通说，不能为国尽忠，就是耻辱，实在没有脸见人。李渊赞赏说，这真是个隋朝的忠臣。于是李渊拜屈突通为兵部尚书，封蒋国公，在李世民手下任行军元帅长史。

这里有一个疑问：那么死心塌地效忠隋朝，甚至不惜下令射死儿子的人，怎么就屈服了？其实，屈突通是那个时代的代表，我们试着来分析一下。

首先，改换门庭行为十分常见。

战乱时期改换门庭行为十分常见，唐太宗凌烟阁二十四功臣之中改换门庭的人很多，尉迟敬德、秦琼、程咬金、魏徵等都是。儒家的忠义在战乱年代往往败给实用主义，能尽忠殉国的始终是少数。更何况隋唐继承的是魏晋南北朝，魏晋南北朝时期盛行贵族政治，人们对孝看得比忠还重要，屈突通做到这个程度已经相当不易了。

其次，性格因素。

屈突通本人的性格决定了他不是一个能尽忠至死的人。屈突通属于严肃但又循规蹈矩的人，没有将领应有的霸气。他儿子劝降的时候，他声称要杀儿子，却是命令左右放箭。若真想杀子，为何不亲手为之？屈突通实际上没有对儿子下手的勇气，也没有对自己下手的勇气。

屈突通虽然投降李渊，但实际上内心充满了负罪感。

屈突通有一个部下叫尧君素，屈突通虽然投降了，但是尧君素镇守城池不肯投降。手下有人劝他识时务者为俊杰，他也不听，这人是隋朝真正的忠臣。最后李渊派屈突通前来劝降他，屈突通见了尧君素潸然泪下，说：唐国公李渊是真正的天命之所向，您应该早投降，以保荣华富贵。尧君素问："公当爪牙之寄，为国大臣，主上委公以关中，代王付公以社稷，国祚隆替，悬之于公。奈何不思报效，以至于此。"（《隋书·尧君素传》）皇上把关中交给你，把军队交给你，把社稷都托付给你了，你不想着怎么报效君主，却来给人做说客？紧跟着他一指屈突通胯下的战马："公所乘马，即代王所赐也，公何面目乘之哉！"(《隋书·尧君素传》)大意是，你所骑的马，就是代王赏赐给你的，你有何面目再骑它?

屈突通无奈回答："吁！君素，我力屈而来。"(《隋书·尧君素传》)

尧君素回答："方今力犹未屈，何用多言！"(《隋书·尧君素传》)你力屈了，我还有力气，所以你就别废话了。

屈突通听了这个话无比惭愧，有些抬不起头来，据《隋书·尧君素传》记载，他"惭而退"。

李渊见屈突通劝降不管用，于是又派遣尧君素的妻子来劝降。他妻子站在城下说隋朝大势已去，何必坚持，自取祸端。尧君素不听，张弓搭箭就是一发，他妻子被射倒在地。

最终，城中粮尽，大饥人相食，尧君素再也守不下去了，但是他还是硬扛着不投降，最终被部下所杀。他死后唐朝还对他进行表彰，赠他河东刺史。

唐朝这种行为是出于对忠义的提倡。忠义对皇权来说是至关重要的，超越派系和朝代利益之上。把忠义提取出来，作为臣子精神的标杆，是历代皇帝都愿意做的。所以唐朝封赏隋朝官员，越是抵抗得凶的人，最后投降时往往会得到越丰厚的嘉奖，这是对忠义精神的鼓励。表彰杀身殉国的尧君素，也是对忠义精神的鼓励，所以奖赏屈突通、表彰尧君素，乍看起来矛盾，其实内核是一样的。

李渊、李世民给了屈突通很优厚的待遇和无比的信任，屈突通逐渐成了李世民的心腹干将，很快他就迎来了一次考验。李世民奉命率军讨伐西北地区的军阀薛举，屈突通也在其中。薛举是河东人士，隋朝时曾任金城府校尉，金城属今天的兰州。此人骁勇善战，而且家财万贯。隋末战乱的时候，他也趁势起兵，割据一方，自称西秦霸王，定都今甘肃天水。他与唐军发生了冲突，威胁到了李唐大本营关中的安全。

结果这一仗打得很不顺利。唐军战败，史书的说法是当时两军遭遇，李世民不幸得了疟疾，他跟部下交代说不要轻易与敌人接战。没想到部下刘文静等擅自把部队拉出去在敌人面前示威，被薛举打了一个措手不及，很多大将或者阵亡，或者被俘，士兵损失超过 50%。这是李世民戎马生涯中少有的败仗。

薛举战胜李世民，大喜，情绪激动，晚上却梦见阵亡唐军索命，又大为恐惧。一喜一惊，薛举竟然数日后暴毙，他的儿子薛仁果即位。李世民觉得机会来了，要报一箭之仇。薛仁果是个勇而无谋、性格残忍之人，李世民先是坚阵不出，然后趁敌人疲惫发动突然袭击，薛仁果大败，不得不率领文武百官投降，自己被押解长安斩首。

当时薛仁果的宫中有无数的金银财宝，很多唐军将领去瓜分这些财物，唯独屈突通没这么做。廉洁是屈突通一生的优点。李渊听说了此事之后对他说："公清正奉国，著自终始，名下定不虚也。"（《旧唐书·屈突通传》）于是李渊赏赐他大笔的财宝。

紧跟着李世民又带领屈突通去讨伐割据洛阳的王世充。当时屈突通有两个儿子在洛阳，《屈突通墓志》已经出土，证明他一共有六个儿子（当时四个儿子在长安，另有两个在洛阳）。唐高祖当时很担心，问屈突通，去打洛阳是否担心两个孩子。屈突通说他已经发誓把自己奉献给国家了，前往洛阳愿意执干戈为王前驱。两个孩子要是因此而被杀害，那就是他们的命，不会因此怨恨国家。高祖听了大加赞赏。不难看出，此时的屈突通已经是全心全意为唐王朝着想了。

在围困洛阳期间，河北军阀窦建德前来救援王世充。经过一番激烈的争论，李世民决心围城打援，以主力迎战窦建德。而洛阳城也必须围困住，防止两股强敌会合，这个任务交给了齐王李元吉和屈突通。屈突通出色地完成了任务，以不多的兵力将洛阳围得铁桶一般，致使敌人无法出城。战胜窦建德、王世充后，论功行赏，在攻克洛阳方面屈突通功居第一。

玄武门事变的时候，屈突通紧跟着李世民，立下了大功，但是他主要的功劳在于安抚洛阳。事变刚一发生，屈突通就奉命紧急前往洛阳，以检校行台仆射之职镇守洛阳。

洛阳地理位置非常重要，是整个国家东半部的核心城市。唐初政治势力分为两大派系，关陇集团和山东集团。关陇集团是李唐赖以起家的资本，是西魏北周时期兴起的军功贵族。而山东集团指的是崤山以东的上层人士，其实是个松散集团，有南北朝以来的旧贵族，也有隋末战争中那些归降唐朝的地方势力，没有统一的目标和组织。也正因为如此，山东人士在隋唐时期一系列宫廷斗争中都是被争取的对象。早年李世民镇压河北地区刘黑闼的时候进展不顺利，魏徵就曾经建议太子李建成主动请缨，代替李世民去镇压河北。其实魏徵的真实目的就是让太子到山东地区去拉拢山东人士，为未来与李世民的斗争布局，因此山东地区对于李世民、李建成都是至关重要的。

史籍中没有记载屈突通在那里行动的细节，但是可以想见一定是向山东人宣扬李世民行动的合法性，镇压反对势力，清算李建成集团成员。

屈突通出色地完成了使命。最后他能名列凌烟阁，与他在洛阳一带卓有成效的工作密不可分。安抚洛阳，这是玄武门事变重要的外围工作。

贞观二年（628），屈突通去世，享年七十二岁。屈突通一生廉洁，死后也没留下什么财产。魏徵曾说："且今号清白死不变者，屈突通、张道源。通二子来调，共一马。"（《新唐书·屈突通传》）屈突通家两个儿子来参加选官，两个人骑一匹马。总的来说，贞观年间唐朝吏治还是不错的，整体而言还算比较清廉，即便如此屈突通也是其中很突出的一个。

屈突通就是这样一个人，他的优点、缺点都很明显。他也许不算善战，但是他久经战阵。他也许不算勇敢，但仍能算得上尽职尽责。他在重压之下选择良臣择主而事，但是内心也有彷徨迷茫。

唐德宗
最特别的凌烟功臣

「以元帅功拜尚书令，食实封二千户，与郭子仪等八人图形凌烟阁。」《旧唐书·德宗本纪》

本章要跳出唐太宗凌烟阁二十四功臣的范围，讲后世的凌烟阁功臣们。唐代近三百年，多位皇帝将功臣图画凌烟阁，使得凌烟阁功臣总数有百人以上，其中最特别的一位是唐德宗。他和凌烟阁有两段渊源。首先，他还是太子的时候，因为参与平定安史之乱有功，被他的父亲唐代宗作为功臣图画凌烟阁。其次，他当皇帝的时候命运多舛，不仅有藩镇割据，而且还遭遇泾原兵变，从长安出逃到奉天，仰赖将士们拼死奋战才幸免于难。回来后他有感于帝业艰辛，有感于功臣们的艰苦奋斗精神，于是将有功将领图画凌烟阁，人数多达二十七位，包括前朝和当朝的人。

第一段渊源：名列凌烟阁。

唐德宗名叫李适，代宗长子，母亲是睿真皇后沈氏，天宝元年（742）四月生于长安太极宫之东宫。他出生的时候，正是太平盛世，杜甫《忆昔》诗说：“忆昔开元全盛日，小邑犹藏万家室。稻米流脂粟米白，公私仓廪俱丰实。”开元天宝年间，史学界常简称开天时期，是唐玄宗当政时期，也是唐朝最强盛时期。此时，耕地、人口、税收、外贸各个方面的统计数据都十分惊人，全国上下都洋溢着富足安康的满足感。

安禄山叛军席卷而来，造成一片恐慌，“渔阳鼙鼓动地来，惊破霓裳羽衣曲”。朝廷兵力空虚，而且人久不知战，见到打仗就慌张。兵器库里的弓弦一拉就断，唐朝陷入了动乱，从此开始走下坡路。

当叛军打到长安的时候，唐德宗只有十四岁，他的父亲还不是皇帝。还别说他父亲，他爷爷唐肃宗当时也只是太子。马嵬坡兵变后，当时的太子前往灵武寻求西北边防军的帮助，最终在那里登上皇位，遥拜在成都避难的唐玄宗为太上皇。

唐肃宗即位之初，就立唐德宗的父亲李豫为太子。唐肃宗几年后就病逝了，而此时平叛战争尚未结束。登上皇位的李豫即唐代宗，而李适则被拜为天下兵马元帅，承担起了平叛的重大职责。此时李适只有二十一岁。

这场战争最后以唐朝的惨胜而告终，众所周知，发挥主要作用的是郭子仪、李光弼等人。那么李适在这场战争里究竟有哪些历练和收获，这里做个分析。

第一，丰富了阅历。在这场战争里，他经历了血雨腥风，看到了战场的惨景，也看到了战火后国家的凋敝。《旧唐书·郭子仪传》记载了当时长安、洛阳的宫殿的凄惨状况：“宫室焚烧，十不存一，百曹荒废，曾无尺椽。”宫殿经过焚烧所存者不到十分之一，政府机关荒废，屋顶上连椽子都没了。那么人口状况呢？“中间畿内，不满千户。井邑榛棘，豺狼所嗥，既乏军储，又鲜人力。”(《旧唐书·郭子仪传》)很多昔日繁华的城市人口不满千户，到处是荆棘，成了豺狼的乐园。军队难以求得给养，兵源也没有保障，人民遭受了极大的苦难。他当皇帝之后之所以对振兴国家那么迫切，甚至急于求成，就是因为他目睹了唐朝由盛转衰的过程，内心十分焦虑。

第二，积累了经验。他的父亲让他担任天下兵马元帅就是为了锻炼他，为未来当皇帝做准备。在对付敌人的同时，唐朝这边也是矛盾重重，有将帅间矛盾，有大臣与宦官的矛盾，还有唐朝与回纥的矛盾，唐朝与吐蕃的矛盾……可以说，唐朝建国战争的时候也没有如此复杂的形势。李适作为一个二十多岁的青年人面临如此棘手的局面，压力可想而知，那么，这些经验是否帮助李适成为一代英主呢？很遗憾，没有，因为李适成长于深宫之中。他的曾祖父唐玄宗李隆基是个很有心机的人，目睹唐朝历史上多次争夺皇位的政变，加上他自身并非嫡长子，是靠着功劳成为皇帝的，所以就想尽办法遏制其他皇室成员对皇位的觊觎。他对自己的兄弟特别好，给予荣华富贵，甚至还做了一床超大型被子，和兄弟们同榻而眠，但就是不给他们实权，对于孙子们也防着一手。他在宫廷附近设立了十王宅、十六王宅、百孙院，让这些皇室成员集中居住，看起来是关怀，实际上是看管。这个措施的确巩固了唐玄宗的统治，但造成他以后几代皇帝能力的欠缺。他后面的唐肃宗、代宗、德宗三代皇帝，都属于勤勤恳恳但能力欠缺的那种人，而且都缺乏超坚强的神经，这都与青少年时代缺乏历练有关。虽然按照规定，到了一定年龄可以搬出百孙院，但是大家知道，一个人性格和能力的养成，儿童、少年时代是关键，性格定型了搬出百孙院还有什么用呢？

第三，经历了屈辱。屈辱也是阅历，屈辱也会让人成熟，这个屈辱来自盟友回纥。当时唐军和安史叛军在香积寺展开了一场大决战，投入战场的总兵力多达数十万，战状胶着，双方都死伤惨重。就在这个节骨眼上，回纥骑兵迂回到敌人背后发起突袭，安史叛军历来惧怕回纥人，见此情景高喊："回纥至矣！"（《新唐书·郭子仪传》）安史叛军瞬间就崩溃了。唐军斩叛军六万，俘虏二万，收复了首都长安。可以说，在平叛安史之乱、收复长安的过程中，回纥立有大功。

但是回纥仗着有功，对民众多有烧杀抢掠的暴行，而且欺侮唐朝官吏。唐人实力羸弱，只能忍气吞声。可是有一次，回纥竟然欺负到了李适的头上。

当时李适率军与回纥会师，然后去面见登里可汗。按理说李适是唐朝储君，回纥应该给予一定礼遇，但是回纥却给了李适一场大大的羞辱。

唐代臣下见君主有舞蹈之礼，李适来到大帐的时候，可汗责怪李适不对他行舞蹈之礼。李适是唐朝太子，不对可汗行此大礼也是情理之中的。可是可汗故意挑衅，非要李适行礼不可，就要给唐朝脸色看。在此之前，唐朝就回纥行军路线一事与回纥反复磋商，可能这让可汗心中不快，所以借机发飙，给太子来个下马威。

李适突然遭此责难，没有准备，再加上是元帅身份，不能轻易开口辩解，所以手下站出来替他回答。两个原因我们不能行舞蹈之礼：首先，元帅是皇子，不能对可汗行大礼；其次，我们正在国丧期间，也不能行礼。此时唐玄宗和唐肃宗先后去世了，所以说是居于国丧。

回纥宰相站出来责难说："唐天子与登里可汗约为兄弟，今可汗即雍王叔，叔侄有礼数，何得不舞蹈？"（《旧唐书·回纥传》）唐朝天子和我家可汗约为兄弟，既然这样你李适就是我家可汗的侄儿，侄儿见了叔父为何不行礼？

李适部下回答说："元帅即唐太子也，太子即储君也，岂有中国储君向外国可汗前舞蹈。"（《旧唐书·回纥传》）我家元帅是唐朝太子，太子不能向外国可汗行这样的大礼。

可汗大怒，想打李适，可真打了的话，两方关系就此完了。于是他迁怒于李适的部下，竟然命令将其四名部下拖出去，每人打一百下。结果四个人被打得皮开肉绽，其中两个人伤重而死。而李适呢？可汗"以王少年未谙事，放归本营"（《旧唐书·回纥传》）。借口他是个小孩子，不懂事，将其放归。这记耳光打在脸上，痛入骨髓。

这是礼仪之争吗？不，这是唐朝地位衰落的体现，当年唐太宗被各国国君一致推举为天可汗的时候怎么可能发生这种事？此时国力衰落了，太子就要受这样的羞辱。

此事给唐德宗内心造成了极大的创伤，他后来急于重振雄风，与此事密切相关，这一切都源于国家实力的衰弱。

可问题在于，他的性格和能力与这种抱负不相称。德宗是个不错的人，也敬业。但是无奈时局太过糟糕，他这种富家子弟凡事急于求成，遇挫折容易灰心，而且有时还意气用事，就拿他受辱这件事来说：后来他当了皇帝，对回纥就没给过好脸色。回纥请婚，他不准许，边贸请求也不同意。大臣李泌给他献了一个对付吐蕃的计策："臣愿陛下北和回纥，南通云南，西结大食、天竺，如此，则吐蕃自困。”（《资治通鉴》卷二三三）意思是要想对抗吐蕃，就要联合回纥、南诏、大食、天竺，形成四面包围之势，这样吐蕃就无法招架了。可是唐德宗的回答是：“三国当如卿言，至于回纥则不可！”（《资治通鉴》卷二三三）（其他国家都好说，就是回纥我不能答应。）李泌当时就问他：“岂非以陕州之耻邪！”（《资治通鉴》卷二三三）（是因为当年的礼仪之争吗？）

唐德宗说是的，不能忘记部下们的死。李泌给他做思想工作，指出当年凌辱他的那个可汗已经死了，是被现在的回纥可汗杀的，算为他报仇了。再说当时随从大臣也有过错，不该轻易让他去见可汗，而且事先还不商定礼仪。他劝德宗应该以大局为重，德宗这才逐渐消气。从此事可以看出，德宗考虑事情还是不能摆脱个人意气，完全凭借血气做事，不能站到一个皇帝应有的高度思考问题。人到了一定的层次，必须明白，在这个层次上，不能再被个人的血气所左右。

总之，德宗在当太子这个阶段的主要功绩就是出任天下兵马元帅，是平叛部队名义上的总司令。虽然平叛者主要是郭子仪、李光弼等，但德宗也积累了不少经验，吃了很多的苦头，就是俗话所说的没功劳也有苦劳。他的父亲唐代宗看在眼里，疼在心里。

随着安史叛军最后一支力量史朝义部被歼灭，安史之乱宣告结束。唐代宗封赏群臣，“以元帅功拜尚书令，食实封二千户，与郭子仪等八人图形于凌烟阁”。（《旧唐书·德宗本纪》）因为有功，德宗与郭子仪等人一起图像于凌烟阁。这是唐代自唐太宗时代以来第一次增补新的凌烟阁成员。夹在中间的那些皇帝难道没有功臣有资格入凌烟阁吗？多的是，高宗时期的褚遂良、刘仁轨、苏定方、薛仁贵，武则天时期的狄仁杰，玄宗时期的张九龄、张说等，都有资格，可是奈何那时凌烟阁门不开，没有增补过任何人。当然后来这些人中有的进入凌烟阁了，那也是后世的事，不是当朝的事。

为什么此时增补新的凌烟阁功臣了呢？原因有如下几点：

第一，平叛意义重大。平定安史之乱意义不亚于开国，唐朝近三百年历史，安史之乱刚好在中间，以它为界限划分唐朝前后期。平定安史之乱使唐朝得以延续一个半世纪。而且这场叛乱范围之大、影响之深远、民众苦难之深前所未有，对于唐王朝来说，这是一次浴火重生，所以平叛功臣对国家的意义不亚于太宗时期的二十四功臣。

第二，非如此无以奖赏功臣。唐代宗犯愁的是，拿什么奖赏郭子仪等功臣。官职再高不过宰相，爵位再高不过王，这都无以奖赏郭子仪等人对国家的贡献。平叛还在进行的时候他就说："今郭子仪、李光弼已为宰相，若克两京，平四海，则无官以赏之，奈何？"（《资治通鉴》卷二一九）大家都景仰凌烟阁功臣，都把他们看作偶像和目标，现在把郭子仪、李光弼等人也增补进去，这样就算是非常之赏，是至高荣誉。我估计这就是叛乱平息后增补凌烟阁功臣的原因之一。

第三，增强太子权威。这一拨新的凌烟阁功臣中，李适排名第一，按理说他是未来天子，用不着按照臣子的规格表彰，实际上还真用得着。国家民生凋敝，未来的皇帝责任重大，也十分艰难，所以要增加其权威，烘托其地位。就好比当年唐太宗，要没有建国战争中的那些功勋，当皇帝也没人支持。因此把李适的画像挂到凌烟阁中是非常必要的。

第二段渊源：帝业艰辛望凌烟。

李适和凌烟阁的渊源并没有到此结束。他当了皇帝之后，自己也搞了一回增补凌烟阁功臣。这是怎么回事呢?

唐德宗登基之后，他面临的最大难题就是藩镇割据。安史之乱虽然被平息了，但是安史的余部还在，他们手里有地盘，有军队，掌控着地方赋税，表面上臣服于李唐，实际上是独立王国。唐王朝此时也无力一一剿灭他们，只能姑息，任命他们为节度使。这些军阀父死子继，或者由部下军人拥立，总之一句话，就是不由中央来任命。当年为了平叛，唐肃宗、唐代宗又增设了很多新的节度使，这些人中有的属于野心家，也学着安史余部搞分裂。对于唐德宗来说，没有比消除割据、统一国家更重要的了。即位之初的他称得上是意气风发，信心满满，很快就开始对藩镇下手了。但这次削藩却给他带来了另一场苦难，那就是泾原兵变。

这次削藩可以分作四个阶段:

第一阶段：顺风顺水。唐德宗开始削藩的时候基本上算得上顺风顺水，接连取得几次胜利，加上此时吐蕃与唐朝关系也有所缓和，所以德宗就想采取更为积极的削藩策略，一举解决藩镇问题。

机会来了，建中二年（781）正月成德节度使李宝臣死了，他的儿子李惟岳按照藩镇惯例想接任节度使，没想到此时的唐德宗十分强硬，坚决不准许。这下子几路军阀有了唇亡齿寒的感觉，想要联合起来对抗中央。唐德宗也毫不示弱，调集兵马分为南北两个战场与割据军阀们展开了一场大战。战争初期官军获胜，李惟岳被杀。魏博节度使田悦龟缩在魏州城里、淄青节度使李纳龟缩在郓州城里，本来胜利在望，可是唐德宗急于求成，他打击藩镇的手段就是以藩镇制藩镇，调集其他藩镇打击不顺服的藩镇，这就给敌人翻盘留下了机会——皇帝所依靠的这些藩镇都是为利益而战，不是效忠于朝廷；一旦利益分配不公，麻烦就来了。

第二阶段：藩镇死灰复燃。唐德宗踌躇满志，开始重新划分各路藩镇地盘，结果分封不公，导致一些藩镇有了反心，最后朱滔、王武俊等造反，联合田悦、李纳反抗中央。其中朱滔自称冀王，田悦自称魏王，王武俊自称赵王，李纳自称齐王。

唐德宗一时之间焦头烂额，简直无所措手足，形势十分复杂凶险，但是更大的麻烦还在后面。

第三阶段：泾原兵变。泾原军队实际上是唐朝西北边防军中安西、北庭都护府军队，屡经战阵，在平定安史叛乱、抵御吐蕃方面都立有大功，是一支老部队。这支部队也经历过重大伤亡，主帅都有阵亡沙场的。二十余年里，这支部队被朝廷调来调去，哪里有火苗就去哪里，像支消防队一样；整日居无定所，驻到哪里屁股还没坐稳就被调派到其他地方，甚至修筑城池这样的活也要干，而且朝廷赏赐不公，不能做到按功行赏，因此不满情绪在部队中郁积蔓延。坦白讲，赏罚不公是唐德宗一生的缺陷，一方面谁闹得凶他就给谁更多抚慰赏赐，冷落了真正的有功之臣，这样做等于鼓励大家闹事。另一方面唐德宗是个比较吝啬的皇帝，他总是把钱包捂得紧紧的。不过这也情有可原，国家经济凋敝，要削藩就需要大笔的军费，不省着点不行。可是该花的钱他不花，麻烦就来了。

泾原兵马五千人被调往削藩战场。当时是建中四年（783）初冬，天降大雨，五千人饥寒交迫。这些人满心指望着到了长安能获得朝廷封赏，为此他们好些人是带着家人一起来的，想让家人把财宝扛回去。没想到一点赏赐也没有，也没让他们进城。由西郊走到东郊，有司终于摆下饭菜招待他们。可是，都是粗茶淡饭，一点荤腥都没得，更别说美酒了，士兵们一下子炸营了。他们踢翻饭菜，大喊说：“吾辈将死于敌，而食且不饱，安能以微命拒白刃邪！闻琼林、大盈二库，金帛盈溢，不如相与取之。”（《资治通鉴》卷二二八）我们要上战场，却连饱饭都没得吃，听说宫内琼林、大盈两个库房里财宝堆积如山，干脆我们进去拿好了！于是叛军冲入城中，此时的长安城内部空虚，军队主力都在战场上。唐德宗被迫率领太子逃跑，跟上来的皇亲国戚没几个，十之七八都没有跑出来。叛军冲入宫中大肆抢掠，而且还拥立自己的老上级、朱滔的哥哥朱泚为主。朱泚此时正在长安赋闲，所以他们找到了他，这就是“泾原兵变”。

唐德宗逃到了奉天城，也就是武则天乾陵所在的那个乾县县城。这座城城墙比较高厚，而且有粮食储备，所以他就直奔这里。刚到这里时只有几百兵马，形势岌岌可危，唐德宗火速派人向各路兵马求援，可是这需要时间。朱泚此时已经派遣三千军队直奔奉天城，按理说这三千人一定会抢在勤王军队到来之前拿下奉天的，可是有人坏了叛军的好事——段秀实。

段秀实以前担任过泾原节度使，换句话说，他是叛军的老上级。但是他刚直不阿，而且对朝廷很忠诚，可是奈何唐德宗听信谗言，解除了他的军权，给了他一个司农卿的官职。叛乱发生时他也没来得及和德宗一起逃走，留在了长安。此时他听说三千叛军要前往奉天，心急如焚，急中生智，他伪造了敌人的军令，派人追上叛军，命这三千人撤回来。问题是军令要有大印，去哪里找呢？段秀实有办法，他是司农卿，于是他把司农寺的大印倒过来盖在军令上。唐代官印本来就是篆体字，比较难认，再加上倒过来盖，更加难认了。敌人带队的将领是大老粗，本来就认不得多少字，更别说这种倒过来的篆体字了。于是这三千人竟然稀里糊涂地回来了，这就给了奉天城一个无比宝贵的喘息时间。

此时朱泚还找段秀实议事。因为段秀实曾是叛军老上级，人也精明强干，所以朱泚找了他。没想到段秀实见了朱泚就破口大骂其反贼，而且用手中的笏板打到了他的头上，打得他头破血流。于是朱泚一怒之下杀了段秀实。段秀实是真正的烈士，他的死讯传到德宗耳朵里，德宗才知道自己当年听信了谗言，后悔不迭。

段秀实给争取的这几天时间发挥大作用了，连招募再加上各路勤王兵马，陆陆续续奉天城里有了万人左右的部队。而且外来的部队还带来了一些重型装备，奉天城防逐渐巩固。

叛军这边也没闲着，朱泚自立为大秦皇帝，杀害唐朝宗室七十七人。他大肆招兵买马，扩充了数万人。朱泚命令军队不惜代价拿下奉天城，双方展开了一场激烈的攻防战。叛军四面攻城，守军奋发努力，太子亲自督战，为伤员包扎伤口。德宗也站出来，流泪激励将士们，多位大将血染沙场。

敌军制造重型云梯，高、宽都有数丈，可以供多人同时登上城墙。由于云梯特别沉重，所以下面还装上了轮子，以便推着走。唐军看见敌军制造了这种武器，于是头一天在预判的敌军前进的路线上挖坑，把里面填满易燃物，但是表面上看不出来。等到敌人云梯近了，坑塌下去，云梯轮子陷入地中动弹不得，火从地下冒出，吞噬了云梯。

敌军经此挫折并不罢休，日夜攻打，有一次一支箭射到了距离德宗三步远的地方，吓得他龙颜失色。粮食也逐渐耗光，德宗本人最后都没饭可吃，守军夜里派人翻墙出去挖芜菁根给他吃。士卒的冬衣也不够，德宗派一个士兵出外侦察敌情，这个人恳请给一身衣服，实在冻得受不了，德宗竟然也拿不出来。就在德宗预计只能再坚持三天的时候，一个天大的喜讯传来——朔方军来了！

这一天从敌人的民夫队伍里突然跑出来一个人，跑到城下大喊："我是朔方军使者！"城头上的人急忙用绳子拉他上来，敌人在城下放箭，使者身中数十箭。这个使者身穿便衣，所以被敌人误当作老百姓强征为民夫。他以生命为代价将朔方军赶到的消息报告给皇帝，城内人知道这个消息后欢欣鼓舞。

很快，朔方军李怀光带五万雄兵赶到了奉天，这支老部队战斗力很强，很快就把叛军打得落花流水，奉天城转危为安。

第四阶段：李怀光叛乱。

李怀光为国效力多年，率领的又是平定安史之乱的功勋部队朔方军，怎么也叛乱了呢？原来李怀光与朝臣之间本就有矛盾，此次泾原兵变，李怀光声称导致祸患的是朝中以宰相卢杞为代表的一帮奸臣。其实他没说错，卢杞等人的确是小人当道，问题是李怀光欠考虑，不应早早放出话来。他这样当众表态，卢杞等人就有了准备。奉天城刚刚解围，李怀光还巴望着皇帝出来接见赏赐。但是卢杞给皇帝出主意，说敌军刚刚溃败，此时是收复长安的好时机，应让李怀光赶紧去打长安，庆功宴就先别摆了。德宗这人容易冒进，听了他的话，命令李怀光不要停留，去收复长安。

李怀光心里十分失落，对皇帝极度不满。皇帝为了安抚他，召他来见，他又怀疑这是汉高祖擒韩信的故技，于是他也想谋反。此时唐朝中央权威衰落到了极点，将领们稍有不满就想叛乱。

李怀光勾结朱泚，并且派人潜入奉天城，想放火焚烧乾陵，并劫持德宗。德宗闻听这个消息，连夜出逃，直奔秦岭以南的梁州。短短几个月时间里，皇帝第二次出逃。

虽然最后李怀光、朱泚都被平定了，可是藩镇势力却依旧如故。德宗被迫下发罪己诏，将战争的责任揽到自己身上，并且宣布除了少数元凶，其他人一概既往不咎。削藩战争就这样窝窝囊囊结束了。

经过这一番磨难，德宗变得意志消沉，终其一生再也没有发起大规模的削藩战争，《唐会要》卷十六说："德宗惩奉天之难，厌征伐之事，戎臣优以不朝。"因为奉天之难，德宗再也不想打仗了，消沉了，那些藩镇也就更不入朝了。

但是德宗也并非毫无作为，他在此阶段内有两个重要举措，都与时局相关。

第一个举措：为未来平叛积蓄力量。泾原兵变前他就开始实行两税法改革。战争平息，国家财富逐渐增多，加上其他措施，国库逐渐开始丰实。这就为后来唐宪宗削藩取得重大胜利打下了基础。

第二个举措：增补凌烟阁功臣。贞元五年（789），德宗下令表彰二十七位凌烟阁功臣，其中有前朝的，也有当朝的。前朝的，如参与过神龙政变的桓彦范等。当朝的，如马燧、李晟等，都是平叛战争中的大功臣。这些人总的来说首先是能臣，这一点不用说了。凌烟阁上的一百多名功臣，除了极个别滥竽充数的，其他都对唐王朝忠心耿耿，这一点很重要，德宗尤其看重这一点。此时的他多么希望有更多忠心耿耿的能臣为他所用，所以说凌烟阁寄托着这位皇帝对未来的期望。

附录：扑朔迷离的“沈珍珠”

唐代宗睿真皇后沈氏，吴兴人。名字不详，所谓“珍珠”不过是后人传闻，开元后期以良家子身份入东宫。彼时太子是李亨，李亨将其赐给广平王即后来的唐代宗，生下了唐德宗。

安史之乱的时候，沈氏应该是在东都洛阳，不幸被叛军俘虏，囚禁在东都掖庭。唐朝军队联合回纥收复洛阳时，沈氏被安置在宫中，当时唐代宗正率军打仗，估计夫妻已经团聚。但她却没有立即前往更安全的长安，《新唐书》说：“时方北讨，未及归长安。”即代宗、德宗父子正勠力北征，所以暂时将沈氏安置在洛阳。没想到好景不长，史思明又攻克洛阳，沈氏顿时失去音信。

唐德宗即位，思念母亲，封母亲曾祖士衡太保，祖介福太傅，父易直太师，弟易良司空，易直子震太尉。一日封拜一百二十七人，易良妻崔氏入宫，甚至可以享受王、韦二美人之拜，而不答礼。中书舍人高参建议模仿汉文帝迎太后于代之故事，寻找沈氏。德宗大喜，令使者分道而出，到处打探沈氏下落，但始终没有音信。

也就在此时，一个奇葩女出现了。此女乃高力士养女，该女生平不详，但是却颇有虚荣心。因为高力士，此女颇熟悉宫廷故事，与人聊天时口若悬河，而且始终不明说自己的身份。安史之乱对宫廷形成了毁灭性打击，大量妃嫔、宫女失散，唐德宗时期的后宫可以说是重

组的结果，所以此女这番做派颇能迷惑人。宫内曾有天宝时期女官李真一，她曾和沈氏认识。而高女无论是相貌还是年龄都与沈氏接近，李真一颇为疑惑，怀疑她是沈氏，询问之，高女回答含混不清。

终于有一天，李真一发现高氏女左指有陈旧性疤痕，顿时激动起来，因为当年沈氏给德宗削脯时曾伤左指。而高氏女早年因为剖瓜也导致手指受伤，而且和沈氏伤口位置完全一样。李真一认为面前这个女人就是沈氏，激动万分，将其迎入上阳宫。此宫在洛阳，也就是说此事发生于洛阳，是沈氏失踪的地方，所以更有说服力。

李真一将此消息报告德宗，德宗欣喜若狂，派认识沈氏的宦官、宫人往验视之。由于高氏酷似沈氏，所以宦官、宫人皆言是。高氏女开始时还曾否认，但见到皇帝送来的一车车财宝绸缎，高氏女的虚荣心开始发作，竟然承认就是沈氏，心安理得当起了皇太后。百官皆祝贺皇帝。

但是没有两天，德宗就得到了高力士养子承悦的报告。承悦在长安，知道此事后大为不安，恐怕累及自己，于是向皇帝一五一十禀报。皇帝命高力士养孙樊景超去验看，景超见高氏居内殿，以太后自处，左右侍卫甚严。景超大喊："姑何自置身于俎上！"太后的左右侍卫呵斥景超。景超说：这个太后是假的，你们退下！左右闻听惊走。高氏这才撕破伪装，对侄子说："吾为人所强，非己出也。"（《资治通鉴》卷二二六）

唐德宗听说此事后，犹豫再三，决定不治其罪，理由是害怕打扰寻找沈氏的行动。高氏女被遣送回家，其后下落不明。

在唐代宗时期所立《高力士神道碑》中，并没有提及过这个养女，大概本是个不显山不露水的人，结果却因为此事大大风光了一把。

那么唐德宗寻找生母的行动结果如何呢？一无所获。而且唐德宗还说："吾宁受百罔，冀一得真。"于是后来接连出现多起伪冒太后者，但这些人还不如高氏女有迷惑性。德宗始终没有找到生母，沈氏极可能早已死于战乱了。

郭子仪

吾之家国，由卿再造

「吾之家国，由卿再造。」《资治通鉴》（卷二二〇）

郭子仪不仅功高盖世，而且按照当时的标准，在做人方面已经做到了极致。他的功勋用唐肃宗一句话就可以概括：“吾之家国，由卿再造。”（《资治通鉴》卷二二〇）安史之乱后的大唐，是郭子仪保下来的，对国家而言他有再造之功。唐代能在安史之乱后延续一百多年，郭子仪是首席功臣。

徐钧有一首诗《郭子仪》对其一生总结得非常好：“身佩安危三十年，谗锋虽中节弥坚。古今多少功名在，谁得如公五福全。”（《全元诗》）所以郭子仪又有绰号“五福老人”。

曾国藩曾视郭子仪为偶像，他说：“立不世之勋而终保令名者，千古唯郭汾阳一人而已。”郭子仪的人生应该说是激情岁月，同时充满智慧、大度和豁达，他的处世智慧值得深思。

身佩安危三十年

郭子仪一生的功勋是他立命的根本，也是他名列凌烟阁的原因。

郭子仪一生为四位皇帝效力，分别是唐玄宗、肃宗、代宗、德宗，他的主要功勋是在肃宗和代宗时期建立的，而这一阶段也正是唐朝最危险的时刻。安史之乱爆发是755年，郭子仪去世于781年，安史之乱爆发到他去世一共26年，古人文学多用虚数整数，所以这就是“身佩安危三十年”这句话的由来。

郭子仪祖籍山西，新旧唐书《郭子仪传》记载他是华州郑县人（今陕西省渭南华州区），这应该是他的出生地。《旧唐书》记载郭子仪“长六尺有余”，唐代大尺一尺将近30厘米，换句话说身高在180厘米左右，这在当时可就是绝对的伟岸身材了。

他年轻时考武举中选，步入军界的时候正是太平之日，虽然边境有战事，但大体是祥和安定的。郭子仪的仕途也是四平八稳的，照这个样子发展下去郭子仪能当个不小的官，但也就仅此而已。安史之乱的爆发把整个国家抛入深渊，却使郭子仪个人达到了人生的巅峰，正所谓乱世出英雄。

从安史之乱爆发的第一时间开始，郭子仪就投入了战斗，这仗一打就是八年。郭子仪的功劳有如下几项：

第一项功劳：掩袭敌后。

战争爆发时郭子仪被任命为朔方节度使，朔方军管辖范围在今天宁夏到内蒙古这一带。安史叛军大本营在河北，它的主要作战方向是洛阳和长安，这样就把自己的侧翼暴露在朔方军面前。郭子仪此前在边境战斗多年，有着丰富的指挥经验。因此他迅速把握住这个战机，将矛头直指敌人老巢，试图以此动摇叛军基础。

郭子仪与李光弼一起，击败安禄山大将史思明。乱军损兵折将，为之胆寒。敌人后方不稳，潼关有哥舒翰把守，而哥舒翰认为潼关宜在守险，不利出战，认定安禄山不得人心，不出数月，安禄山的势力便可瓦解。包括郭子仪等在内的唐军将领都对前景持乐观态度。但是就在此刻，唐玄宗的一个错误决定断送了大好局面。他没有听从郭子仪等人的劝告，不断催促哥舒翰率军出征与敌决战，导致唐军大败，潼关失守，长安丢失，形势急转直下。

第二项功劳：灵武拥立。

郭子仪他们创造的大好局面一夜断送，唐玄宗被迫仓皇出逃。接下来就是著名的马嵬坡兵变，禁军杀死了杨国忠，逼死了杨贵妃，而太子李亨也与玄宗兵分两路。

李亨当时的目的地最初是河西，后来是灵武，即朔方军的大本营。李亨刚到灵武时手头只有一两千人，可以算是孤家寡人。李亨在灵武即位，即唐肃宗。肃宗当时兵力少，大臣也少，文武大臣加起来才三十多人。虽然不断有兵马来投奔，但都是零散的，肃宗心中最盼望的还是郭子仪、李光弼。终于有天他听到了好消息，朔方军整队前来。五万大军铠甲锃亮，浩浩荡荡开赴灵武，肃宗这才安心，这不仅意味着国威大振，更意味着皇权获得了军队的强力支持。郭子仪、李光弼被拜为宰相，从此开始担负起平叛最重大的责任。郭子仪死后陪葬在唐肃宗的陵墓建陵，是因为他是肃宗首席功臣，有了他的支持，唐肃宗才有了实权。

第三项功劳：收复两京。

757年，安禄山被他的儿子安庆绪所杀。敌人内讧对于唐朝来说当然是好事，唐肃宗要求郭子仪乘势收复长安。经过艰苦的外围战，最后郭子仪指挥唐军和叛军在长安西香积寺的北面展开决战，回纥用奇兵绕到叛军背后，与大军前后夹击，依靠回纥骑兵的帮助，唐军大胜。敌军六万人阵亡，两万人被俘，不得不放弃长安，落荒而逃。

紧跟着郭子仪指挥唐军乘胜追击，接连大败敌军，直至收复洛阳。这一年十月二十三日，肃宗皇帝回到了沦陷近一年半的长安，万人空巷，举城欢呼。肃宗一方面派人去迎接玄宗回京，一方面哭祭太庙有三日之久，然后才入住大明宫。当郭子仪前来觐见的时候，肃宗拉着他说："吾之家国，由卿再造。"（《资治通鉴》卷二二〇）郭子仪在历史上被人们称为大唐的再造之臣，就是从这里来的。

第四项功劳：计退吐蕃。

安史之乱爆发后，趁着唐朝西北边防军大量内调平叛，吐蕃占领了陇右大片地盘。唐代宗广德元年（763），吐蕃对长安发动了进攻。此时宦官程元振掌权，他把边境报警的消息都当作是边将们夸大其词邀功请赏的谎言。等到代宗得知真相的时候已经太晚了，吐蕃已兵临城下，唐军已经来不及组织动员。皇帝不得已仓促出逃，吐蕃占据了长安城。

郭子仪此前赋闲，吐蕃进犯的消息传来时他被代宗紧急拜为副元帅，抵御吐蕃。问题是他手中此时无兵，所以只能眼睁睁看着吐蕃攻入长安。他向秦岭方向撤退，手头只有几十名骑兵。但是郭子仪收拢一部分部队后，开始派出多股小部队虚张声势，恫吓吐蕃。城里老百姓也骗吐蕃，说看到郭子仪率领的唐军铺天盖地而来，多得不得了。郭子仪还派间谍潜入长安，夜里带领一些年轻人四处放火，制造骚动。吐蕃人心里越来越紧张，他们毕竟是孤军深入，难以立足，于是不得不撤军。郭子仪率军收复长安。

第五项功劳：劝退回纥。

唐大将仆固怀恩叛乱的时候欺骗回纥说郭子仪已经死了，皇帝也死了，中原无主，邀请回纥过来。仆固怀恩与回纥有姻亲关系，于是回纥率军来犯。唐朝大为紧张，皇帝当时甚至想御驾亲征。郭子仪挺身而出，兵不血刃地靠着自己的威望劝说回纥停止帮助仆固怀恩，最终导致仆固怀恩失败，他再次挽救了唐朝。

唐代宗为了表彰郭子仪等功臣，将他们的画像挂到了凌烟阁中，这次图功臣像于凌烟阁是唐太宗以后的第一次。此前只有李勣被高宗两度图像于凌烟阁，算是个特例。这个举动最主要是为了表彰郭子仪、李光弼。平叛战争还在进行的时候代宗就说："今郭子仪、李光弼已为宰相，若克两京，平四海，则无官以赏之，奈何？"（《资治通鉴》卷二一九）再没更大的官可以赏郭子仪、李光弼这样平定天下的功臣了，这次郭子仪又立了大功，非特别之赏不可，所以凌烟阁迎来了新成员。

谗锋虽中节弥坚

郭子仪能够成功的原因之一在于朋友遍天下。他深孚众望，是将士们爱戴的统帅；他和大臣们保持着良好的关系，大家对他很服气；他甚至和回纥等也保持着良好关系。但是有两个人他无法摆平——宦官鱼朝恩和程元振。这两个阉人贪恋权力，对于位高权重、功勋赫赫的郭子仪充满了嫉妒，进而抓住每一个机会诋毁、钳制郭子仪。郭子仪两次打败仗，一次在长安外围清水渠，一次在相州，每次败仗都招致宦官们的极力攻击。郭子仪每次都及时自我检讨，主动请罪，而且从不对别人的攻击反唇相讥，这才每次化险为夷。在唐朝中央权力已经急剧衰落的情况下，皇帝处理事情有任何不当都可能引发新的反叛，郭子仪从来不抱怨，从来没有动摇过对唐朝的忠心。

如果单论战场指挥能力，郭子仪可能不及李光弼，但是他是一个帅才，是一个统领全局的人。将才易得，帅才难求。郭子仪颇有点类似二战时期的艾森豪威尔，艾森豪威尔的战术指挥能力不见得有多强，但他运筹帷幄，会协调各方关系，所以他能就任欧洲盟军最高司令等职。李光弼战功卓著，堪称指挥大师，但他为人太严肃，有的人怕他，甚至恨他。仆固怀恩资历不够，性格偏激。李适身为皇子，涉世未深。综合而言，只有郭子仪是唐军总司令完美的人选。

郭子仪最大的长处是善于处理纷繁复杂的关系，也正是因为这个长处，他被各方势力普遍接受，也使得他成为历代君臣心目中的完人。

下面我们分别看一看他如何处理多方面的关系。

第一，以真诚打动皇帝。

郭子仪一生忠心耿耿，与皇帝之间保持着良好的关系。按理说立了这么大的功劳，都名列凌烟阁了，皇帝们对郭子仪应该是全方位信任。其实不然。与他打交道最多的皇帝是肃宗和代宗，然而，肃宗也好，代宗也好，对郭子仪始终提防。功劳越大越是如此，自古有所谓“功高震主”。功高震主以及杀功臣的现象在历史上屡屡出现。功高意味着德望高，权力大，意味着对皇位的威胁。

比如郭子仪灵武拥立唐肃宗，肃宗急于收复长安，却不派郭子仪去，而是派宰相房琯去。房琯是个书生，不会打仗，他生搬硬套古人的战法，学习战国田单用牛阵冲击敌人。敌人猛敲鼓，牛吓得掉头往回跑，生生把唐军阵形冲散了。为何用这种赵括式的只会纸上谈兵的人取代郭子仪？因为房琯是皇帝的“自己人”，所以皇帝想用自己人试一试。而惨败的结局告诉皇帝，还得继续重用武人。战争期间郭子仪起码两次遭受宦官谗言导致兵权旁落，从心理深层次原因来说，皇帝信任宦官而不信任郭子仪，因为宦官乃是家奴，比武人值得信赖。

安史之乱后，唐朝皇帝也好，文臣集团也好，普遍存在对武人的不信任。不管是安禄山，还是史思明、仆固怀恩，还是那些心怀鬼胎的节度使，都是些武人。皇帝对郭子仪的不信任很大一部分原因是出于对武人阶层的不信任，而郭子仪此时俨然是武人阶层的代表。皇帝对武人阶层的不信任一直贯穿唐后期历史，到宋代算是达到顶峰了。而宋代皇帝和文臣对军队、武将的戒备和限制追根溯源就是唐代安史之乱和藩镇割据。

那么郭子仪如何面对这一切？他的应对策略有如下几点：第一，始终忠心耿耿。无论是被重用还是被冷落，郭子仪毫无怨言。而且他有实力，也有自信，知道皇帝还会重用他。第二，始终注意避免功高震主。他多次婉拒皇帝的表彰以及封赏。一遇战败就主动上疏请求处分，丝毫没有功臣常有的傲慢。第三，注意感情的培养。他很注意和皇帝个人关系的建设，公事公办之外还打感情牌。比如当代宗听信程元振谗言而罢免郭子仪的副元帅，郭子仪不是一味喊冤，而是跟代宗叙旧。代宗还是皇子的时候就和郭子仪并肩战斗，所以他就以此为切入点。他将先帝给自己的诏敕和代宗即位前给自己的信件一千余封搜集起来进呈代宗，说这是臣一家子孙万代之宝。《旧唐书·郭子仪传》记载代宗大为感动地说："朕不德不明，俾大臣忧疑，朕之过也。朕甚自愧，公勿以为虑。"代宗承认是他糊涂才导致郭子仪忧虑，在郭子仪的感召下，肃宗也好，代宗也好，最后都对郭子仪很放心。

有一件事充分体现了郭子仪和皇帝之间的微妙关系。郭子仪的儿子郭暧娶的是唐代宗的女儿升平公主。小两口年轻气盛，磕磕碰碰总是有的。有一次吵架，升平公主摆出一副公主的派头居高临下训斥郭暧，郭暧一怒之下回答说："汝倚乃父为天子邪？我父薄天子不为！"大意是，你仗着你父亲是天子，我父亲是不屑做天子罢了。公主听了羞愤异常，立即进宫告状。假如皇帝认真追究起来，仅凭这大逆不道的一句话，郭家就可以满门抄斩。结果唐代宗听了之后说："此非汝所知。彼诚如是，使彼欲为天子，天下岂汝家所有邪！"（《资治通鉴》卷二二四）大意是，他说的没错，郭子仪要想当皇帝早就当了，天下早就不是我们李家的了。

郭子仪回家后听说儿子说了这么大逆不道的话，十分恐慌。他一辈子小心翼翼，就是怕人说闲话，怕皇帝有这种联想，结果这话从自己儿子嘴里说出来了。他立即令人把儿子捆起来，然后带他来皇宫请罪。

代宗此时对郭子仪是百分之百放心，况且郭子仪这种再造之臣，若因为他儿子的一句气话就被治罪，天下人也不会答应，所以代宗用很幽默的方式解决了这个问题。他对郭子仪说，小孩子家家，口无遮拦，犯得着治罪吗？代宗还引用了一句俗语："不痴不聋，不作家翁。"意思是当家长的，有时要学会装聋作哑。

这段故事后来被改编为戏剧《打金枝》，好多剧种都有这一出。

第二，以推心置腹来感动同事。

郭子仪与同事之间的关系可以用"包容"二字来形容，郭子仪和谁都能搞好关系。即便以前关系不好的，他也是秉着与人为善、国家利益至上的原则来对待。举个例子，他和李光弼以前很不对付，"二人不相能，虽同盘饮食，常睇相视，不交一言"。两人谁也不理谁，就是一个盘子里吃饭，两人也一句话不说。但是当他们一起走上战场，郭子仪心里明白孰轻孰重。当时肃宗需要一个将领率军袭扰河北，郭子仪推荐李光弼。李光弼以为这是准备将他置之死地，他找到郭子仪，恳请郭子仪放过他的妻子儿女。《新唐书·新罗传》记载郭子仪紧握着他的手说："今国乱主迁，非公不能东伐，岂怀私忿时邪？"大意是，此时不是论私怨的时候，是国家需要您的时候，这才是我推荐你的原因。李光弼大为感动。从此二人同心协力，纵横疆场。《新唐书》对此夸赞说："不以怨毒相基，而先国家之忧，晋有祁奚，唐有汾阳、保皋，孰谓夷无人哉！"把国家利益置于私人恩怨之上，以前有晋国祁奚，现在有唐朝的汾阳王郭子仪、新罗人张保皋。

一个人一辈子讨所有人喜欢根本不可能。我们大多数人不如郭子仪的一点是我们不懂得收敛脾气。人到了一定的层次就要懂得自己已经不是一个单独的个体了，而是一个体系或者一个团队、一个家庭的成员之一，是一个零部件，甚至可能是一个主脑。在这种情况下个人的好恶要退居到集体利益之下，一举一动不再属于个人，而是要考虑牵一发动全身的后果。责任越大，脾气应该越小。郭子仪的宽容与大度，是从国家利益角度考虑的结果。

即便是在屡遭宦官陷害的情况下，郭子仪也知道此时不应内讧，所以采取隐忍的态度。有一次他父亲的坟墓被人破坏了，大家都猜测是鱼朝恩干的，因为他平日嫉妒郭子仪。皇帝也很紧张，怕郭子仪不依不饶，引起内讧。没想到郭子仪在皇帝面前非常大度，他流着泪说臣带兵打仗，属下破坏人家的坟墓也很多，这是报应，臣不怨任何人。

鱼朝恩督建的章敬寺落成时，他请郭子仪去参观。郭子仪的手下都怀疑这是阴谋，担心埋伏有刀兵。于是有三百人左右纷纷要求随同郭子仪前去，而且提议把铠甲穿在袍子里面。郭子仪叱责："我乃是国家大臣，他要是没旨意就不敢谋害我，你们杀气腾腾跟着去干什么？"结果他带着几个仆人就去了。鱼朝恩大感意外，他以为郭子仪得带着众多随从前来。他问："您怎么如此轻车简从？"郭子仪说："外面有传言说您将不利于我，我少带几个人来，您办事就轻松些。"这是开玩笑的一句话，但是把事情点明了。鱼朝恩很感动，他拉着郭子仪的手说："非公长者，能无疑乎！"（《资治通鉴》卷二二四）鱼朝恩认为郭子仪是个宽厚长者，才不怀疑他。

第三，以爱心来对待属下。

郭子仪与部属的关系可以用"宽容"来形容。郭子仪与人为善，虽然是将军，但脾气很好，不暴躁。他很关心下属，有小错也包容，所以属下乐意为其所用。李光弼则截然不同，此人性格严厉，治军严整，所以属下都怕他，不乐意他当自己的上级。有一次李光弼奉旨接替郭子仪掌管朔方军，差点就酿成祸端。朔方军有人想发动兵变驱逐李光弼，因为大家只服郭子仪。郭子仪对属下的宽容是优点也是缺点，他的部队纪律性不佳，比如邺城战役，九个节度使六十万大军被史思明击败。战场上第一个溃逃的是郭子仪的部队，始终井然有序的是李光弼的部队。

第四，以人格取信回纥。

早先在和回纥并肩作战的时候，郭子仪已经和回纥人结下深厚的友谊，回纥人就信服他。仆固怀恩叛乱时回纥敢进犯唐朝，就是听了仆固怀恩的谣言，以为郭子仪被鱼朝恩杀了。郭子仪来回纥，回纥得知郭子仪未死的一幕颇具戏剧性，也充分体现了郭子仪的个人魅力和威望。他单枪匹马来到回纥大军，回纥方不信。郭令公已经死了，来者是冒充的吗？郭子仪摘下头盔，回纥首领看见郭子仪，下马给郭子仪行礼，这才醒悟上了仆固怀恩的当。郭子仪和他们一起盟誓，互不侵犯。回纥撤军，顺道还约定把仆固怀恩邀来的吐蕃击退。郭子仪一举两得。

谁得如公五福全

《尚书·洪范》解释五福说："一曰寿，二曰富，三曰康宁，四曰攸好德，五曰考终命。"郭子仪还真是五样俱全。

寿

郭子仪享年八十五岁。有学者研究过唐人的平均寿命是五十岁左右，而郭子仪活了八十五岁；郭子仪若是生活在我们的时代，享用现代医疗条件，估计就是个百岁老寿星了。郭子仪的子孙也很多，算得上是儿孙满堂。八子七婿都当了大官，孙子有好几十个，有的郭子仪都叫不上名字，来给他问安的时候也就点点头表示知道了。

富

郭子仪晚年年收入二十四万缗，他家占一个坊的四分之一大，家人加奴仆三千人，很多人互相不认识。皇帝赏赐的珍宝、器玩、田地庄园不计其数。按理说在中国传统文化语境下，人们一般对富人颇有微词，但对郭子仪不是这样的。《旧唐书·郭子仪传》说郭子仪“侈穷人欲而君子不之罪”。生活穷奢极侈，但却没有君子怪罪他。人们不是仇富，而是仇不当得富，或者为富不仁。郭子仪的贡献放在那里，收入都是明面上来的，无可指摘。

康宁

郭子仪一生平安。虽然他一辈子戎马倥偬，但是史籍中没有记载他负过重伤。他有超强的人际关系处理能力，而且特别懂得急流勇退，明哲保身。他一生多次主动辞职或者申请降级，都是为了承担责任，特别懂得分寸。我认为中国历史上最懂得分寸的有这两个人——郭子仪和曾国藩。曾国藩也是临危受命，也是功勋齐天，但是和郭子仪一样特别懂得进退，尤其懂得急流勇退。他们的人生智慧要用一个字来概括的话就是“让”，让意味着牺牲，让意味着豁达，让意味着智慧，让意味着对人生的理解。

郭子仪晚年有这么一件事。《封氏闻见记》记载，郭子仪家筑墙。他外出时路过工地，顺嘴说了一句：“好好筑，筑结实点。”没想到那个工匠把工具一放说：“数十年来，京城达官家墙皆是某筑，只见人自改换，墙皆见在。”大意是，几十年来我给京城达官贵人家筑墙筑了好多了，我只见过宅子换人，没见过我筑的墙倒塌。郭子仪听了这话什么反应？“郭令闻之，怆然动容，遂入奏其事，因固请老。”（《封氏闻见记校注》）为何听了这话就去辞职？一言以蔽之，居安思危。小工匠讲出了大道理，一堵墙能存在多久，也就几十年。这几十年里，墙内的豪门人家换了一茬又一茬，有的富不过三代，家道中落了，有的得罪被杀被贬了。世事如浮云，与其关心墙的安危，还不如关心自己的安危。因此急流勇退，如日中天的时候选择告老请辞，这是参透人生了。

攸好德

“好德”这个词在《尚书·洪范》里出现三次，根据上下文的意思来看就是指有好的德行；也有释义说，是追求好的德行。好的德行也是一种福分，它会给人带来心灵的宁静，带来从容大度，带来自信，也会带来事业的成功，带来良好的人际关系。郭子仪一生都是一个君子，一个公正无私、有风度的人，一个时刻把国家和百姓放在心上的人。

考终命

中国人讲善始善终，寿终正寝，郭子仪去世于唐德宗建中二年（781），举世哀悼。他的一生波澜壮阔，又给人留下了无数的启迪。他睿智、能干，而且时刻能把持住自己，不居功，不自傲，一切以大局为重。在乱世里不仅再造了国家，同时还能保全自己。他已经接近完人的标准了，《旧唐书·郭子仪传》评价说：“权倾天下而朝不忌，功盖一代而主不疑，侈穷人欲而君子不之罪。富贵寿考，繁衍安泰，哀荣终始，人道之盛，此无缺焉。”权倾天下，但是朝野上下不猜忌，功高盖世但是皇帝不觉得功高震主，生活奢侈但是君子不怪罪。一生荣华富贵，子孙众多，所以史官慨叹说做人做到这份儿上也就无任何缺憾了。

李光弼

同为英雄，命途相左

「工于料人而拙于谋己」《旧唐书·李光弼传》

李光弼是平定安史之乱的第二号功臣，但是与头号功臣郭子仪相比，两个人的命运大不相同。郭子仪可谓顺风顺水，荣宠一生，即便遭遇过陷害也能安然度过。李光弼在战场上的功勋不亚于郭子仪，但是却遭受怀疑、诬陷，在愤懑中离世。凌烟阁上两个人的画像并排而列，但是命运却大相径庭，令人扼腕叹息。

李光弼是契丹人。他的外祖父名叫李楷固，是契丹有名的骁将，勇猛异常，在战场上打仗的时候据说犹如鹘入鸟群，所向披靡。武则天时期契丹叛乱，与武周军队接连几次大战，官军前后损失数十万人。这里面李楷固起到了不小的作用，他的大名对武则天来说早已如雷贯耳。后来契丹失败，他投降了，武则天一定要把他杀了，因为此人杀伤官军甚多，罪大恶极。但狄仁杰站出来反对，他指出李楷固的骁勇天下绝伦，如果宽恕并善待他，他就会为我所用，少一敌人而增一猛将岂不美哉？最后武则天听从了狄仁杰的劝告，拜李楷固为将军，让他去平定契丹余党。李楷固果然不负众望，他出色地完成了使命。武则天欣喜若狂，拜楷固为燕国公，赐姓武。李楷固收降的人中有一员猛将李楷洛，他是李楷固后来的女婿，也是李光弼的父亲。李光弼家族就这样来到了中原，成了大唐的人。所以说起来，狄仁杰算是间接挽救了六十年以后的大唐。

李光弼家族很快融入了中原主流文化中，主要有两个体现。

第一，认李陵为先祖。

在记载李楷洛事迹的《云麾将军李公神道碑》中说，李家乃汉武帝时期大将李陵之后，意思是祖上为汉人。李陵当年率军远征匈奴，拼死力战之后兵败投降。司马迁就是因为替李陵申辩而得罪了汉武帝才被处以腐刑。

李家这个说法可靠不可靠？八成不可靠。很多北方游牧民族，尤其是后来移居中原的人都自称是李陵之后，这有攀附名人的嫌疑，但是这种举动背后体现出他们对融入中原文化的渴望。

第二，接受正统教育。

李光弼神道碑《武穆王李公（光弼）神道碑铭》记载了这么一个有趣的事："公年六岁，尝抚鹿而游，蓟公视而诲之曰：'儿勿更尔。'公振手而起，遂绝不为童戏。"李光弼小时候贪玩，他爸爸李楷洛见到后就说以后别这么玩了，于是李光弼从此再也不玩耍游戏了。中国古人的儿童教育有个特点，就是强调"幼不戏弄"，越像小大人越好，不玩耍游戏最好。现在看来这是儿童教育的一个缺陷，但是李光弼就是以这种模式培养起来的。

李光弼从小熟读《左传》《史记》《汉书》。他的母亲非常严厉，即便在李光弼当官以后，李光弼有了小的过错，太夫人仍然要斥责他，而李光弼吓得不敢吭声。虽然是契丹出身，但李家俨然已经融入了中原文化之中，这看起来不就是一个严肃的中原士大夫家族吗？李光弼后来那种严肃的性格可能与这种家庭环境密切相关。

史书记载李光弼“少从戎”，表明他尚未成年就被父亲投入疆场去经风雨见世面。这段时间天下太平，所以他的仕途波澜不惊。但是后来他跟随了一个人，对他产生了重大影响，那就是唐朝名将王忠嗣。

王忠嗣是个有谋略、有担当的人，曾经一身兼河西、陇右、朔方、河西四节度使，《资治通鉴》卷二一五说“忠嗣杖四节，控制万里，天下劲兵重镇，皆在掌握”。王忠嗣虽位高权重，但是他从来不追求个人名利。唐玄宗命令王忠嗣去攻打吐蕃石堡城。石堡城位于青海，地势非常险要，易守难攻，而且吐蕃在这里进行了精心的防御部署。王忠嗣不愿意打，他认为这一仗没有必要，拿下石堡城当然好，拿不下来对他们也没有战略性的影响，而且他预计这一仗起码要死亡数万人。王忠嗣历来爱护士卒，不愿意打，但是唐玄宗催促得特别急。

李光弼看在眼里急在心里，他非常爱戴这个老上级，王忠嗣平日也很器重他。所以他去找王忠嗣，想劝劝他。这是皇上的意思，最好不要违背。李光弼甚至还有误解：您是不是舍不得重赏将士？别因小失大丢了官。《资治通鉴》卷二一五记载，王忠嗣回答说：“忠嗣今受责天子，不过以金吾、羽林一将军归宿卫，其次不过黔中上佐；忠嗣岂以数万人之命易一官乎！”大意是，我就是受了处罚，最多就是免了我的节度使，让我到京城担任个金吾或羽林将军，最差不过贬我到南方当个小官。我岂能牺牲数万人的性命来保全我的官职？

李光弼很感动，他说："今大夫能行古人之事，非光弼所及也。"大意是，王忠嗣您身上有古风，我李光弼望尘莫及。

此事对李光弼有巨大影响。史家评论李光弼"工于料人而拙于谋己"，善于为他人考虑、善于举荐人才，但是却不善于为自己的前途考虑。李光弼一生就是如此，王忠嗣何尝不是如此！他果然因此而免官，并且遭到权臣李林甫陷害，差点被处以死刑。天宝六年（747）被贬到汉阳（今属湖北），天宝八年（749）暴病而亡，时年四十五岁。李光弼的这位老上级就是"工于料人而拙于谋己"的典型。

李光弼就是这样成长起来的。家庭教育养成了他严肃认真的性格，多年的军旅生涯使他积累了丰富的军事斗争经验。老上级王忠嗣的榜样让他有了担当精神，为了责任可以牺牲个人利益。

接替王忠嗣的是安思顺。安思顺虽然也很欣赏李光弼，但是李光弼却有个心结，陷害王忠嗣的是李林甫，而安思顺是李林甫的朋友。他接替王忠嗣也是李林甫推荐的，那安思顺就是李林甫一党的，所以李光弼始终与安思顺保持一定距离。李光弼妻子去世的时候，安思顺想把自己的女儿嫁给李光弼，但是被李光弼托病婉拒了。

幸亏这门婚事没成，安思顺不是别人，他是安禄山的族兄。安禄山本姓康，小时候随母亲改嫁后改姓安，实际与安思顺无血缘关系。虽然安思顺对唐王朝忠心耿耿，但是安史之乱爆发后还是受到了牵累，先是被免去军权，然后遭到哥舒翰的诬告陷害，被赐死家中。假如李光弼是他的女婿，还有资格带领数十万大军去和安禄山战斗吗？只怕这颗将星还没升起就陨落了。

因为对安思顺有戒心，和安思顺有关的人，李光弼都保持距离。安思顺手下有个爱将，李光弼和他就是一起开会，一个盘子里吃饭，两人也一句话不说，这名爱将就是郭子仪。未来平定安史之乱的两位元勋，最初竟然关系如此冷淡。

安史之乱的爆发给了李光弼一个驰骋的舞台，乱世英雄横空出世。当时李光弼被任用，在朔方军中供职。应该说，朔方军是安史之乱爆发后所有唐军之中反应最快、行动最积极的部队，李光弼的宏图大业就此起步。

他在平叛战争中的行动可以分为如下几个阶段：

第一，与郭子仪合兵阶段。

安史之乱爆发后郭子仪当了朔方军节度使，取代了安思顺。李光弼很不服气，两人关系很不好。但是李光弼仍然率军接连与敌人作战，取得了几场胜利。两个月以后，皇帝想派遣一位得力将军袭扰河北，打击敌人大本营，要郭子仪举荐。郭子仪是个外举不避仇的君子，虽然和李光弼关系不佳，但是谁也无法否认李光弼是一个不可多得的将才，所以郭子仪就推荐了李光弼。李光弼以为郭子仪要借机铲除他，于是请求郭子仪放过自己的妻儿。郭子仪却说此事非君不可，我推荐你是为国分忧，而非出于私怨。李光弼非常感动，二人尽释前嫌。

李光弼出任河东节度使，率军东出河北，很快收服了常山郡。常山郡的军民合力诛杀叛军响应李光弼，还擒获了敌军主将安思义，从姓名判断安思义极可能和安禄山同族。他被抓后，李光弼亲自审问，告诉他要想活命，就好好提建议，该怎么样对付史思明。此时史思明正率领大军向常山郡扑来。李光弼此前都是和敌人偏师进行战斗，这还是第一次面对敌人主力。安思义建议：叛军擅长冲锋格斗，但是却不善于打持久战，李光弼的部队在野战里占不了便宜，最好是据城固守，消磨史思明大军的锐气。

李光弼听从了他的建议，将军队移入常山城中，坚守城池。史思明大军的人数是李光弼守城士兵人数的两倍，李光弼巧妙与其周旋。他在作战时注意以坚城为依托，积极出击；不是死守不出，而是注意用积极防御的战术消灭敌人有生力量。史思明在这一仗里犯了一个错误，他急躁冒进，带着骑兵赶来，步兵部队落在后面，这样就没有了步骑协同作战。李光弼抓住这一点，先是用强弓劲弩压制住敌人骑兵，然后根据情报派遣一支骑兵、步兵混合部队偷袭敌人步兵，趁敌人正在吃饭的时候发起突袭，大败敌军。史思明在这场战争中的第一回合大败。

此战充分反映出李光弼的作战风格——长于守城，而和郭子仪、仆固怀恩等人相比野战能力稍差。

其后李光弼分兵把守各个已经收复的城市，史思明吃一堑长一智，避免与李光弼直接作战，派兵去骚扰唐军粮道，四十多天后李光弼有些支持不住了。就在此时郭子仪率军前来支援，步骑兵加起来有十多万人，唐军士气大增，接连大败史思明。史思明最惨的时候马也丢了，鞋也没了，拄个破枪杆到处找队伍。郭子仪、李光弼联合上书朝廷“坚守潼关、北攻范阳”，要求朝廷坚守潼关不出，他们去直捣敌人大本营。

就在此时，在奸相杨国忠怂恿下，唐玄宗逼迫潼关守军出战，导致官军大败，长安失守。郭子仪、李光弼不得不放弃河北，前往灵武支持新登基的唐肃宗。

第二，保卫太原。

唐肃宗任命李光弼为户部尚书，兼太原尹、北京留守，负责保卫太原。此处的“北京”指的是太原，不是今天的北京。唐代最多时候曾有五都，太原是北都。

由于刚吃了大败仗，唐政府拿不出更多的兵力，只给了李光弼五千兵马。李光弼来到太原，招募地方部队，加起来也不足万人。他的对手算得上是“老朋友”了，又是史思明。这次史思明带着十万兵马，占据绝对优势，史思明预言太原“指掌可取”，他计划迅速拿下太原，拿下太原后直扑朔方军根据地，彻底消灭唐朝。所以太原保卫战至关重要。

这一仗李光弼把他的守城特长发挥得淋漓尽致。他制作了很多抛石机远程打击敌人，经常用弩弓发射利箭，并且把他的地道战战术运用得炉火纯青。以往地道战常常被攻方用于攻城，李光弼反过来，从城里往城外挖地道。李光弼部队里有铸钱工人，善于挖掘地道，于是他就让他们充当工兵。敌军经常在城下骂阵挑战，有个人每次都站在同一个位置。李光弼决心拿他小试牛刀，让工兵挖好地道等着。那人果然又来骂阵，唐兵突然从地下攻来，拽着那人的腿就拖入地道，然后拉上城楼斩首，敌人看了无不胆寒。

敌人使用攻城器械，或者修筑土山想盖过城墙，李光弼就挖地道通到敌人下面，让敌人的器械陷入地穴，或者使土山崩塌。

李光弼还使用诡计，声称要投降，敌人信以为真。数千唐军出城做投降状，敌军欢欣鼓舞，很多人跑出来看热闹，殊不知他们脚下李光弼又给下套了。他事先派人挖掘地道通到敌人军营前，坑道顶部先用木头支撑着，等上面人越挤越多的时候，坑道就塌陷了，很多敌军或者摔死，或者死于踩踏。这种战术使得敌人胆战心惊，扰乱了敌人军心。有一段时间敌人在军营中走路眼睛都盯着地，生怕李光弼冒出来。他们给李光弼送了一个外号——“地藏菩萨”，地藏菩萨乃是佛教四大菩萨之一，叛军简直对李光弼敬畏如神明。

李光弼就这样和敌人斗智斗勇，坚守城池一个多月，此时安禄山已经被安庆绪所杀。史思明眼看太原城是没可能打下来了，于是借口安庆绪要他保卫河北，自己先走了，留下部将继续攻城。叛军兵力削弱、军心不稳，李光弼看到反击的时机成熟了，于是主动出击，大败敌军，一举歼敌七万余人，取得了这一阶段内唐军最大的胜利。

这一仗奠定了李光弼的赫赫威名，在中国军事史上也留下浓墨重彩的一笔。

第三，招降史思明。

安禄山被安庆绪杀死之后，史思明并不服气，他看不起安庆绪，又不想腹背受敌，于是明面上向唐朝递投降书，暗地里继续招兵买马，图谋不轨。紧跟着发生了一件事，与李光弼有关，而且此事扑朔迷离。

史思明虽然投降，但是据说李光弼对他一点也不信任，暗地里想杀死他。当时唐肃宗封史思明为归义王、河北节度使，还派了一个将军叫乌承恩去宣慰。但是有史料记载，李光弼暗地里嘱咐乌承恩，找机会杀了史思明。乌承恩的父亲对史思明有恩，所以派遣他去比较合适，史思明不会心存戒备。乌承恩到了范阳，想拉拢史思明的部将，有部将就把这个情况报告给了史思明。史思明很恐惧，觉得朝廷要对自己动手，但是又没有什么证据。乌承恩有个小儿子在范阳，史思明说你们父子好久没见了，就住在馆舍里吧。在乌承恩住的地方史思明预先做了安排，寝床下暗伏了两个人。半夜时分乌承恩对儿子说了实话："我是奉命来杀此贼的，杀了史思明我就成节度使了。"

床下二人一听，这下子确凿无疑了，于是大呼而出。史思明将乌承恩父子抓住，大骂道："我对你也不薄，你为何这样对我？"乌承恩说是李光弼指使。史思明搜查乌承恩行李，的确发现了李光弼给乌承恩的牒文，还有一份名单，上面写着计划杀死的史思明集团成员姓名。史思明大哭说朝廷负我，然后将乌承恩父子杀死。朝廷还想安抚他，派使者解释说朝廷和李光弼绝无此意，是乌承恩自作主张等等。但是史思明不听，不久又叛乱了。

按照这样的史料记载来看，是李光弼逼反了史思明，但也有历史学家认为逼反史思明不是李光弼做的。胡三省认为乌承恩带着牒文和名单进史思明馆舍不可理解，带着白纸黑字干什么？李光弼那么聪明，怎么会让乌承恩干这么愚蠢的事？胡三省音注《资治通鉴》卷二二〇记载："盖思明因承恩言，伪为此牒，抗表以罪状光弼；又伪为簿书，籍将士姓名以激怒之，使与己同反而无他志。"李光弼认为史思明是原本就有反心，那些牒文和名单都是史思明为激怒将士而伪造的，这样一来，那些名列名单的将士还不得死心塌地跟着他？

此事疑点很多，不过李光弼的确有杀史思明的动机。李光弼看人很准，史思明就是个反复无常的人，不杀他后患无穷。至于乌承恩是不是他指使的只能存疑了。其实有无这件事都不能阻止史思明造反，此人就是狼子野心。

第四，相州败北。

安庆绪此阶段内被唐军包围在相州城里，六十万唐军将这城围得水泄不通，安庆绪不得不向史思明求援。为了让史思明来，他特地提出可以把皇位让给史思明，于是史思明率大军南下救援相州。

唐军包括郭子仪、李光弼在内一共九个节度使，但是皇帝觉得郭子仪、李光弼功劳相当，任命谁当总指挥都不合适，于是不设总指挥，只任命宦官鱼朝恩为监军（称作观军容使），这个荒唐的决定彻底葬送了胜利的局面。

史思明大军到了魏州之后再也不前进。李光弼准确预见到这是敌军的疲敌之计，想趁唐军懈怠发动突然袭击，他认为应该联合郭子仪以主力迎击史思明。史思明多次败在二人手下，必定不敢出战。而其余部队加紧围攻相州，相州一旦攻破，史思明也就失去了进军的动机，他的手下也会丧气。

问题是李光弼说话不管事，没有总司令，再好的建议谁来拍板？唯一一个能拍板的鱼朝恩还是个军事外行，他觉得相州城指日可破，何必节外生枝？于是他拒绝了李光弼的建议。

李光弼不愧是史思明的老对手，对史思明心理揣摩很准，史思明就是打算靠拖延时间消磨唐军斗志。他不断派出小股部队骚扰唐军粮道，袭击唐军落单人员，搞得唐军人心惶惶。最后史思明觉得差不多了，时机成熟了，于是出动全军与唐军决战。

唐军缺乏最高指挥的弊端此时显露无余。李光弼、王思礼部先与敌军接战，郭子仪殿后。就在此时一阵狂风刮来，对面不辨敌我，唐军惊慌，竟然发生了骚乱，各部行动不一，有的逃跑，有的坚守。耐

人寻味的是郭子仪部队先溃散，而李光弼和王思礼的部队最为完整，徐徐撤退。此战大败，但是李光弼的部队最为人所称道——战斗力、纪律性都是最强的。

第五，保卫河阳。

相州战役失败后李光弼决定放弃洛阳。因为洛阳无险可守，粮食也不多了，他决定退保河阳。河阳正好处于洛阳和长安之间，这样就迫使敌人不得不来攻打河阳，而无法去打潼关以威胁长安。史思明调动主力，恨不得一口吃掉李光弼，他在城下指名要李光弼出来见面。李光弼在城上对他说："尔为逆虏，我为王臣，义不两全。我若不死于汝手，汝必死于我手。"（《武穆王李公（光弼）神道碑铭》）

这又是一场腥风血雨的战斗，惨烈程度空前。李光弼再度发挥了他守城的特长，督军苦战，上下一心。他靴子里一直藏着一把匕首，他告诉大家："要是牺牲，我和大家一起死。"而且他再次展现了他的智慧。

敌人将一千多匹战马放牧到河边。李光弼看到之后，找了五百匹母马，将母马从城中赶出。母马思念小马，不断嘶鸣。敌人的战马都是公马，于是浮水游到对岸，跑到唐军这边，史思明这一千多骑兵就这样变成步兵了。

还有一次李光弼带军出城去支援另一支部队。出来的时候声势浩大，晚上却悄然返回，出城时他还跟留守将领说："敌军一定会来攻打你，他们投降时你带敌军将领来见我。"大家都觉得不可思议，敌人为何要主动投降？原来敌军将领来之前史思明吩咐过，这次好不容易逮着李光弼的行踪，一定要成功，抓不到李光弼别回来。那人带军来了一看，李光弼不知踪迹，回去就是死罪，于是下令就地投降唐军。李光弼善于守城，史思明总觉得占不了便宜，好不容易李光弼出城了，一定要抓住他。李光弼揣摩到史思明求胜的急切心理，也知道他会把手下逼得没有退路，所以才有出城前的这番话。

就是靠着这样斗智斗勇，李光弼保住了河阳，保卫了长安，最终大量消耗敌人的有生力量，史思明龟缩在洛阳一筹莫展。李光弼因功被拜为太尉兼中书令。

有了如此大的功勋和崇高的待遇，为什么说李光弼是个悲剧英雄？这个与李光弼的性格、出身和当时的政治局势密切相关。

李光弼性格严肃，不苟言笑，治军严厉，而且从来不懂得“圆滑”二字怎么写，因此无论军内军外他都有不少敌人。人们对郭子仪是敬爱，对他是敬畏。虽然敬畏能塑造战斗力，能打胜仗，可是对于李光弼个人是不利的。李光弼的确是“工于料人而拙于谋己”的典型，放在和平年代李光弼不会有事，可是谁让安史之乱是当时阴谋与叛乱、怀疑与谣言的时代？

李光弼与他人的矛盾主要有以下两方面：

第一，与部将的矛盾。

李光弼治军非常严厉，军纪严，督战严。他的军队在战场上丝毫不敢私吞财产，不论是老百姓的还是敌人的。按理说这是好事，可是有部分军人不高兴。安史之乱后国家军队急速扩充，难免鱼龙混杂，其中有些人的确抱着发财和趁火打劫的目的参军。李光弼的严厉让他们无法得逞，自然会有怨言。比如仆固怀恩的儿子仆固玚就曾经强抢敌人将领的妻子，李光弼让他送还，他不干，还让部下守卫着。李光弼武力夺回此女，接连射杀七人。仆固怀恩就非常恼怒，李将军竟然为一个女子杀官兵？这哪里是为什么女子，这是为了军纪。可是不管李光弼怎么有理，这梁子是结下了。

李光弼督战也非常严厉，他经常派出使者提着刀在本方阵营中来回穿梭，一旦发现有人后退立即挥刀斩首，仆固怀恩、郝廷玉等名将都曾经差点被这样取了脑袋。所以李光弼走到哪里都不受欢迎，早先他接替郭子仪指挥朔方军的时候就曾经引发轩然大波。朔方军功勋卓著，但是某种程度来说也被惯坏了，习惯了郭子仪的宽松治军，因此不服李光弼。“是时朔方将士乐子仪之宽，惮光弼之严”（《资治通鉴》卷二二一），李光弼知道这些，所以选在半夜带人突然进入军营，掌管了印绶。左厢兵马使张用济非常不满：“半夜突然入营是啥意思？你把我们当敌人？”于是他组织精锐骑兵，计划驱逐李光弼，上书朝廷请郭子仪回来。仆固怀恩把这事给挡了：“你这不是谋反吗？”还有将领也说万万不可，这不是害郭将军吗？这叫兵变，别人会认为是郭将军指使，想让郭将军满门抄斩是吗？张用济这才罢手。但是李光弼没有饶恕他，而是将其斩首示众。

第二，与宦官的矛盾。

当时有两大宦官，程元振和鱼朝恩，这两人都跟李光弼作对。其实从根本上来说，宦官是代表皇帝与武人集团相抗衡。安史之乱起于武人，在镇压安史之乱的过程中，又不断有武人叛乱，武人集团因此成了皇权警惕的对象。李光弼功高盖世，所以和郭子仪一样成为他们的目标。据《新唐书》记载，程元振“素恶李光弼，数媒蝎以疑之”，媒是酒母的意思，蝎是木中蠹虫，意思是暗地里陷害人。鱼朝恩也是如此。

李光弼与将领和宦官的矛盾在邙山之战中显露无遗。当时对阵的仍是老对手史思明，这次是李光弼一生中少有的败仗，但是责任还真不在李光弼身上。首先，李光弼不同意出战。史思明当时在寻找和唐军野战决胜负的机会，所以到处散布谣言说叛军思念北方，军心涣散。李光弼敏锐觉察到这是阴谋，所以不同意出战。但是鱼朝恩前面在相州丢了脸，就想找补回来，急于决战。仆固怀恩也说可以一战，更给了鱼朝恩底气，于是皇帝多次派使者督促李光弼出战。李光弼不得不率部进攻洛阳，在邙山与敌人决战。战斗开始前，就阵形问题仆固怀恩与李光弼又闹矛盾。李光弼主张在地势险要之处布阵，仆固怀恩说我的部队都是骑兵，地势平坦才能作战。两人争执不下的时候敌人发动了进攻，唐军大败，数千人阵亡。李光弼上书朝廷请罪，朝廷委派他出镇位于淮河流域的临淮，那里是次要战场。虽然此后李光弼被图像于凌烟阁，但是仍然要看到，李光弼实际上受到了冷落。

这一仗，从出战到战场布置，宦官也好，部将也好，都起到了掣肘的作用。这就是李光弼所面临的环境，可谓非常不利。

紧跟着发生了一件大事，吐蕃进犯。皇帝出逃，并且向天下征集勤王兵马，但是耐人寻味的是，李光弼没有来。《旧唐书·李光弼传》记载说："光弼与程元振不协，迁延不至。"大意是，李光弼因为与宦官的矛盾，竟然敢置国家安危于不顾，可谓罪莫大焉。但实际上这事没这么简单，在此之前曾发生过来瑱事件。来瑱也是个立有很大军功的将领，程元振因为在他这里走后门不成所以记恨他，在唐代宗面前进谗言说他尾大不掉，有谋反野心，来瑱被皇帝赐死。此事在诸多节度使心中产生强烈震动，仆固怀恩之所以叛乱与此事有关，李光弼也怕程元振要害他。《新唐书·李光弼传》记载："相州、北邙之败，朝恩羞其策缪，故深忌光弼切骨，而程元振尤疾之。二人用事，日谋有以中伤者。及来瑱为元振谗死，光弼愈恐。"鱼朝恩总想把相州、邙山战役的失败归罪到李光弼头上，对李光弼恨之入骨。程元振比鱼朝恩有过之无不及，李光弼怎么敢来？

可是这件事对李光弼的名誉构成了伤害，有些人不理解李光弼的苦衷，认为他是不忠。李光弼冒死苦战八年，这是不忠之人能做出来的？所以说奸臣误国首先是陷忠良于不义，鱼朝恩、程元振就是这样对待李光弼的。李光弼英雄一世，论战绩甚至超过郭子仪，但是却在这个特定的时代遭到了无端的猜疑。这是个礼崩乐坏的时代，是个人与人相互怀疑的时代，李光弼也逃不过时代宿命。

此事件后的第二年，李光弼就在愤懑中去世，天下人无不扼腕叹息。我们说他是悲剧英雄，不是说他死于非命，而是指他无端遭受中伤。对于一个接受正统儒家教育、披荆斩棘为国效忠的人来说，还有被诬陷为不忠更令人愤懑的吗？《新唐书·李光弼传》如此评价李光弼一生："及困于口舌，不能以忠自明，奄侍内构，遂陷嫌隙，谋就全安，而身益危，所谓工于料人而拙于谋己邪。……呜呼，光弼虽有不释位之诛，然谗人为害，亦可畏矣，将时之不幸欤！"

仆固怀恩

成也回纥，败也回纥

「怀恩不反，为左右所误。」《旧唐书·仆固怀恩传》

要说凌烟阁一百多位功臣里的悲剧人物，排名第一的无疑要数仆固怀恩了。他是个功臣，又是个叛臣。他功劳极大，冤屈极大，罪过也极大，而且这一切都是在误会、野心、贪欲多重因素作用下产生的。他本人也好，唐王朝也好，在这场叛乱事件中都是失败者，没有赢家。那么仆固怀恩究竟是个什么样的人?

仆固怀恩是铁勒族人，这个身份一方面决定了他身上有骁勇善战的血液，另一方面又为他被猜忌埋下了伏笔。他年轻时先后跟随过王忠嗣、安思顺，这两位都是当时有名的将领，在他们手下仆固怀恩干得很出色。《旧唐书·仆固怀恩传》给了他这样的评价:“善格斗，达诸蕃情，有统御材。”仆固怀恩能打，又通晓民族事务，有帅才，所以年轻时的仆固怀恩顺风顺水。

仆固怀恩的性格决定了他的命运，《旧唐书·仆固怀恩传》记载："怀恩为人雄毅寡言，应对舒缓，而刚决犯上，始居偏裨之中，意有不合，虽主将必诟怒之。"仆固怀恩有将领应有的气质，沉稳寡言。最大的优点是军纪严明，不徇私情。有一次他的儿子仆固玢率军打仗，战败投降了敌方。但是仆固玢找了一个机会跑回来了。仆固怀恩恼怒他曾降敌，命令将他推到阵前斩首，全军将士无不战栗，从此再没有人敢不勇猛死战。

但是仆固怀恩耿直固执，敢于犯上。一旦发起脾气来不管不顾，早年还是偏将的时候，与主将有不同看法，一定力争，甚至诟骂。这种性格一生如此，后来他遇到冤情就迁怒于皇帝，最后的造反也与这种性格有很大关系。

仆固怀恩报复心理很重。在平定安史之乱过程中，有一次一个将领聊天谈到史思明，张嘴就说史思明到底是个胡人，怎么可能对国家尽忠？说这话的时候还瞟了仆固怀恩一眼。仆固怀恩嘴上不说什么，但是记恨在心，因为他也是个胡人。后来在战场上他找机会一箭射死了此人，回来报告说此人阵亡了。

放到安史之乱那种四处战火、中央权威衰落的大背景下，这种性格再加上自身位高权重，很容易给国家和他自己带来大的灾祸。把他推向人生顶峰，又把他带入深渊的，就是安史之乱。

他在战争中的主要功勋有如下几点：

第一，拥立之功。肃宗前往灵武登基的时候，仆固怀恩跟着郭子仪来到灵武，拥护肃宗。这一点非常重要，因为肃宗是舍弃了他父亲玄宗而来，身边只有大约两千兵马，等于是赤手空拳，所以军方的支持至关重要，也正因为如此仆固怀恩有了拥立之功。

第二，结盟回纥。在平定安史之乱的过程中，唐朝得到了一个强力外援——回纥。回纥是突厥别部，与唐朝关系一直良好，曾经和唐朝一起并肩作战。这次安史之乱爆发，回纥派遣军队帮助唐朝平叛。回纥骑兵以骁勇善战闻名，而且安史叛军中很多人以前和回纥打过交道，领教过他们的厉害，所以唐朝对这个外援非常看重。而仆固怀恩在这方面做出了贡献，他受朝廷委派，与回纥商讨结盟。由于他是铁勒族出身，铁勒与回纥血缘比较接近，所以派他去很合适。他也不辱使命，顺利达成协议。后来他还把一个女儿嫁给了可汗之子，这个女婿就是后来的登里可汗。

第三，平定安史之乱战功卓著。要论平定安史之乱的功劳，郭子仪、李光弼毫无疑问要排在前两名，那么第三名就应该是仆固怀恩了。安史之乱爆发的时候，仆固怀恩正在郭子仪麾下。当时郭子仪采取积极的迂回攻击战略，不断骚扰敌人侧后方，沿着北方长城一线接连与敌人展开大战。后来又跟随李光弼转战河北地区，在此期间，仆固怀恩贡献巨大，《旧唐书·仆固怀恩传》记载，仆固怀恩“坚敌大阵，必经其战，勇冠三军”。他的另一个儿子叫仆固玚，作战勇猛程度比起他父亲来有过之无不及，军中人称“斗将”——将军都好斗，他在将军中以好斗著称。

仆固怀恩是如何从一个忠臣变成叛臣？

要说仆固怀恩一开始就怀有反心，那肯定是冤枉他了。他对国家的感情是真实的，就说那个杀子警示全军的事件，一个人能为国家的战事亲手斩杀儿子，残忍也好，铁面无私也好，起码此时他对国家是忠心耿耿的。为了平定叛乱仆固怀恩在战争中牺牲的不光这个儿子，仆固怀恩家一共牺牲了四十六人。谁又能说他对唐朝不忠？

在李光弼手下当将领的时候，他做事还是很有分寸的。他稍有不快就会发火，但是在李光弼手下他还是很能忍的，说明此时的他以大局为重。郭子仪是个宽待部下、深孚众望的人，而李光弼是个非常严肃、治军严整的人。这两人仆固怀恩都跟过，他爱戴郭子仪，对李光弼不满。《旧唐书·仆固怀恩传》记载："光弼持法严肃，法不贷下，怀恩心惮而颇不叶。"大意是，他对李光弼有惧怕，也有所不满。但对国家忠诚问题上，仆固怀恩还是以大局为重的。朔方军里有个叫张用济的将领，他对李光弼极其不满，曾经想趁李光弼立足未稳把他赶跑。张用济集结了精锐骑兵，整装待发去驱逐李光弼，并且计划随后再向朝廷请命，要求郭子仪回来指挥朔方军。仆固怀恩站出来阻止，他说朝廷任命李光弼自然有朝廷的道理。《资治通鉴》卷二二一记载说："今逐李公而强请之，是反也，其可乎！"仆固怀恩认为动兵驱逐李光弼是谋反，万万不可！硬生生把这个事给摁住了。你看此时的仆固怀恩，完全是站在国家大局角度考虑问题的。

在战场上仆固怀恩也以身作则，完全服从李光弼的指挥。在一次大战中，敌我双方胶着不下，李光弼命令诸将奋勇向前，不得后退，他本人亲自督战，谁退缩就杀谁。仆固怀恩和儿子仆固玚与敌激战，稍有退却，一回头看见李光弼的使者提着刀直奔他们父子而来。仆固怀恩赶紧招呼儿子，上上上！趁着使者还没赶到，父子二人转身再次杀入敌阵，终于大败敌军。

所以说仆固怀恩原本是对国家很忠诚、尽职尽责的。朝廷待他也不薄，无论是郭子仪还是李光弼当朔方军首领，仆固怀恩都被任命为副手，后来又因功受封为大宁郡王、御史大夫、朔方行营节度。皇帝还曾特地命令把御膳赐给他以示恩宠。那么是什么导致他变成一个叛臣了？有两大原因。

第一个原因，皇帝的猜忌。这依然和回纥有关。回纥在帮助唐朝收复长安、洛阳方面厥功至伟，这点不假。但是回纥由此变得非常骄傲，烧杀抢掠，欺侮唐朝官吏，人民怨声载道。尤其是唐代宗即位之后不久，回纥登里可汗率领十万铁骑南下，目的不明。甚至有传言说他是受到了史朝义的引诱，来和安史叛军联合。唐朝对回纥此番前来的目的无法判断，因为此前唐朝也曾派使者请登里可汗出兵打史朝义，那么问题的焦点就在于——登里可汗是来帮谁的？正在犹疑的时候，机会来了，登里可汗主动要求与仆固怀恩及仆固怀恩的母亲相见。登里可汗不是别人，正是仆固怀恩的女婿，应妻子的要求提出这个邀请也是情理之中。唐代宗觉得这是个试探登里可汗口风的好机会，可是仆固怀恩不敢去。当年回纥骑兵是他邀请来帮助平叛的，可是功劳大，罪过也大，回纥那些烧伤抢掠的行为已经让不少人对仆固怀恩不满，所以《旧唐书·仆固怀恩传》记载说“怀恩嫌疑不敢”，他怕惹上与回纥勾结的嫌疑，这次不敢去。可是唐代宗希望他去，“上因赐铁券，手诏以遣之。”铁券是一种铁质瓦状文书，上面一般写着皇帝给予持有人的某些特权，比如免死，比如不加罪等。皇帝给仆固怀恩铁券且亲手写了诏书，就意味着此番去回纥，不论结果如何皇帝都不会怪罪，让仆固怀恩放心前去。

仆固怀恩这才敢带着家人和登里可汗在太原相见。见面效果很好，登里可汗答应帮助唐朝攻打叛军，仆固怀恩算是不辱使命。可是后来唐朝官员在和可汗商量行军路线的时候可能得罪了登里可汗，登里可汗骄狂劲又发作了。他竟然在和皇太子李适见面时以太子不向他行大礼为借口，将太子手下四人每人搒打一百下，其中两人身亡。这件事大大羞辱了唐朝。唐代宗开始对仆固怀恩有所猜忌：你女婿登里可汗到底想干什么？你作为岳父又起到了什么作用？不过后来回纥配合唐军大败叛军，皇帝也只好睁一只眼闭一只眼。

第二个原因，政敌的诬陷。这也是猜忌、误会、互不信任的结果。在那个战乱的年代里，背叛、阴谋成了家常便饭，人与人之间只有利益的维系，猜忌无处不在。而仆固怀恩日桀骜不驯的性格使他无意中得罪了许多人，最后这些矛盾逐渐发酵、放大了。

仆固怀恩这辈子成也回纥，败也回纥。早先仆固怀恩与登里可汗在太原相见的时候，太原守将辛云京怀疑此番回纥前来是仆固怀恩招致的，辛云京一直对回纥很反感，所以也就对仆固怀恩没好气。仆固怀恩在对待安史叛军降将时采取的是怀柔政策，一般仍然让他们带领旧部，以示信任。而大将李抱玉、辛云京对此表示怀疑，他们认为仆固怀恩收买叛军心，别有所图，还上书皇帝恳请注意。《资治通鉴》作者司马光大约也和他们想法一致，《资治通鉴》卷二二二写道：“怀恩亦恐贼平宠衰，故奏留嵩等及李宝臣分帅河北，自为党援。”意思是仆固怀恩担心叛军被彻底平定了，自己也就不受重用了，所以故意留点尾巴，让安史之乱的叛将继续统领旧部，占据河北地区。要这样说的话仆固怀恩罪过大了，因为安史之乱之后唐朝进入了一个藩镇割据的时代，河北地区问题最严重，河北地区的军阀多半是安史旧部，仆固怀恩不就成了藩镇割据的始作俑者？但问题在于，以怀柔政策安抚降将是唐朝一贯的举动，唐太宗安抚过尉迟敬德、秦琼，唐高宗安抚过黑齿常之，武则天安抚过李楷固，怎么到了此时就是阴谋了？李抱玉和辛云京都拿不出过硬的证据，但是辛云京仍然怀疑仆固怀恩。

仆固怀恩来太原见登里可汗的时候，辛云京就曾经闭门不纳，不让其进城。等到战事告一段落，皇帝让仆固怀恩礼送回纥出境，再次路过太原，又吃了闭门羹。别说开城门了，就连出城摆个酒席招待一下的人都没有。

此时仆固怀恩的心态已经和以前不一样了，此时的他因功被封为河北副元帅、尚书左仆射兼中书令，地位崇高，可是辛云京竟然还是对他如此猜忌，所以仆固怀恩大为不满，《旧唐书·仆固怀恩传》记载说“怀恩怒，上表列其状”。

辛云京这边依然我行我素。宦官骆奉先到太原公干，辛云京热情招待他。这个骆奉先和仆固怀恩关系不一般，曾经是结拜兄弟。可是辛云京在他面前大谈仆固怀恩肯定是心怀鬼胎，与回纥合谋，有通敌之嫌。虽然没证据，但不妨碍他大谈特谈。这就是古人所云疑邻人偷斧，阴谋论就是这样，一旦你觉得某人是在搞阴谋，你就会越看越觉得他像，越看越觉得有猫腻。阴谋论只要结论不要证据，你一旦问他“证据何在”，他肯定说“这是阴谋，阴谋能让你看到证据吗”。不敢说所有阴谋论都是瞎扯，但起码大多数逻辑上属于“不可证伪”，不可证伪都是站不住脚的。

与此同时，辛云京还给骆奉先送了很多财宝，意思是让他回去在皇帝面前帮自己说话。骆奉先接受了贿赂。回京途中经过仆固怀恩的驻地，仆固怀恩主动宴请他，毕竟是结拜兄弟。酒酣耳热之际，仆固怀恩的母亲突然发难，老太太对骆奉先说：“既然你和我儿结为兄弟，为什么又去亲近辛云京？对得起我们吗？不过你要是能痛改前非，我们还是母子兄弟。”骆奉先听了之后出了一头汗。

为了缓和气氛，仆固怀恩站起来跳了一场舞。骆奉先强颜欢笑，按照风俗给他送上绸缎，但是心里已经开始敲鼓了。他想趁早离开此地，于是借口公务繁忙要告辞。仆固怀恩说忙什么，明日是端午节，过了节再走。为了留住骆奉先，他还让人把骆奉先的马藏起来了。回到客房，骆奉先对手下说：“向者责吾，又收吾马。是将害我也。”（《旧唐书・仆固怀恩传》）于是他们连夜翻墙逃跑了。

这下子矛盾彻底激化，仆固怀恩意识到骆奉先是彻底和自己决裂了，于是他上书朝廷，指责辛云京、骆奉先无端怀疑自己，诬害忠良。而辛云京、骆奉先则联手举报仆固怀恩谋反，双方吵得不可开交，甚至都提出要将对方斩首示众。皇帝虽然对仆固怀恩也有怀疑，但是没有过硬的证据。仆固怀恩为国家做出那么大贡献和牺牲，没有证据何以服众？因此皇帝也惶惑不决，于是两边都不追究，还下诏要求他们和解，但这个梁子结下了。

也就在这个时候，唐代宗命令将太子李适、郭子仪、李光弼、仆固怀恩等人的画像挂到凌烟阁上。此时把仆固怀恩的画像列入其中，说明皇帝还想挽回局面，笼络仆固怀恩，但是看来也无济于事。

愤懑之中的仆固怀恩给皇帝写了一封充满愤怒、哀怨和悲壮情绪的奏疏，这封奏疏全文保留在《旧唐书·仆固怀恩传》中。唐代的奏疏当中，大概这件算是最令人感慨的了，我们选择重要字句来看一看。

奏疏开篇，仆固怀恩回顾自己的戎马生涯，将自己的辛劳、苦难、坚韧一一摆出。他说："兄弟死于阵敌，子侄没于军前，九族之亲，十不存一，纵有在者，疮痍遍身。"全家上阵杀敌，幸存者连十分之一都不到，即便活着的也都是遍体鳞伤。他回顾了自己和李抱玉、辛云京、骆奉先等人产生矛盾的过程，指出这些都是误解与诬陷，然后给自己列了六大罪。

"臣不顾老母，走投灵州。先帝嘉臣忠诚，遂遣征兵讨叛，使得河曲清泰，贼徒奔亡。是臣不忠于国，其罪一也。"当年肃宗去了灵武，他不顾老母前去追随，然后率军平叛，这是他的第一大罪。

他的儿子仆固玢被敌人俘虏后跑回来，为严肃军纪杀死了儿子。"且臣不爱骨肉之重，而徇忠义之诚，是臣不忠于国，其罪二也"，为了国家利益不爱惜骨肉，这是他的第二大罪。

他有两个女儿，都为了国家出去和亲，"为国和亲，合从讨难，致使贼徒殄灭，寰宇清平。是臣不忠于国，其罪三也。"她们身为女子也为平定叛乱做出了贡献，这是他的第三大罪。

他和另一个儿子仆固玚在战场上奋不顾身，屡建奇功，“父子效命，志宁邦家。是臣不忠于国，其罪四也。”父子为了国家同时上阵杀敌，这是他的第四大罪。

陛下派他平定河北，河北都是安史旧部，“臣之抚绥，悉安反侧，州县既定，赋税以时。是臣不忠于国，其罪五也。”在他的安抚下河北安定，个个都消除了反心，赋税也按时上交，这是他的第五大罪。

为了国家他去联合回纥，搬来了救兵，“二圣山陵事毕，陛下忠孝两全。是臣不忠于国，其罪六也。”让国家从此安定，战事平息，玄宗、肃宗的陵墓也可以完工，让陛下忠孝两全，这是他的第六大罪。

有了这六大罪，那他仆固怀恩简直就不该活在世上，他说：“臣既负六罪，诚合万诛，延颈辕门，以待斧锧。”他就等着杀头了。

这哪里是六大罪，这是正话反说，给皇帝摆出自己的六大功。不过仆固怀恩这些话有水分没有？还真没多少水分，基本都是事实，这段文字可谓字字泣血。

最后他说：不论怎样，我仍然是陛下的忠臣，我希望您看到我这封奏疏可以理解臣的苦衷。我恳求您派一个使者来臣这里，看看臣是否谋反了，我愿意随着这个使者入京面见陛下。

这一封奏疏送上去，唐代宗看了感慨良多，想起了仆固怀恩的种种好处，那些对仆固怀恩的怀疑的确都是猜测，缺乏过硬的证据。后来大臣、著名书法家颜真卿就说：“且言怀恩反者，独辛云京、骆奉先、李抱玉、鱼朝恩四人耳，自余群臣皆言其枉。”（《资治通鉴》卷二二三）意思是说，认为仆固怀恩造反的就辛云京、骆奉先、李抱玉、鱼朝恩四人，其他人都觉得他冤。所以皇帝想趁着这个机会与仆固怀恩达成谅解，于是他按照仆固怀恩的要求派出了一个使者前来安抚。

仆固怀恩见了这个使者，实在按捺不住了，抱着使者的腿大哭起来。使者也很感动，说您就跟着我入朝，仆固怀恩说好。他准备去长安的时候，他的部将说话了："那么多人在皇帝面前进谗言，而且您现在功劳太大了，功高不赏。"这等于是暗示他别忘了汉高祖和韩信、彭越的故事。仆固怀恩听了心里开始敲鼓了，于是反悔，使者只好独自返回长安。这件事说明仆固怀恩和皇上之间已经完全失去了信任。

事已至此，仆固怀恩除了谋反没别的办法了，他发兵攻打太原。辛云京早有准备，双方一场激战，仆固玚攻城不克，没办法只好撤围转战榆次。唐代宗听到消息之后十分寒心，仆固怀恩到底还是谋反了。怎么办？颜真卿给他出主意——罢免仆固怀恩职务，让郭子仪代替他，郭子仪在朔方军旧部中深孚众望，他一个人顶几十万大军，可以不战而胜。

听说郭子仪前来，仆固怀恩的部下都很彷徨，觉得自己由国家的功勋变成了反贼，落差太大了。仆固玚手下有两个将领白玉、焦晖，故意去刺激将士们。他们用箭去射行军掉队的人，大家一惊：干什么射自己人？他们回答："今从人反，终不免死；死一也，射之何伤！"（《资治通鉴》卷二二三）大意是，跟着人造反，早晚是一死，射与不射有何区别？大家听了这个话心都凉了半截儿。仆固怀恩是因为私人恩怨造反的，但是我们跟着反是为了什么？这反贼的名号一旦背上，那不就是个死吗？

到了榆次，部队已经迟到，仆固玚责怪他们。部队里的胡人说这事儿不赖我们，我们是骑兵，是为了迁就部队里那些汉人步兵才放慢速度的，于是仆固玚鞭打汉人士兵。汉人士兵们都很愤怒，大家喊着说“节度使党胡人”。（《资治通鉴》卷二二三）大意是，节度使和胡人是一伙的！这又闹开矛盾了。白玉、焦晖趁机鼓动大家反水，攻打仆固玚，仆固玚被杀。一个对国家做出过重大贡献的骁将就这样以反贼的身份殒命了。

死讯传来，仆固怀恩十分悲痛，他的母亲更是悲愤交加。老太太原本就反对仆固怀恩谋反，这次生生把孙子的命搭进去了，能不恼怒吗？老太太拿把刀满院子追仆固怀恩，嘴里喊着“吾为国家杀此贼”（《资治通鉴》卷二二三）。仆固怀恩狼狈逃出，带着数百骑兵逃走了。后来他的母亲投降了唐。皇帝命令给予优厚待遇，为其养老送终，而且下令遥授仆固怀恩太师兼中书令、大宁王，意思是还要做最后的努力，希望用这个方式换取仆固怀恩回心转意。

但是仆固怀恩明白，自己已经踏上了一条不归路，只有一条道走到黑了。他逃到灵武，向回纥求援。还联合吐蕃等，甚至打到了距离长安非常近的地方，数十万大军铺天盖地。唐朝非常紧张，皇帝下诏准备亲征，整个关中地区进行了广泛的动员。唐朝面临着安史之乱后又一次危机。幸亏郭子仪挺身而出劝阻回纥，形势才稍稍缓和。紧跟着发生了一件大事——仆固怀恩死了。

仆固怀恩率领大军前往长安，但是在路上发病，最终去世。仆固怀恩这场暴病极有可能与情绪有关。无端被冤枉，儿子战死，母亲和自己决裂，心里的愤懑可想而知。

仆固怀恩的死导致叛乱最终流产，回纥与吐蕃闹矛盾，余众不久四散。仆固怀恩的死，除了让他的几个政敌高兴之外，谁也高兴不起来。对自己的这员爱将，唐代宗痛惜不已。即便在仆固怀恩造反期间，他下达的任何诏书都没有对仆固怀恩使用一个“反”字。《旧唐书·仆固怀恩传》记载，当仆固怀恩的死讯传来时，代宗皇帝沉默许久，最后说：“怀恩不反，为左右所误。”凌烟阁里仆固怀恩的画像也一直保留着。代宗还收养了仆固怀恩的女儿，一直养大成人。

天下很多人都为仆固怀恩喊冤，都认为他纯粹是被逼的。后来有个军阀周智光与监军宦官发生矛盾的时候就曾经破口大骂：“仆固怀恩不反，正由汝辈激之。我亦不反，今日为汝反矣！”（《资治通鉴》卷二二四）

清朝的赵翼曾经指出《旧唐书》中辛云京的传记里没有逼反仆固怀恩的记载，他说这是“列传之回护也”（《廿二史劄记》）。也就是说史官们也觉得仆固怀恩事件是辛云京的人生污点，干脆替他抹掉了。

仆固怀恩事件说明了什么？首先，君臣互不信任，互相怀疑。而且中央没了权威，导致臣下之间的矛盾最终要靠臣下兵戎相见来解决。其次，臣与臣之间互不信任。比如骆奉先与仆固怀恩，他们由兄弟到仇敌，就是互相猜忌的结果。再次，民族之间互不信任。回纥原本是唐朝的兄弟民族，唐本身也是多民族融合，但是仆固怀恩被猜忌的一大原因就是他的民族身份以及他的对外关系，最终仆固玚之死也是有人利用部队里民族矛盾的结果。

唐朝上上下下的信任已经被完全瓦解，安史之乱带来的不仅是人民的伤亡、朝廷的困顿，它也让整个社会失去了信任。围绕仆固怀恩事件的一切都是误打误撞，一切都在互不信任中发酵、放大，最终不可收拾。

所以说，仆固怀恩事件里没有胜利者，都是失败者，它标志着唐朝赖以生存的自信、从容已经被打破，仆固怀恩事件就是一部唐王朝走向下坡路的失败史。

鱼朝恩

朝堂内外的一阵阴风

『天下事有不由我乎！』《新唐书·鱼朝恩传》

鱼朝恩是第一个进入凌烟阁的宦官。这足以令人讶异，宦官如何能进入凌烟阁，与郭子仪、李光弼等人相提并论？这与唐朝的历史大背景息息相关。

中国的宦官古已有之，最早什么时候出现的已经不可考了，但是宦官作为一个团体掌权弄权出现比较晚。中国历史上宦官专权最严重的三个朝代是东汉、唐朝、明朝，其中最严重的是唐朝。唐朝宦官掌握兵权，多次废立皇帝，直接、间接死于宦官之手的皇帝有好几个。为何这种现象集中出现在唐后期？这和安史之乱有关系。

安史之乱是唐朝节度使的叛乱，安史之乱被平定后新的叛乱层出不穷，比如仆固怀恩叛乱、四王二帝之乱等，除此之外，藩镇割据一直延续到唐灭亡为止。唐朝后期的皇帝们基本上都能遇到臣下的叛乱与割据。越是这种时候他们就越觉得家奴可靠。

宦官与常人不一样，他们说白了身有缺陷，是不可能当皇帝的人，皇帝觉得他们对自己没威胁。

早在唐前期皇帝就把宦官的事情看作自家内部的事情，比如唐太宗。有一次房玄龄、高士廉遇到一个负责建筑工程的官员，问他最近北门宦官办公地点那里在修建什么。没想到就这么稀松平常的一句问话，却惹得太宗很不愉快，太宗对他们说："君但知南牙政事，北门小营缮，何预君事！"（《资治通鉴》卷一九六）宰相办公地点在南边，所以叫南衙，宦官办公地点在宫城北面，所以叫北司。唐太宗的意思是宰相管好朝廷的事情就可以了，北门宦官们的事情属于皇室内部事务，与你们有什么相干。

按理说宰相一人之下万人之上，事无巨细都有权过问，可是皇帝就觉得宦官是我家奴，过问他们的事就等于过问我家事。皇帝身旁总是有这样一个帮皇帝办私人事务的小内朝，属于皇帝的私人领地。唐太宗尚且有如此认识，遑论他人。

这种心态到了安史之乱之后被接二连三发生的叛乱刺激并放大了，武人、文臣皆不可靠，唯有家奴可靠。尤其唐朝中后期这些皇帝，多数人都是成长于深宫之中，从小就和这些宦官打交道，天然和他们有亲近感。

但是，既然被宦官杀了的皇帝已经有多位，皇帝怎么还信任宦官？要知道，皇帝是站在统治者角度考虑问题的，宦官不可能取代皇帝，他们最看重这一点。至于有皇帝被宦官杀了，他们会认为是那些宦官人品问题，或者认为被害皇帝有什么事处理不得当导致被杀，总之他们不会把这事上升到对整个宦官集团的怀疑上。

有人说高力士是唐朝第一个专权的宦官，其实高力士权力很大不假，不过他还真没有怎么弄过权，最多是圆滑有心机而已，对唐玄宗还是忠心耿耿的，没有什么明显的劣迹。

在鱼朝恩之前，唐朝弄权的宦官主要是李辅国、程元振等人。李辅国认为自己对肃宗即位有汗马功劳，所以骄横跋扈。《旧唐书·李辅国传》记载，代宗即位的时候，李辅国竟然说："大家但内里坐，外事听老奴处置。"要求皇帝不过问政事，一切交给他来处理。那个程元振也差不多，他也参与了拥立唐代宗，也是张狂无比，弄权擅权。所以说鱼朝恩的出现绝非偶然，他的专权是唐中后期宦官专权发展的必然结果。

鱼朝恩，泸州人，此人青少年时期状况不详。应该和大多数宦官一样出身寒微，或者是犯罪者家属。此人天资很高，《旧唐书·鱼朝恩传》记载他"性黠惠，善宣答，通书计"。聪明，宣旨、应答都很机智，能写会算。一般来讲宦官文化水平都很低，所以鱼朝恩这样的人很快就出人头地了。他爬上宦官最高位置有两步。

第一步：任观军容使。

安史之乱给了他一个机遇，他在平叛战争中还是有贡献的。长安收复之后，他被拜为三宫检责使，以左监门卫将军知内侍省事，职位很高。安庆绪被六十万唐军围在邺城的时候，鱼朝恩也参加了，而且职位相当高，官拜观军容宣慰处置使。这是临时差遣的使职官，主要起监军的作用。为何设置这么个职务？因为这次唐朝一共出动九位节度使参战，其中最重要的是郭子仪、李光弼。这两人都是元勋，无法二选一设置总指挥。于是皇帝想了个馊主意，《旧唐书·郭子仪传》记载“帝以子仪、光弼俱是元勋，难相统属，故不立元帅，唯以中官鱼朝恩为观军容宣慰使”。作战不设最高指挥官这是兵家大忌。要是监军给力也就罢了，问题是鱼朝恩不是个将才，他无法胜任总司令的使命。

当时邺城被围得水泄不通，敌人粮食吃尽，人相食，唐军又引河水灌入，走路都要踩高跷，眼看就要胜利了。安庆绪请求安禄山旧将史思明来救援，答应要是解围就把皇位让给他。史思明于是率领大军南下救援。

唐军与史思明军队大战一场。胶着不下，双方伤亡惨重。此时战场上起了一阵狂风，敌我双方都受惊，各自撤退。但是唐军不设总司令的弊端此时开始暴露了，唐军各部撤离时各有各的想法，有的想就此撤离战斗，有的想先站稳脚跟再观望形势，结果成了一盘散沙，六十万大军白白将大好局面葬送了，大败而归。鱼朝恩作为总监军，丝毫没有发挥作用。

鱼朝恩非但不自责，反倒认为这是陷害郭子仪的机会。这一仗郭子仪部队是第一个溃散的，郭子仪治军比较宽松，将士都拥护他，但是军队纪律性不强，所以邺城一战他的部队先乱了。鱼朝恩抓住了机会，在皇帝面前进谗言。

要说鱼朝恩为何和郭子仪过不去，首先是因为嫉妒。《新唐书》记载：“是时郭子仪有定天下功，居人臣第一，心媢之，乘相州败，丑为诋谮。”鱼朝恩是个很有野心的人，可是郭子仪是公认的天下第一功，于是他就嫉妒。另外，皇帝在安史之乱后一直警惕武人集团，所以攻击武人集团算得上是宦官集团的一个使命。因此鱼朝恩趁着相州之败，在皇帝面前没少进郭子仪的谗言。不过郭子仪本身是个非常懂分寸的人，有了过错也勇于承担，这次战败他已经向皇帝请罪。皇帝暂时罢了他的军权。

唐代宗即位后，鱼朝恩和程元振不停地在代宗面前诋毁郭子仪。皇帝对郭子仪的信任也动摇了，郭子仪非常忧虑。也就在这个时候，皇帝把鱼朝恩和其他功臣的画像挂到了凌烟阁中。凌烟阁从此多了两个宦官，一个是鱼朝恩，另一个是程元振。这两人进入凌烟阁，凌烟阁的性质出现了微妙变化，说明宦官专权已经到了一定的程度，宦官已经开始侵夺百官的权力，全面介入政务。也说明皇帝认可乃至讨好宦官，这是个危险的信号。

就在此时，吐蕃进犯。程元振隐瞒军情不报，导致敌人打到鼻子底下了代宗才知道真相，不得不撤离长安。长安陷落，唐朝的尊严被打落在地。这一次又仰赖郭子仪与吐蕃周旋，虚张声势里应外合收复了长安。这下子代宗终于醒悟，办事还得靠郭子仪，靠程元振不行，但是鱼朝恩却在这件事上立功了，受益了。

第二步：都统神策军。

神策军原本是唐朝西北边防军的一支，创立者是唐朝名将哥舒翰，安史之乱的时候这支部队被调去内地平叛。相州战役他们也参加了，战败后跟随鱼朝恩退守到陕州，也就是今天河南省三门峡一带。此时这支部队的将领入朝为官，指挥权就落到了鱼朝恩的手里。此时吐蕃进犯，代宗出逃。逃往哪里？当然要逃往有军队的地方，于是他选择了鱼朝恩的神策军。究其原因，神策军是个万人以上的大部队，实力可靠，除此之外，恐怕唐代宗下意识里还是觉得家奴可靠。

于是鱼朝恩护驾有功。当时唐代宗无比狼狈，皇亲国戚大多离散，连卫士也四散奔逃，他几乎是个光杆司令。鱼朝恩率领全军浩浩荡荡开到半路迎接皇帝。皇帝远远看见鱼朝恩，激动心情可想而知。

鱼朝恩就这样一仗没打，就靠着护驾立了大功。唐代宗拜他为天下观军容宣慰处置使，专领神策军，赏赐无数。

这里顺便说一下，神策军从此发展成了唐朝皇帝的近卫亲军，驻扎在长安北部的禁苑中，编制也不断扩大，而且在绝大多数时间里都是由宦官亲自掌握，首领称神策军中尉，管辖区域也逐步扩大到整个关内道。

这支神策军的历史作用主要是两方面，一方面它是皇帝能使用的中央军，在历次削藩战争中这支部队都起到了不小的作用。唐朝政权在安史之乱后还能支持一个半世纪，神策军有功劳。借用来唐求学的一个日本僧人圆仁的话来评价神策军："自古君王频有臣叛之难，仍置此军已来，无人敢夺国位。"（《入唐求法巡礼行记》）自古君王常遭受臣下背叛，自打有了神策军，没人敢觊觎皇位了，这是鱼朝恩的一个贡献。但另一方面，神策军是宦官专权的工具。它的最高司令是宦官，没有它宦官也没那么硬的底气，所以说这是它的消极作用。

无论神策军起到的历史作用是积极的还是消极的，鱼朝恩作为神策军的开创者，他把这支队伍变成了中央军，而他也是第一个掌握神策军的宦官。

也就在此时，鱼朝恩的自我膨胀已经达到巅峰了。这天下是郭子仪他们安定下来的，他要是想后来居上就得出奇制胜，因此，他撺掇皇帝迁都。当时仆固怀恩叛乱，联合吐蕃威胁长安。鱼朝恩要求皇帝"驾幸河中"，还有史书说他是要求皇帝迁都洛阳，总之是要皇帝逃跑。

当时百官正等着上朝，大门白天不开，大家正疑惑，忽然见鱼朝恩带着十多个士兵手持利刃出现了，一出现就厉声说道：吐蕃接二连三进犯长安，皇上要驾幸河中，意下如何？手里拿着刀问人家意下如何，明摆着准备霸王硬上弓。没想到官员里真有不怕死的，张嘴就回了这么一句："敕使反邪！今屯军如云，不勠力捍寇，而遽欲胁天子弃宗庙社稷而去，非反而何！"（《资治通鉴》卷二二三）大意是，你是要造反吗？现在咱们手里大军如云，不想着怎么击退敌人，却要挟皇上放弃宗庙社稷逃跑，不是造反是什么？鱼朝恩原本想拿着刀吓唬住大家，没想到这些年来大家都是战火里锻炼出来的，并不畏惧。朝臣这么一指责，鱼朝恩退缩了。他那样做原本就是想试探口风，发现不行，于是只好暂时退缩。

此事暴露出鱼朝恩控制朝政的野心。他的一系列举动和他的一系列劣迹把他推上了权力巅峰，然后又把他投入了深渊。我们来看一看他的荣宠。

荣宠之一：优礼相待，加官兼任国子监事。

鱼朝恩是个追求德智体全面发展的人，很会附庸风雅。他原本也就是粗通文墨，在宦官这个低水平团体里算是个知识分子。但是此时不一样了，他现在打交道的都是大臣、士大夫，原有的那点文化就不够用了。鱼朝恩还是有点毅力的，《旧唐书·鱼朝恩传》记载，局势稍微安定之后，他就招引一批文人墨客，"讲授经籍，作为文章，粗能把笔释义，乃大言于朝士之中，自谓有文武才干，以邀恩宠"。鱼朝恩从这些文人那里学了点皮毛，也就能够写点文章，解释点经学，就开始在朝臣中高谈阔论，自称文武双全。鱼朝恩如此高调强调自己的学问，说白了是自卑心理的一种体现。

但是最骇人的是鱼朝恩有着关公门前要大刀的勇气，皇帝宠他，由着他，看他喜欢附庸风雅，于是就委命他为判国子监事，掌管全国最高学府国子监。他每次去国子监视察都兴师动众，官府供应伙食，内教坊派出乐队伴奏，一两百大臣当旁听生。当时的京兆尹叫黎干，喜欢拍鱼朝恩马屁，每次鱼朝恩到国子监活动他都花费几十万钱供应伙食。后来有个大臣李勉接替黎干当京兆尹，他不买鱼朝恩的账。鱼朝恩到国子监他不闻不问，更别提什么供应饭菜了。有人给他提醒，说您的前任可是殷勤接待来着，您不去不合适。李勉说我是京兆尹，军容使要想吃饭就来我府上，他要来了我肯定招待他。鱼朝恩听了这话气不打一处来，《唐会要》卷六七记载，“朝恩深衔之，自是不复至太学”。从此再也不来了，伤自尊了。此事也体现了部分正直的朝臣与宦官之间的对抗。鱼朝恩虽然气得不得了，但是他还不敢明着把李勉怎么样，说明此时宦官专权还没有到生杀予夺大权集于一身的地步，宦官专权是随着时间发展不断增强的。

荣宠之二：毁华清宫建章敬寺。

大历二年（767）鱼朝恩献出了自己的一处庄园，把它变成了一座寺庙，叫作章敬寺，这是在拍皇帝马屁。因为章敬皇后吴氏是唐代宗的生母。寺名章敬寺就是为了给吴皇后追福。这座寺庙建得富丽堂皇，初建时候建材不足，鱼朝恩竟然撺掇皇帝下令将曲江亭馆、华清宫观楼等拆了，把建材搬来建章敬寺。华清宫是唐玄宗和杨贵妃最爱的宫殿，《长恨歌》的故事原型地，举世闻名。自打安史之乱以后，皇帝基本上就再也不去那里了，虎落平阳被犬欺，这座举世闻名的华清宫部分毁于鱼朝恩之手。

荣宠之三：有求必应。

此时的鱼朝恩在皇帝面前面子很大，提出任何要求皇帝都必须满足。《旧唐书·鱼朝恩传》记载说：“朝恩恣横，求取无厌，凡有奏请，以必允为度，幸臣未有其比。”以“必允为度”，一定要皇帝答应为止。这个和图像于凌烟阁一样，都是皇帝笼络信任他的结果。某种程度上来说这也是皇帝使用宦官必然的代价。皇帝使用宦官搞制衡，制衡谁？制衡群臣。历史上宦官专权之所以层出不穷，与皇帝的有意纵容密不可分。皇帝有宦官这个工具在手，就可以控制朝臣，探听机密，一些非常隐蔽乃至龌龊的事情可以交给宦官去办理。所以鱼朝恩的骄横是有来头的。

但是此时的宦官专权和后来的还不一样。此时的宦官权势还没有大到让皇帝无可奈何，也没有形成内外勾结的庞大关系网，没到不可收拾的地步。当鱼朝恩的骄横触及皇帝的时候，皇帝也会出手收拾他。

在鱼朝恩之前，大宦官李辅国、程元振都是被皇帝收拾了的，但是鱼朝恩并没有从中吸取教训。他惹恼皇帝的事情主要有两件。

第一件：干预决策。

鱼朝恩也有一句类似李辅国“大家但内里坐，外事听老奴处置”的名言。鱼朝恩骄横无比，频频插手朝政，而且养成了说一不二的霸气，一旦有什么事没有征求他的意见，他就敢大发脾气说：“天下事有不由我乎！”据说代宗听了这个话之后很不高兴。作为家奴，一旦让主人觉得受到威胁，下场就不会好。

第二件：冒犯皇帝尊严。

鱼朝恩忘乎所以的体现之一就是连对皇帝起码的尊敬和礼貌都做不到了。

鱼朝恩有个儿子叫鱼令徽。宦官一般都会建立一个家庭，追求一个表面上正常的家庭生活，弥补内心的缺憾，所以宦官尤其是大宦官一般都有妻子孩子。当然，孩子是收养的。这个鱼令徽是个小宦官，皇帝看在鱼朝恩面子上给他赐了一个官职，穿绿色官服。唐代以袍服颜色来区分官员品级，绿色官服说明鱼令徽是个六品或七品官。他跟同事上朝时被人挤了一下，一怒之下跟人家吵架，气得跑回家向鱼朝恩告状。鱼朝恩愤愤然，认为这是欺负自己儿子官职低。于是他向皇帝提出要求，让自己的儿子穿金紫官服。紫色官服乃三品以上官员的衣服，是最高等级了。鱼朝恩竟然提出给自己十四五岁的儿子穿紫袍，配金鱼袋。

当时鱼朝恩在皇帝面前提出这个要求的时候，皇帝犹豫起来了，没这个先例。皇帝还没张嘴说话，却瞥见一个宦官已经捧着紫色官服站在旁边等候了。这就是非要皇帝同意不可，等于是绑架皇意。皇帝心中十分不快，但是此时还不好发作，《杜阳杂编》记载皇帝强作笑颜说："卿男著章服，大宜称也。"大意是，你儿子穿这一身紫袍还是很相称的。鱼朝恩的嚣张在这里体现无遗，而且这只是冰山一角罢了，"鱼氏在朝动无畏惮，他皆仿此"。就是说鱼朝恩骄横跋扈不知自己几斤几两，事例很多。

这样皇帝开始逐渐厌恶鱼朝恩，这个家奴要不得了。但是鱼朝恩势力不小，尤其手握神策军军权，要除掉他就必须有万全之策。什么万全之策？皇帝想通过朝臣的手除掉他。

要说鱼朝恩得罪的朝臣那可是数不胜数，从郭子仪、李光弼开始，鱼朝恩跟谁都不对付，对郭子仪他就没少进谗言。好在郭子仪是个君子，大人不记小人过，始终以大局为重。

但是有句俗话说得好："宁负君子，勿负小人。"郭子仪那样的君子得罪了，他不跟你计较，但是得罪了小人就不得了。鱼朝恩就得罪了一位小人——宰相元载。

元载这个人是安史之乱时期崛起的一位官员。此人在玄宗时期官不大，但在肃宗时期掌管财政，干得很出色，再加上和大宦官李辅国的妻子有亲戚关系，所以逐渐飞黄腾达，最后在李辅国的运作之下当上了宰相。此人善于揣摩上意，很会来事。甚至还收买了皇帝身边的宦官当眼线，皇帝一旦有什么想法，这个眼线就赶紧报告元载，第二天元载上朝时就能提出特别符合皇帝心意的意见。此人还是个大贪官，他从事的职务一直和财政相关，他没少捞。此人极有城府，李辅国是他的靠山，但是李辅国倒台他还在，而且还继续往上爬，可见他多有心机。

鱼朝恩和元载两人不对付，坏人和坏人也是可能成敌人的。鱼朝恩曾经想换宰相，借此来威震朝廷。这一年水旱灾害比较多，鱼朝恩借此发飙。他在朝堂上讽刺宰相，老天降下灾异，军队都没得粮吃，都是因为宰相不称职。他说："天子卧不安席，宰相何以辅之？不退避贤路，默默尚何赖乎？"大意是，宰相当得让皇帝觉都睡不好，还不赶紧让贤吗？有大臣相里造反唇相讥说："馈粮所以不足，百司无稍食，军容为之，宰相行文书而已，何所归罪？"（《新唐书·鱼朝恩传》）大意是，您是掌权的人，为何出了事就算在别人头上？大军没粮吃，还不是军容使的事，都是你的过错，宰相不过是奉文书行事而已，为何归罪给他们？鱼朝恩愤恨地说这些人都是朋党，愤愤然走了。

过了几天国子监举行释菜之礼，这是祭祀孔子的一种典礼，按规定还要有人讲经。鱼朝恩上台开讲，这次他大谈《易经》中的鼎折覆餗，鼎折覆餗意思是鼎腿不堪重负，鼎中食物都倾倒出来了，这就是暗示宰相不堪大任。

他在上面讲，底下坐着的宰相王缙十分恼怒。王缙是大文豪王维的弟弟。唯独元载一动不动，还面带笑容。鱼朝恩跟手下说："怒者常情，笑者不可测也。"（《新唐书·鱼朝恩传》）

果然，此时元载已经意识到鱼朝恩开始威胁到他的权力了，于是开始谋划除掉他。《旧唐书·元载传》记载，他首先揣摩上意，准确判断出皇帝对鱼朝恩已经有所不满，所以趁机向皇帝建议铲除鱼朝恩，"朝恩骄横，天下咸怒，上亦知之，及闻载奏，适会于心"。皇帝同意了，而且还嘱咐元载千万小心。因为鱼朝恩有兵权，很危险。郭子仪也加入了铲除鱼朝恩的谋划中，他指出鱼朝恩曾和叛将周智光有勾结，这种人很危险。

元载一方面用重金贿赂鱼朝恩身边的人，布置眼线，一方面又佯装要给神策军分配更多的地盘。鱼朝恩骄横跋扈，自高自大，看见地盘扩大还挺高兴，殊不知这背后有着夺命阴谋。

大历五年（770）寒食节这一天，按照风俗宫中举行宴会。宴会结束后皇帝佯装要留几位重臣议事，结果鱼朝恩刚进门皇帝劈头就训斥他胡作非为，鱼朝恩还想辩论，周围人拥上去，把他活活勒死。鱼朝恩终年四十九岁。皇帝命令对外宣称鱼朝恩是自缢而死，还尸于家，赐钱六百万办丧事。

大宦官鱼朝恩就此完结。他的死是咎由自取，凌烟阁功臣里死于非命的不只他一个，可是此人令人无法同情。他对于凌烟阁来说是一个耻辱。当然，他的出现和灭亡也是当时扭曲的政治形态的体现。

程元振

凌烟败类

『窃闻四方遣人奏事，陛下皆云与骠骑议之，曾不委宰相可否，或稽留数月不还，远近益加疑阻。』《资治通鉴》（卷二二三）

唐代宗时期进入凌烟阁的宦官不只鱼朝恩一个，还有程元振。他的资历比鱼朝恩深，所参与的事情比鱼朝恩多，他的影响比鱼朝恩还要恶劣。他和鱼朝恩进入凌烟阁，是对其他凌烟阁功臣的侮辱，尤其具有讽刺意味的是，与他并列凌烟阁的很多人就是他想陷害的目标。

程元振是京兆三原人，少年时就净身入宫当了宦官。后来逐渐爬上高位，担任内射生使、飞龙厩副使。但是他并不满足，因为眼前还有地位比他高的宦官李辅国。他最后爬上宦官最高位靠的是帮助李辅国，进而除掉李辅国。

程元振上位第一步：帮助李辅国铲除张皇后、越王李系。

此事发生在唐肃宗去世之前，是他飞黄腾达的开始。张皇后是肃宗正宫皇后，此女不一般，是一个有能力、有担当、有野心的人物。唐代自从有了武则天，积极参政的女性层出不穷，堪称一道唐代独有的风景。这些女人心中都有一个武则天，个个都想模仿她，但是武则天只有一个，她的成功不可复制。这些女人多数以悲剧告终，而张皇后就是其中的一员。

张皇后的祖母窦氏是唐玄宗的姨妈，玄宗的母亲是被武则天杀害的。玄宗就成了没娘的孩子，他的姨妈担负起了抚育他的任务。玄宗当了皇帝，自然大大优待自己的姨妈，拜她为邓国夫人。她的儿子们也都当了大官，其中就有张皇后的父亲张去逸。

张皇后起初被封为“良娣”，据《旧唐书·肃宗张皇后传》记载，张良娣“辩惠丰硕，巧中上旨”，聪明伶俐，体态丰满，符合唐代审美观，而且很会迎合肃宗的想法。她所做最重大的一件事是马嵬坡兵变时力劝太子与玄宗分开行事。当时玄宗逃难，太子和张良娣随从。马嵬坡禁军发动兵变杀死杨国忠，逼死杨贵妃。玄宗虽然悲痛，但还是想按计划前往成都，太子身边一群人力劝太子不要跟着去。老皇帝已经丧失权威，成都地处盆地，最多能够自守而已，不能匡复天下，而此时是太子的好机会。太子都是抱孙子的人了还是个太子，此时不即位更待何时？劝说太子的人中张良娣是主要的一个，此女展现出她的政治决断力。于是太子以百姓挽留为借口，与玄宗分开行事。他选择去河西，后来改道去朔方军的地盘灵武。

这一路无比艰辛，太子身边的禁军本来就少，路上又不断有人开小差。张良娣展现了她的能力。《旧唐书·肃宗张皇后传》记载，张良娣在前头为太子打前站，保卫太子。太子说保卫之事不是女人应该做的，张良娣回答说：“今大家跋履险难，兵卫非多，恐有仓卒，妾自当之，大家可由后而出，庶几无患。”大意是，您的卫兵太少，我担心您的安全，我走在前面，您跟在后面，希望能平安无虞。要知道此时张良娣是个孕妇，如此奋不顾身，很令肃宗感动。

肃宗在灵武登基称帝，张良娣被封为淑妃。就在此时孩子生下来了，产后才三天张皇后就坐起来给将士们缝衣服，肃宗让她好好将养休息。张皇后说现在是非常时期，不是她休养的时候，国家的事情要紧，这又令唐肃宗十分感动。乾元元年她被立为皇后。

但是张皇后也有问题，她的政治野心不小。当了皇后之后她屡次干预政事，肃宗心里有时也不大愉快。尤其是她陷害建宁王李倓的事情，令朝中很多人不寒而栗。建宁王李倓不是张皇后所生，此人能力很强，但是个直筒子脾气，他总觉得张皇后不是好人，有野心。所以多次在皇帝面前谏言慎听妇人言，私下还跟别人说张皇后是个祸害，早晚要除掉她。张皇后也就把他看作眼中钉。李倓的口无遮拦最终也得罪了肃宗，他说皇上听妇人言，听宦官的话，收复两京、迎接太上皇是没指望了。肃宗十分恼怒。张皇后和李辅国趁机在旁边煽风点火，说李倓是因为没有当上天下兵马大元帅记恨在心。肃宗盛怒之下将李倓赐死。

此事很冤枉，很多人都替建宁王李倓惋惜。太子李豫非常紧张，他担心张皇后下一个目标就是他。此时张皇后的孩子还小，要想替代李豫时机不成熟，所以张皇后暂时和太子相安无事。

但是没料到的是肃宗当皇帝没几年就病重了，此时各方势力就要展开新一轮的斗争，张皇后觉得最大的敌人是大宦官李辅国。

李辅国应该是唐代宦官弄权第一人，此人扈从唐肃宗有功，甚至有学者认为马嵬坡兵变就有他的阴谋参与。肃宗当了皇帝后李辅国帮肃宗办了很多见不得人、上不了台面的事情，比如压制太上皇、贬斥高力士等。所以他的权势也很大，大有不把皇帝放在眼里的架势。百官见皇帝必须通过他，诏书必须经他签署。他还设置了一个“察事厅子”，专门负责侦察百官行踪，这就是个特务机关，和明代魏忠贤的东厂有得一比。

李辅国是飞龙厩使，程远振是副使，是李辅国的手下，两人狼狈为奸。唐代宦官专权始自李辅国，而程元振就是跟班和帮凶。

肃宗病重时，张皇后觉得当务之急是铲除李辅国、程元振。但是要有盟友，找谁合适？她想到了太子。虽然太子注定未来也是她的对手，但起码此时不是，两害相权取其轻，此时还是干掉李辅国、程元振更重要。《资治通鉴》卷二二二记载，她找来太子说：“其罪甚大，所忌者吾与太子。今主上弥留，辅国阴与程元振谋作乱，不可不诛。”大意是，李辅国、程元振嚣张跋扈，他们所忌恨的就是我和太子您，现在皇上病危，他们一定在酝酿阴谋，不能不杀他们。但是太子并不想参与进来，此时的他还记着张皇后陷害建宁王的旧事，知道张皇后掌权了对他没好处，所以借口说做这事一定会吓着皇上，万万不可。张皇后不死心，又找来肃宗另一个儿子越王李系，问能和我一起做这个大事？李系说能。于是他们暗地里召集人手，其中也包括一些宦官，准备下手。而且这回张皇后决心毕其功于一役，先铲除太子，再杀掉李辅国、程元振，夺取大权。

于是她矫旨召太子入宫。要知道李辅国、程元振可是有特务机关的，这个消息就被李辅国、程元振知道了，于是他们先下手为强，半路上堵住了太子，将他护送到北门外飞龙厩保护起来。然后发兵逮捕了越王，又冲上长生殿，将正在照顾肃宗的张皇后拉下大殿，宫内一片惊慌，肃宗受此惊吓撒手人寰。张皇后、越王均被杀。太子在李辅国、程元振护卫下登基，所拥立的就是唐代宗。

对于唐代宗来说，李辅国、程元振算是有救命之恩、拥立之功，所以宦官的势力更加膨胀了。李辅国得意扬扬，但是他不知道，他的背后，他的副手程元振正在以阴冷的眼光打量着他，阴谋取而代之。

《旧唐书·李辅国传》记载，李辅国自以为有功，愈发骄横，他最著名那句话“大家但内里坐，外事听老奴处置”就是此时说的。还有比这更嚣张的话吗？代宗听了这个话十分恼怒，但是还不敢轻易发作，“以方握禁军，不欲遽责”，李辅国手里有兵权。所以代宗强作欢颜，还尊其为“尚父”，加司空、中书令。李辅国的权势无以复加。

但也就在此时，程元振动手了。他看出代宗对李辅国的不满，开始在代宗面前表忠心，并且鼓励代宗限制李辅国的权力。代宗非常高兴，程元振的支持对他来说很重要。原因主要有以下几个方面：

第一，禁卫军在宦官掌握中，特务机关也在宦官掌握中，代宗想铲除李辅国绕不过宦官集团这个坎儿。程元振主动献计，表明宦官集团不是铁板一块，李辅国可以被孤立。

第二，程元振的建议很对代宗的胃口。他建议把李辅国的权力分解开，授予其他宦官。这体现出程元振的狡猾，以此收买宦官人心，而且从整体上保证宦官集团的地位。除掉一个李辅国可以，但是宦官总体权力不能削弱。代宗不会把李辅国的骄横看作宦官集团对他的威胁，他只想除掉李辅国一个人，所以说分权的建议非常对他的胃口。

同时程元振还建议让李辅国搬出宫中居住。李辅国惊慌了，此时他才发现自己是何等无助，皇帝的命令下来，他竟然找不到一个支持自己的人。接了诏书想进政事堂写谢表，看门的还不让他进门，说他已经被罢免中书令了，不该再入此门。李辅国气得直跺脚，说："老奴死罪，事郎君不了，请于地下事先帝。"

代宗一听知道李辅国是满怀怒气，更想铲除他。于是表面上抚慰他，暗地里布置对他下手。过了些天，有贼人半夜潜入李辅国宅，杀死了李辅国，砍掉他的脑袋和胳膊带走了。脑袋被塞到一个厕所里，胳膊被放在泰陵告慰玄宗的亡魂，因为玄宗生前没少受李辅国的迫害。代宗下令厚葬李辅国，刻个木头脑袋安上去。人们大都认为潜入李辅国住宅的贼人就是代宗派出的刺客。多年以后梓州刺史杜济手下有个牙门将，是个壮士，他对别人说他就是刺杀李辅国的人。至于这是吹牛还是真的就无从考证了。

李辅国死了，程元振就成了宦官一号人物了，权势比李辅国甚至有过之无不及。《册府元龟》卷六六九记载："是时元振之权甚于辅国，军中呼为中郎。"程元振的上位就是靠着一个接一个的阴谋，这就是他的风格。

此时仍然是战时，国家动乱尚未结束，但这并不耽误程元振弄权。此阶段内他干的坏事主要有以下几件：

第一，谮毁郭子仪。

程元振心理阴暗，安史之乱是个乱世出英雄的时代，很多大将涌现。《资治通鉴》卷二二三记载"诸将有大功者，元振皆忌疾欲害之"。要知道，这背后可能也有皇帝的意图。宦官集团出身卑下，总体文化水平较低，且由于生理和心理原因，为人多阴险，这些是不争的事实。

但宦官与文官集团的矛盾，不见得都是史籍所展现的那样。文官掌握着笔杆子，也就掌握了史料话语权，给我们塑造了宦官尽为奸佞的形象。宦官和文官，实际上是专制政权的两面，都是皇帝需要的。自古以来皇帝需要宦官，一是因为他们自幼生长在皇宫里，和宦官关系亲近，二是因为皇权需要。皇权与官僚集团之间总是存在合作和对立，而帝国事务中，总有一些属于皇帝的私人事务，不便交于外朝大臣执行。于是，皇帝会在身旁扶植一个“内朝”以满足自己的需求，同时让这个“内朝”与外朝大臣抗衡。

安史之乱后，皇帝对于武将集团整体持不信任态度，首当其冲的就是郭子仪。宦官们更是如同闻到鱼腥味的猫，积极上前。程元振、鱼朝恩没少在皇帝面前进郭子仪的谗言，从唐肃宗开始一直到唐代宗，他们就没消停过。郭子仪在战场上取胜了，他们就当没听见没看见。郭子仪在战场上稍有失利，他们上蹿下跳，比安史叛军那边还欢欣鼓舞。

唐代宗刚即位，他就给新皇帝进谗言，挑拨离间，怂恿代宗罢免郭子仪的兵马副元帅之职，让他去担任一个闲职——肃宗山陵使。这个职位做什么？就是负责给肃宗修坟头。如此重要的一员大将，如此重要的时刻，却让他去任闲职，把国家利益置于何地？国家利益这件事估计从未进过程元振脑海里。郭子仪这人历来是很有涵养的，而且脾气也超好，很少有激动的时候，就这次激动了一把。他搜集了先帝给自己的诏敕和代宗即位前给自己的信件一千多封，上疏给皇帝看，这就是为了让皇帝回忆和自己并肩战斗的岁月。《旧唐书·郭子仪传》记载，郭子仪上疏说：“陛下居高听卑，察臣不二，皇天后土，察臣无私。”这都接近赌咒发誓了，最终皇帝被打动，想起用郭子仪，让他去协助元帅李适，也就是未来的唐德宗去攻打洛阳。但是此事又遭到程元振阻挠，半途而废。

第二，害死来瑱。

来瑱是安史之乱中出现的一员名将，此人懂兵法，饱读诗书，而且是个神射手。他带兵打仗勇敢善战，军中送外号“来嚼铁”，能嚼碎铁，得是个什么样的汉子。郭子仪、李光弼都很尊敬这个人。但是此人也不是没问题，他在担任山南东道十州节度观察处置使的时候，肃宗想调用他，但是他发动属下向皇帝请愿挽留自己；自己还装作无辜，是属下们盛情难却。肃宗虽然同意他继续留在襄阳，但是心中已经不快。

唐代宗曾经想让来瑱的政敌裴茙替代来瑱。来瑱和裴茙兵戎相见，把裴茙打个落花流水。后来瑱也觉得自己做得过分了，主动进京请罪。此时正是用人时刻，唐代宗权衡再三决定不追究，还拜他为兵部尚书、同中书门下平章事，也就是宰相，但是代宗心中一股怨气仍然郁积。而程元振准确把握了代宗的心态，阴谋陷害来瑱。他记恨来瑱的一个原因是来瑱不买他的账，和他曾有矛盾，于是他就在代宗面前进谗言。此时刚好有个曾被敌人俘虏的将领来归，程元振利用此人检举揭发来瑱和叛军有勾结，导致这个将领被俘。代宗一听气不打一处来，新仇旧怨一起涌上心头，于是下诏罢免来瑱，后来又将其赐死。

来瑱虽然有过，但是罪不至死，况且他厥功至伟，当时的人都替他喊冤。后来仆固怀恩叛乱的一个诱因就是受到此事刺激，有人对仆固怀恩说朝廷已经被程元振这号奸臣把握，可别忘了来瑱的教训。

第三，贬斥裴冕。

裴冕是河东人士。此人虽然只是粗通文墨，但却是从基层干起，以精明强干而著称。唐玄宗时他曾经对抗过权臣李林甫，颇得民众好评，并且曾经在名将哥舒翰手下担任行军司马。马嵬坡兵变后肃宗来到平凉，是裴冕和其他几个人一起劝他去灵武即位。肃宗即位后拜裴冕为宰相。

裴冕与程元振之间矛盾重重，但是史籍没有详细记载其矛盾究竟如何，程元振就在皇帝面前进谗言，导致裴冕由宰相被贬为地方刺史。《旧唐书》记载裴冕被贬斥事件："冕以幸臣李辅国权盛，将附之，乃表辅国亲昵术士中书舍人刘烜充山陵使判官。烜坐法，冕坐贬施州刺史。"意思是裴冕想巴结李辅国，所以把李辅国一个心腹招到自己门下，后来这个人犯法了，裴冕有任人不当的过失，所以被贬。但是这极可能是程元振做的手脚，因为裴冕和李辅国是对头。当年李辅国权势熏天的时候，曾经想当宰相。唐肃宗为难，于是把这个皮球踢到群臣那里，说想知道群臣意下如何。李辅国就请宰相们联名推荐自己。有人问裴冕写推荐信了没，《资治通鉴》卷二二二记载，裴冕这样回答："初无此事，吾臂可断，宰相不可得！"没这事，他宁可断了胳膊也不写推荐信。

裴冕这样的态度不大可能去讨好李辅国。裴冕被贬官的这个时候，正是程元振刚把李辅国搞下去不久，此时还有比"李辅国党羽"更大的罪名吗？加上裴冕本人用人不察，刚好手下有个李辅国一党的人，可谓正中程元振下怀。司马光《资治通鉴》就意识到裴冕巴结李辅国纯属诬陷，他在《资治通鉴》卷二二二这样记述裴冕被贬的："左仆射裴冕为山陵使，议事有与程元振相违者，丙申，贬冕施州刺史。”并没有沿用《实录》和《旧唐书》的说法。

不可小瞧裴冕被贬这件事，大家把这件事和来瑱被杀事件等量齐观，不寒而栗。一个武将来瑱，一个文臣裴冕，都是响当当的人物，就被程元振这样轻易搞倒。刚倒了一个李辅国，大家还欢欣鼓舞，没想到上来一个程元振更是个狠角色，这样的话所有人惶惶不安，尤其是正在前线浴血奋战的将领们。《册府元龟》卷六六九记载说：“既诬构襄阳节度使来瑱，坐诛，宰相裴冕贬施州刺史，天下方镇皆解体。”天下的节度使们都寒心。后来郭子仪还曾就裴冕被贬一事上疏皇帝，大呼其冤。

安史之乱带来的不仅是国家动荡、生灵涂炭，它还带来了上下离心、信任的崩溃。朝廷和皇帝已经丧失了权威，上下都失去了政治信仰。此时节度使林立，维系这些人的唯一纽带就是利益，像郭子仪、李光弼那种凭热血和责任感做事的人正在减少。而朝廷稍有不公就会引发节度使犯上作乱，更别说连续冤枉两个重要大臣，造成一死一贬了。天下之寒心，带来的就是地方与中央的离心离德。

第四，隐瞒军情致京师陷落。

这件事算得上是程元振最大的罪过之一。历来权臣弄事都有一个共同点——切断皇帝的信息来源渠道，自己控制信息渠道，非如此不足以控制朝政。程元振就是如此，他虽然没说出什么“外事听老奴处置”之类的话来，但是干的事情和李辅国是一样的。他依仗自己接近皇帝的优势，命令所有消息都要经过他的手。这也导致臣下们的极大不满，《资治通鉴》卷二二三记载，仆固怀恩就曾经上疏代宗皇帝指责说：“窃闻四方遣人奏事，陛下皆云与骠骑议之，曾不委宰相可否，或稽留数月不还，远近益加疑阻。”四方来奏事，皇帝都让和程元振商议，甚至连宰相都不得过问。有时一件上表上去几个月得不到回音，上下疑心。

此时的程元振是权势熏天，不多久他就名列凌烟阁了，鱼朝恩也是和他一起进入的。凌烟阁有此二败类，是对其他凌烟阁功臣的侮辱。这两个宦官，其实鱼朝恩多少还好一点，毕竟曾率军在战场上实战过。程元振全靠着阴谋诡计和宫廷政变上位，这种人进入凌烟阁，凌烟阁变成权臣为所欲为的场合了。

程元振的这个做法很快就导致一件大事的发生——长安陷落于吐蕃之手。在安史之乱中吐蕃乘虚占领了陇右地区，然后在广德元年（763）大举进攻长安。其实从此战前后吐蕃的部署来看，吐蕃并没有对这一仗抱有太大的期望，派出的军队虽然战斗力强大，但是缺乏后续部队的支持，也没有证据表明吐蕃为这一仗进行过全面动员。可就是这一次试探性进攻，却取得了意想不到的战果——长安被攻占了。

要说这一切都要归咎于程元振。九月，吐蕃攻陷泾州，边将报警，情报到了程元振手里竟然被压下来了，根本没报告给皇帝。因为他跟禁卫军以外的其他军队严重不和，边将们都看不惯他，程元振也不愿意让边将们立功。军情上报说是吐蕃入寇，他认为边将们虚张声势想邀功请赏，压根不信。等到吐蕃越打越近，一步步靠近了长安，他意识到情报是真的，可是此时他更不愿把军情报告上去了，因为担心皇帝怪罪。此时的他大概也就盼着吐蕃这次来只是普通骚扰，抢点东西就回去了。

可是吐蕃这次进展如此顺利，胃口也就越来越大，兵锋直指长安。大军铺天盖地而来，兵临城下了唐代宗才知道实情。此时已经来不及召集军队，皇帝被迫出逃。吐蕃占据了长安城。

整个长安陷入一片混乱，幸亏郭子仪调度有方。他退到秦岭，调集兵马，虚张声势，在长安城外不断制造唐大军即将来临的假象。与此同时他还向远在陕州的代宗皇帝请兵，派一个使者前往。没想到程元振嫉妒郭子仪，竟然横加阻挠，这位使者连皇帝的面都没有见到。

程元振的恶劣影响还不限于此。当代宗皇帝向全天下发出勤王命令的时候，忽然发现不少节度使都找借口不来，其中就包括大名鼎鼎的李光弼。李光弼之所以不敢来，与来瑱事件还是有很大关系，《新唐书·李光弼传》记载："及来瑱为元振谗死，光弼愈恐。吐蕃寇京师，代宗诏入援，光弼畏祸，迁延不敢行。"鱼朝恩、程元振原本就视功臣们如寇仇，李光弼没少受他们的攻击。来瑱之死使得李光弼、仆固怀恩等人都有了唇亡齿寒之感。更何况此时的李光弼还经历了邙山之败，那么程元振更有了攻击他的理由，所以李光弼也就不敢来。李光弼英雄一世，到了最后却落得个不来勤王的恶名。要是站在李光弼的角度，想一想皇帝身边站着程元振就明白他的苦衷了。

《新唐书·程元振传》记载，满朝文武对程元振的不满最终借着这个事爆发了，太常博士柳伉上疏皇帝，言辞之激烈堪称罕见，他向皇帝指出：此番吐蕃入寇，"谋臣不奋一言，武士不力一战，提卒叫呼，劫宫闱，焚陵寝，此将帅叛陛下也"。大意是，军人没有为您死战的，这是军人已经叛离您了。"故疏元功，委近习，日引月长以成大祸，群臣在廷无一犯颜回虑者，此公卿叛陛下也。"大意是，您远离功臣，亲近宦官，群臣却没有一个人犯颜直谏促使您改变的，这是群臣背叛您。“陛下始出都，百姓填然夺府库，相杀戮，此三辅叛陛下也。”大意是，您刚逃出长安的时候，百姓不想着怎么保卫京城，却争先恐后进宫抢夺财物，甚至互相杀戮，这是三辅近畿背叛您。“自十月朔召诸道兵，尽四十日，无只轮入关者，此四方叛陛下也。”大意是，从十月份您召天下兵马勤王，四十天过去了没有军队前来，这是四方背叛您了。

柳伉紧跟着问皇帝：您觉得您这皇帝当得可悲不可悲？还能不能继续当下去了？“必欲存宗庙社稷，独斩元振首，驰告天下。”大意是，您要是还想当这个皇帝，只有一个办法——杀了程元振，然后驰告全天下。另外，您应该下罪己诏，向全天下道歉，要是这样还不管用，您把我全族杀了！

这个激昂的态度实际上是群臣愤怒情绪的总爆发。唐代宗痛定思痛，终于下了决心，将程元振免官放归乡里。程元振还不死心，等到代宗回到长安，程元振穿上妇人的衣服潜入长安，目的不明。此事被人知晓，御史上奏，皇帝下令将他流放到西南地区，结果他走到今天湖北地区就暴毙了。

柳伉的谏言取得了成效，扳倒了程元振。柳伉和历史上其他反对奸臣的忠臣一样很勇敢，但是他以及当时群臣的认识还有局限。他们把程元振看作历史上屡见不鲜的奸臣之一，没有把反对程元振上升到反对整个宦官专权这个层面。在谏言中柳伉还建议保留鱼朝恩，因为鱼朝恩此次率领神策军有护驾之功，所以不能和程元振等同视之。这说明他还没意识到宦官专权是要不得的毒瘤。

当然，后来鱼朝恩也倒台了。李辅国、程元振、鱼朝恩三人的事情给唐朝上下一个错觉——皇权暂时还可以压制住宦官，奴才不听话了皇帝随时可以收拾他们，甚至是分分钟的事情，这说明对宦官专权的危害性认识不足，这也导致宦官专权愈演愈烈。到了后来，就不是想压制就能压制的事情了，家奴已经反客为主，骑到皇帝脖子上了。

褚遂良

一代书法家的是与非

『学问稍长，性亦坚正，既写忠诚，甚亲附于朕，譬如飞鸟依人，自加怜爱。』《旧唐书·长孙无忌传》

唐高宗显庆二年（657），岭南爱州（今越南清化）的一座宅邸内，新任刺史正处在愤懑彷徨的情绪里。他从长安被贬到这里，实在不明白眼前这一切究竟是怎么回事，忠心耿耿何以换来如此下场？他病得严重，他颤抖着手，用曾经写下无数书法精品的笔给皇帝写信，诉说自己的冤情。

信中提到，当年太子李承乾被废，舆论倾向立魏王李泰："臣引义固争。明日仗入，先帝留无忌、玄龄、勣及臣定策立陛下。"（《新唐书·褚遂良传》）当时是长孙无忌、房玄龄、李勣和我一起与皇帝商议立了陛下您。

他又说，太宗皇帝去世的时候，受遗诏的就是长孙无忌和他两个人："当时陛下手抱臣颈，臣及无忌请即还京，发哀大告，内外宁谧。"（《新唐书·褚遂良传》）当时陛下您哭得那么伤心，手抱着臣的脖子，是臣等恳请您立即从太宗去世的翠微宫回到长安，发布讣告，安定局势。

最后他恳求说："蝼蚁余齿，乞陛下哀怜。"（《新唐书·褚遂良传》）我这微不足道的一把老骨头，还希望陛下能够哀怜。

他希望这封信能够唤起皇帝对过去的回忆，想起自己的功勋，把自己重新召回长安，或者起码给自己一个清白的名声。但是这封信石沉大海，没有得到任何回音。次年，他在愤懑中离世，享年六十三岁。

他的离世，标志着关陇集团的消亡，标志着一个时代的结束，中国的历史从此走向另一个阶段。他就是褚遂良，一个曾经的股肱之臣，一个伟大的书法家，一个以耿直而著称的人。在这封上疏中，他提到了自己生平的两件大事，但是还有另一件大事他没有提及，也不敢再提及。这三件事就是他一生的脉络。

第一件大事：拥立晋王。

褚遂良祖籍是杭州钱塘，他的先祖在南朝为官。他父亲名叫褚亮，是当时有名的才子，所以说褚遂良的学术修养那是有家学渊源的。褚亮在隋朝因为和杨玄感曾是朋友，所以受到了杨玄感叛乱的牵累，被贬到今青海为官。隋末动乱的时候，褚亮和儿子褚遂良一起投靠在西北军阀薛举门下。薛举与李世民作战时，褚亮还曾奉劝他及早投降李世民，但是薛举不听。薛氏政权失败之后，褚氏父子就投降了李世民。

在唐朝为官相当长的一段时间里，褚遂良不显山不露水。第一，武德到贞观初年战事正紧，受器重的是武将、谋臣而非文学之士。第二，他是投降过来的外来户，建国战争和玄武门事变均未参与，要想上位，必须有别的资本和机遇。

要说资本，褚遂良是有的。褚遂良饱读诗书，才高八斗，史籍说他“博涉文史，尤工隶书，父友欧阳询甚重之”（《旧唐书·褚遂良传》）。他书读得多，而且写得一手好字，特别擅长隶书。他父亲的朋友欧阳询非常器重他。欧阳询是初唐大书法家，能得到他的赏识，可见褚遂良在年轻时的书法造诣就已经相当厉害了。他先是师从隋末唐初大书法家虞世南，后来又师从史陵。有意思的是，据《法书要录》记载，唐太宗也曾经师从史陵，这就等于说唐太宗和褚遂良是书法同学。

最后为褚遂良仕途打开局面的就是书法。虞世南去世以后，太宗很伤心，他对魏徵说虞世南死后，没有人可以一起讨论书法了。魏徵推荐了褚遂良：“褚遂良下笔遒劲，甚得王逸少之体。”（《法书要录》卷四）太宗马上下令召褚遂良侍书。这是褚遂良第一次接近唐太宗，时间是贞观十年（636）。

褚遂良很快展示了他的学识。唐太宗本人也是书法家，对书法有狂热的爱好，尤其爱“二王”的笔迹。于是他在全天下重金征集王羲之等人的作品，很多人争相进献，但这些书法作品真伪莫辨。褚遂良一一检验，百无一失，在场各位（包括太宗）都非常服气。

随后，褚遂良就在太宗身边担任顾问的角色。他知识渊博，唐太宗非常欣赏他。褚遂良性格耿直，屡次犯颜直谏，为老百姓说话，太宗很重视他的意见，褚遂良变得越来越重要。

为褚遂良博得广泛赞誉的一件事就发生在这个时期。当时褚遂良任谏议大夫，兼知起居事，主要负责史馆工作。唐太宗提出想看看自己的起居注。这是个非常特别的举动，在唐太宗以前，没有皇帝看过自己的起居注。中国古代的皇权虽然属于专制，但也是有约束的，比如“天人合一”的提出，用意之一就是以地上的灾异彰显所谓天命，约束皇帝的所作所为。史书也是这样的，皇帝身边有史官，左史记言，右史记事，流传后世。皇帝做事，一则惮于天意，二则惮于未来史官评价。当然，这只限于类似唐太宗这样尚且知耻之人，对于那些昏暴之君是没有作用的。

太宗这么做，就是担心史官写玄武门事变，担心把他写成第二个隋炀帝。他甚至还有个隐秘动机——想修改史书。褚遂良性格耿直，没有答应太宗的要求，他说：“且记善恶，以为鉴诫，庶几人主不为非法。不闻帝王躬自观史。”（《旧唐书·褚遂良传》）史书讲究的就是直言不讳，目的就是不让君主为非作歹，没听说过皇帝亲自看史书的。太宗又问：那要是我做了坏事，你也要记录吗？褚遂良说：“守道不如守官，臣职当载笔，君举必记。”（《旧唐书·褚遂良传》）坚守道义不如坚守职责。我的理解是道义是大道理，大道理是需要落到实处的，什么是实处？那就是职业精神。坚守职责就是坚守道义。您有任何举动我都记一笔。大臣刘洎也在旁边说，就是褚遂良不记，天下人也得记。太宗只好暂时作罢。

顺便说一句：大道理谁都懂，但是大道理真的需要脚踏实地、一步一个脚印落实下来，没有比坚守职业道德更能落实大道理的。除了非正当职业之外，任何职业道德要求的都是诚实、积极、有担当、有创造性、有集体精神。不用整天追求大道理，做好自己的分内工作，有职业精神就好。

这个时期，唐太宗面临的最大问题就是继承人问题。太子李承乾举止荒唐，大家都觉得他不可靠。而魏王李泰则一直觊觎太子之位，群臣都觉得他很危险，因为颇有点玄武门事变前的征兆。于是大家都希望立储之事早日有个定夺。褚遂良就在这件事情上发挥了很大的作用。

此时的褚遂良位高权重，他与长孙无忌关系非常好，而长孙无忌则是关陇集团的代表性人物。褚遂良就是这个集团的重要成员。

唐太宗刚开始是倾向魏王李泰的。魏王李泰也很争气，好学上进，组织编纂《括地志》，而且礼贤下士。朝臣中就有人支持他——岑文本和刘洎。史籍记载："魏王泰日入侍奉，上面许立为太子，岑文本、刘洎亦劝之。"（《资治通鉴》卷一九七）皇上已经口头答应立李泰为太子了，岑文本、刘洎也劝说太宗如此，而长孙无忌和褚遂良则倾向于晋王李治。

太宗有一次告诉褚遂良，李泰这孩子太让我感动了，他说他有个儿子，假如他以后能当皇帝，他准备在死前把这个儿子杀了传位给晋王。谁不爱惜自己儿子，他能做出这个牺牲，真是难为他了。

褚遂良马上回答："陛下言大失。愿审思，勿误也！安有陛下万岁后，魏王据天下，肯杀其爱子，传位晋王者乎！"（《资治通鉴》卷一九七）大意是，您这话错得离谱，您再想想，一个人当了皇帝，怎么可能在大权在握的时候杀了爱子，传位给兄弟的？这可能吗？太宗这才醒悟。

魏王李泰也犯了一个大错误，他太着急，主动去威胁晋王李治，说你和谋反的汉王元昌关系好，可要小心。这事大大刺激了太宗，太宗处理继承人问题有个底线：绝对不能再出现兄弟阋墙之事，因此无论立谁，保全其他皇子性命是首要条件。所以他权衡再三，决定立在这个事件中始终与世无争的晋王李治为太子。李治无欲无求，性格也温和，立他可同时保全李承乾、李泰的性命。

最后太宗决断，立晋王为太子。当时演出了有趣的一幕：太宗将长孙无忌、褚遂良、房玄龄、李勣留下来商谈继承人问题，然后突然做痛不欲生状，说是我这些孩子太不像话，我不想活了，还拔刀做自杀状。大家上去抱住他，褚遂良夺下刀来，顺手交给了身边的晋王李治。这就是预谋好的一幕，大家异口同声说我们拥护您的决定，立晋王为太子，谁敢反对就收拾谁。李治就这样成为太子。

褚遂良并不止步于立李治为太子，他还想为太子保驾护航。那么当时能威胁到太子的都有谁？李承乾、李泰都是过去式，不必多说了。其余的，一股势力是吴王李恪。这人有谋略才干，唐太宗很爱他。但他不是长孙皇后所生。另一股势力就是当年魏王李泰的一党，包括岑文本、刘洎。岑文本在立太子后两年病故，而刘洎则成为长孙无忌、褚遂良的眼中钉。

贞观十九年（645），太宗在御驾亲征辽东之后得了一场大病，病情严重，刘洎和大臣马周进去探视之后，有人问圣上病情如何？刘洎哭着说：病情很重，令人忧虑。而褚遂良则添油加醋，在太宗面前说，刘洎说您病情很重，而且刘洎还说："国家之事不足虑也。正当辅少主行伊、霍之事耳。大臣有异，诛之，自然定矣。"（《大唐新语》卷一二）意思是刘洎看到太宗得病还挺高兴，他正好可以学伊尹、霍光，当个辅政大臣，谁敢反对，杀了了事。

太宗听了勃然大怒，等病稍微好了一些就召刘洎前来训斥。刘洎大呼冤枉，褚遂良与之争辩不已。刘洎让马周给自己做证，马周的说辞和刘洎相同，但是褚遂良说："同讳之耳。"（《大唐新语》卷一二）意思是你们是一党，马周在为刘洎打马虎眼。论战的最终结果是太宗认定刘洎有罪，赐其自尽。

太宗听信褚遂良的话也不是没有理由的，因为刘洎虽然精明强干，是个人才，但性格偏激，比较自大。

这件事被认为是褚遂良最大的人生污点。司马光写《资治通鉴》的时候，就不相信褚遂良会做这种事。他的论点如下：第一，忠直不为此事，褚遂良是忠直之人，必然不会做这种事情；第二，素无怨仇，他和刘洎没有矛盾，没有诬告动机；第三，后人诬陷，武则天成为皇后之后，掌握史馆工作的是她的亲信许敬宗，这肯定是许敬宗栽到褚遂良头上的。

所以，他的《资治通鉴》写到此事时措辞特别有意思："或谮于上曰"（《资治通鉴》卷一九八）大意是，"有人"向太宗举报刘洎，用"或"这个字代替了"褚遂良"三个字。那此人到底为谁？司马光找不到答案。对于司马光的推断，我们做如下分析。

第一，褚遂良纯然忠直吗？褚遂良性格耿直，这不假。给太宗屡次上谏言，为国计民生鼓与呼，这也不假。但是他并非白璧无瑕，褚遂良一生多次有诬告他人甚至仗势欺人的行为。

比如高宗时期房遗爱谋反案发，长孙无忌、褚遂良由于和江夏王李道宗关系不好，竟然诬告江夏王与房遗爱有勾结，导致李道宗被流放并很快去世。

武则天时期，宰相李昭德的父亲李乾祐和褚遂良关系不好，"竟为遂良所构”（《旧唐书·李昭德传》），至于是什么矛盾、褚遂良是怎么陷害他的，史籍没有明文记载。

褚遂良还有仗势欺人的行为。他担任中书令的时候，曾经以低价强买中书译语人的房产。此事遭到了监察御史的弹劾，导致褚遂良被贬为刺史。

以上这些事例多数发生在刘洎事件之后，但足以说明褚遂良耿直的外表下有阴暗的一面。他有可能为了自己的利益采取一些卑劣的手段。其实司马光对褚遂良的好感，多半来自褚遂良与武则天的对抗，司马光很反感武氏，因此有意无意美化了褚遂良。

第二，褚遂良与刘洎无矛盾吗？很明显，司马光忽视了岑文本和刘洎当年对魏王李泰的支持。刘洎是魏王党，褚遂良对此耿耿于怀，因此此事不过是借题发挥而已。

褚遂良倒台之后，刘洎儿子曾经告御状，说刘洎冤死于褚遂良之手。而有意思的是，司马光在《资治通鉴》里也记载了这件事，可谓自相矛盾。

第二件大事：遗诏辅政。

唐太宗对褚遂良的信任在晚年达到高峰，褚遂良俨然成了仅次于长孙无忌的重要大臣。他曾经这样评价褚遂良：“学问稍长，性亦坚正，既写忠诚，甚亲附于朕，譬如飞鸟依人，自加怜爱。”（《旧唐书·长孙无忌传》）大意是，学问渐长，性格坚定，而且对我非常忠诚亲近，犹如小鸟依人，我很欣赏他。这就是成语“小鸟依人”的出处。

褚遂良的多数书法精品也都是在这个时期完成的，此时的他春风得意，心情畅快，下笔如有神。唐太宗表彰凌烟阁功臣的时候，褚遂良奉命题阁名。褚遂良的字秀丽而不乏端庄，用在凌烟阁上非常合适。

既然他是唐太宗心目中的重要人物，那为何当时他没有进入凌烟阁？原因很简单，凌烟阁表彰功臣制度是贞观十七年（643）建立起来的，虽然此时褚遂良位高权重，但是毕竟凌烟阁建立的初衷是表彰建国和玄武门事变功臣的。这两件事褚遂良都没有参与，换句话说，资历不够。

贞观二十三年（649），唐太宗病重，临终前他所确定的辅政大臣是长孙无忌、褚遂良二人。弥留之际，他握着褚遂良的手指着李治说了一句对褚遂良后半生影响巨大的话："朕佳儿佳妇，今以付卿。"（《资治通鉴》卷一九九）我这一对好儿子好儿媳，就托付给你了。

这个儿媳妇是谁？自然不是武则天。此时的武则天还是太宗的后宫，也就在照顾太宗的时候才和太子李治有了秘密交往。这个儿媳妇是太子妃王氏，王氏是太宗在世时钦定的太子妃。她出身名门望族的太原王氏，祖父是西魏时期大将王思政，所以王家是关陇集团成员。

日后褚遂良之所以全心全意拥护王皇后，原因就是这两点：第一，王氏是名门望族，且是关陇集团成员；第二，太宗的遗嘱。太宗是把儿子和儿媳一起托付给他的，所以两个都要维护。也就是这种心态，使得褚遂良将维护皇帝、皇后当作自己生命的一切，也正是这种心态，将褚遂良推向了人生深渊。

第三件大事：反对武则天。

被贬之后，在给高宗皇帝的上疏里，有一个褚遂良没有提到的人，但就是此人造成了眼前这一切，这就是武则天。褚遂良始终搞不清楚的一件事是：这么一个小女子何以能扳倒几位宰相？他褚遂良一世英雄怎么就被一个小女子轻易打败了？

唐高宗要废掉王皇后，立武昭仪为后，刚一提出来就遭到了长孙无忌、褚遂良、于志宁的反对。这些老臣志得意满，把皇帝看作小孩子，试图将国家的一切事务都掌握在自己手里。至于武昭仪，当时刚从感业寺出来没多久，里里外外孑然一身，只能靠着唐高宗，所以褚遂良等压根没有把她放在眼里。

这场立后之争如同历史上那些以弱胜强的战役一样，弱方利用了强者的轻敌和内部的缝隙，从而实现大逆转。

开始时，长孙无忌这座堡垒固若金汤，油盐不进，高宗和武则天低三下四到府上去恳求也不顶用。至于褚遂良，那更是没有任何突破的可能，对他来说，太宗遗嘱就是底线，绝对不容突破。

在这场斗争中，褚遂良有两个“最”：

第一，最先表态反对。

对高宗和武则天的请求，长孙无忌采取的是顾左右而言他的策略，而褚遂良则是第一个在会议上明确表态反对的重臣。当时皇帝决定摊牌，正式召开御前会议，召长孙无忌、李勣、于志宁、褚遂良入内殿。进门前，褚遂良跟大家说，今日这个会肯定是为了立后之事。我第一个上去反对，反对皇帝要冒着生命危险。太尉（指长孙无忌）是皇舅，司空（指李勣）是功臣，不可使皇帝落一个杀皇舅和功臣的名声，“遂良起于草茅，无汗马之劳，致位至此，且受顾托，不以死争之，何以下见先帝！”（《资治通鉴》卷一九九）大意是，我褚遂良没什么贡献，先帝让我当顾命大臣，今日要不以死抗争，我愧对先帝！长孙无忌当然和他一条心，于志宁其实也反对立武则天，但是这人胆小，不敢站到前面去。至于李勣，其实另有打算。

第二，态度最为激烈。

这场会议上的争执十分激烈，武则天和老臣们第一次面对面抗争。会议分两天，第一天高宗先提出王皇后无子，所以要换皇后。褚遂良果然第一个发言，他搬出了太宗遗言，然后说："此陛下所闻，言犹在耳。皇后未闻有过，岂可轻废！臣不敢曲从陛下，上违先帝之命！"（《资治通鉴》卷一九九）大意是，这些话说出来的时候您也在场。皇后没任何过错，怎么可以轻言废立。我不敢依从您，违背先帝之命。搬出太宗来压高宗，其实高宗很不喜欢这一点。

这场会议不欢而散。第二天接着再开，武则天站在帐后偷听。双方越说越激动，会议主角又是褚遂良，他慷慨陈词，列出不可立武氏的两大理由：第一，武氏门第低微；第二，武氏曾是先帝的妃子，这是丑闻，陛下要为身后名誉考虑。这等于揭高宗的伤疤，高宗肯定不高兴。褚遂良越说越激烈，最后将手中笏板扔到殿阶上，冠也撇在一边，叩头流血，一边叩一边说："还陛下笏，乞放归田里。"（《资治通鉴》卷一九九）笏还给您，我要告老还乡！这还要挟皇帝了。皇帝大怒，叫人把褚遂良拉出去，帐后的武则天气得要命，实在忍不住也大骂："何不扑杀此獠！"（《资治通鉴》卷一九九）长孙无忌说褚遂良是顾命大臣，有罪也不能治死。这场会议就在一片乱哄哄中结束了。

会议的失败标志着高宗、武则天和重臣集团的公开决裂。此时高宗和武则天必须另辟蹊径，迂回攻击。他们注意到重臣集团中的李勣始终回避表态，说明他有可能是个突破口，于是他们征询李勣的意见。果然，李勣是重臣集团中的特立独行者，他说出了那句著名的话："此陛下家事，何必更问外人！"（《资治通鉴》卷一九九）这句话意思很简单，褚遂良他们是外人，皇帝应该自己决断，此时的高宗正需要这句话。其实，对于唐高宗来说，之所以执意立武氏，心理动机是借此彰显独立性，摆脱元老集团对自己的掣肘。于是圣意决断：立武氏为后，贬遂良为潭州都督。显庆二年（657），褚遂良又转任桂州都督，没几天又贬为爱州刺史。第二年，褚遂良在愤懑中去世，享年六十三岁。

一个当年为太子李治竭尽全力的人，一个太宗钦定的顾命大臣，怎么就这样稀里糊涂败下阵了？看似是态度激烈冒犯了皇帝，实际上还有深层次的原因。

第一，他的倒台是皇帝的需要。高宗并没有想象中的那么软弱，他也想摆脱顾命大臣对自己的控制，因此立后事件只是一个诱因罢了。

第二，他的倒台是时代的需要。关陇集团的狭隘派系观不符合大帝国的需求，所以关陇集团退出舞台是历史的必然。

第三，他的倒台是官场规则的需要。李勣的倒戈对整件事情产生了巨大影响，他为何不与长孙无忌、褚遂良站在一起？因为李勣从来都不是关陇集团的人，他熟稔官场游戏规则：在新皇帝这里要想保卫自己的利益，必须揣摩新皇帝的需求，而不是去固守某个集团的所谓原则。说好听点儿，李勣属于识时务者；说难听点儿，就是墙头草。而褚遂良属于不识时务者，他以为自己在太宗朝的成功可以在高宗朝复制，但是他忘了一个词——时过境迁。所以，褚遂良的倒台只是进一步印证了中国古代官场规则的坚固而已，那规则就两个字——“唯上”。一切以上意为马首，原则性可以退居次席。

褚遂良的死令人扼腕叹息。毕竟他是个才华超凡、忠于职守之人，他的死完全是朝廷斗争的结果。他至死也不会知道，他的对手武则天日后会做出怎样惊天动地的大事，别说皇后位置，太宗留下的江山也不在话下。此后将近半个世纪都是武则天的天下，所以褚遂良也就没有出头之日。一直到武则天去世前，褚遂良才又引起了人们的注意。武则天弥留之际，遗令去帝号，恢复皇后身份，尤其引人瞩目的是这样一句话：“其王、萧二家及褚遂良、韩瑗等子孙亲属当时缘累者，咸令复业。”（《旧唐书・则天皇后本纪》）人之将死其言也善，她命令将王皇后、萧淑妃、褚遂良、韩瑗的子孙亲属恢复身份，复其旧业。这四个人都是在她立后前后倒台的。按理说，武则天一生的敌人太多了，那么为何特地点这四个人的名字？大概武则天觉得自己一生做过最过分的事情就是为了成为皇后，使了太多手段，害了一些人，这四个人并不是什么大逆不道之恶人，他们不过是武则天上位时的台阶罢了。武则天一生可能对这四个人内心有愧，所以临死前想弥补一下。

褚遂良进入由他题阁的凌烟阁的时间很晚，是唐德宗时期。据《旧唐书・德宗本纪》记载，贞元五年（789）九月“诏以褚遂良已下至李晟等二十七人，图形于凌烟阁，以继国初功臣之像”。时间已经过去了一个多世纪，为何唐德宗此时表彰褚遂良？其实这次进入凌烟阁的前朝之人不止褚遂良一个。此番表彰活动展现出唐德宗的心态，他试图重新整顿国史。贞元五年正是唐德宗经历“四王二帝”之乱后不久，德宗削藩、恢复朝廷权威的雄心壮志被打得粉碎。此时也正是他休养生息的时刻，战事已经结束，财政改革也取得成效。因此，唐德宗有时间来重新梳理国史，梳理国史的目的是表彰功臣，提倡忠义，因为在“四王二帝”之乱中，唐德宗饱受臣下叛乱之苦，所以对历史上的忠臣特别怀念。褚遂良犯颜直谏唐太宗、慷慨激昂反对武则天的举动，恰恰符合唐德宗心目中忠臣的标准。

不仅是唐德宗，唐朝中后期人对褚遂良的评价基本都是正面的，人的心里有个特别有趣的现象——同情弱者。褚遂良虽然生前也有一些负面信息，但是随着时间流逝，人们已经忘记了这些，而是记住了他光明的一面，记住了他是个无辜受害者。随着凌烟阁门的开启，褚遂良达到了他人生的完满。

苏定方

功勋卓著却大名不显？

『邢国公神略翕张，雄谋戡定，辅平屯难，始终成业。疏封陟位，未畅茂典，盖阙如也。』《旧唐书·苏定方传》

在唐德宗贞元五年（789）新增的凌烟阁功臣中，有一位名叫苏定方的将领。这位堪称唐前期的传奇将领，东征西讨，战线纵横近万里，连续灭三国，且每次都能俘虏敌方国王。看他的事迹，有一种大气磅礴、热血沸腾的感觉，他是唐高宗时期军事力量达到顶峰的象征。但令人奇怪的是，这样一位功勋卓著的将领，在他生前死后都有人试图抹杀其功勋，以至于长期以来，其功勋与所得到的赞誉完全不匹配。究其原因，竟然还与武则天有着间接的关系。

苏定方，冀州人。父亲苏邕，隋末战乱的时候曾经在地方上率领数千乡党保卫家乡。能纠集这么多人马，从这点上来说，苏家可能是地方豪族。从北朝开始，地方上就有豪族掌控着地方人脉和社会基层组织。到了隋末战乱的时候，这些豪族纷纷登场，不管是反隋的还是拥隋的，都有豪族的影子，苏家可能是其中一员。

当时苏定方还很年轻，跟着父亲东征西讨，史籍说他“骁悍多力，胆气绝伦”（《旧唐书·苏定方传》），每次作战他都第一个冲入敌阵。他父亲在战乱中去世后，郡守干脆把他父亲的部队交给了他。当时乡里都仰仗他，他所控制的区域没有外人敢来侵犯。

当时河北地区是窦建德的地盘，苏定方跟随了窦建德，这可能也是他后来在唐朝长期不受重用的原因之一。虽然凌烟阁有很多功臣都是投降过来的，但是他们后来都受到了重用。问题是，苏定方曾死心塌地地跟随过窦建德，他甚至在窦建德死后还继续跟随窦建德部将刘黑闼反唐。李世民讨伐刘黑闼很不顺利，最后是太子李建成出马才平定了河北地区。虽然史籍没有记载，但是作为一员悍将的苏定方必定是唐太宗的死对头。即便后来降唐，他降的也是太子李建成，不是秦王李世民，从这点上来说，太宗肯定会冷眼相待。

所以从投降唐朝到贞观四年（630）之前的这段时间里，苏定方一直不显山不露水，只是一个折冲府的都尉。唐代折冲府是个基层武装单位，负责管理府兵，全国有好几百个折冲府，上等折冲府管兵一千二百人（有时增至一千五百人），中府一千人，下府八百人。上府都尉正四品上，中府都尉从四品下，下府都尉正五品下。对苏定方来说，这有点儿屈才了。但好在是金子总会发光的，不久苏定方就迎来了一个机会。

当时唐军正在讨伐东突厥颉利可汗。唐军采取的战术是轻骑突进，打敌人一个措手不及。统帅李靖独具慧眼，认定苏定方是一个不可多得的将才，于是带领他出征，并且给了他一个先锋的光荣使命。当时天降大雾，苏定方率领二百骑兵突袭。他认为敌人毫无戒备，我军冲入敌营，大雾之中敌我难辨，一定会发生混乱，那么就为我军主力带来了胜利的希望。

果然，唐军摸到突厥大本营门口的时候突厥方才发现，一时之间来不及组织人马，后者陷入了一片混乱。苏定方在雾气中影影绰绰地看到了颉利可汗的大帐，果敢突击，斩于唐军刀下的突厥人瞬间达到了百名，颉利可汗也狼狈逃走了。李靖率领主力赶到，突厥人匍匐投降者多达数万。后来颉利可汗也被唐军俘虏，押往长安。此战苏定方算是崭露头角，因功被拜为左武候中郎将。

让苏定方名声大噪的还是跟随大将程知节（程咬金）讨伐突厥阿史那贺鲁的战役，在这一仗里，苏定方体现出了两个优秀的品质。

第一，机敏果断，积极求战。

当时苏定方被委派为前军总管，率领五百骑兵在主力部队前面侦察行进。一天，苏定方正和部下解马休息，此时他距离主力部队大约有十多里地，忽然发现主力部队方向尘土遮天蔽日。苏定方具有一个职业军人应有的品质，那就是敏锐的观察力，他立即意识到主力方向有战事。当时隔着一道山梁，具体战况看不清。苏定方立即和部下纵马跃上山梁，往下一看，敌军数万骑兵插到了侦察部队与主力部队之间的缝隙里，正在围攻唐军主力。双方互有杀伤，战状胶着。苏定方还具有军人应有的另外一个优秀品质——积极求战，遇敌即战，毫不退缩。虽然自己兵力少，又岂能以此为借口胆怯避战？他迅速分析形势——己方兵力虽然处于绝对劣势，但已占居山冈位置，居高临下有地形优势，而且敌人一门心思正面攻打唐军的主力，如果自己从侧后冲过去，敌人会被打个措手不及，这一仗必赢！于是他一声令下，带着五百人呼啸而下，顺着山势直插敌阵，对方没想到背后出现这样的勇兵悍将，瞬间崩盘。唐军追杀敌人二十余里，斩首一千五百人，俘获战马两千匹，敌人遗弃的装备绵延数十里。

第二，洁身自好，严守军纪。

此番远征，唐军中有个害群之马，就是副将王文度。他煽动军士抢掠胡人财产，还想杀俘。苏定方看不惯，说："如此自作贼耳，何成伐叛？"（《旧唐书·苏定方传》）王文度等人的行为给唐军声誉带来了极大损伤。

回到长安，王文度等人被下狱治罪，苏定方则受到了广泛赞誉，并很快得到了重用。他一生有三大功，都以俘虏敌方国王收尾。三破敌国，三擒国主，这在唐朝乃至整个中国军事史上都是非常突出的。

第一功：征讨西突厥，生擒阿史那贺鲁。

阿史那贺鲁原本是西突厥大将，还曾经和唐朝并肩作战，帮助唐朝征伐西域，被唐朝封为瑶池都督、沙钵罗叶护。唐太宗死后，他觉得机会来了，自立为沙钵罗可汗，接连夺取西域重镇，威胁到了丝绸之路的安全。唐朝曾多次讨伐他。程知节讨伐阿史那贺鲁的那场战役，虽然击败了对方，但是未能铲除阿史那贺鲁，实际上等于半途而废。所以，第二年皇帝委任苏定方为行军大总管，再次征讨阿史那贺鲁。这就是前一年苏定方优异表现带来的良好结果——唐高宗已经注意到了他。从后面的战果来看，苏定方也没让高宗失望。

阿史那贺鲁手下纠集多个部落，兵力多达十万。苏定方手下只有汉兵和回纥兵一万余人。双方主力遭遇的时候，阿史那贺鲁看见唐军兵少，于是四面包围苏定方，以为这下可以将其全歼，但是他忽视了唐军的强大战斗力和苏定方的指挥才干。苏定方毫不慌乱，他利用敌人的轻敌心理，将步兵部署在平原上，自己率领骑兵在北原上等待。步兵战斗力不及骑兵，又处于平原之上，按理说这是布置失当，应该部署在地势险要的地方才能抵御骑兵，但是苏定方不按常理出牌。步兵这样布置，必然吸引敌军主力来攻，假如步兵能抵挡得住，那么敌人士气就会受挫，此时再用骑兵冲击就可取胜。

关键在于步兵如何抵御骑兵冲击。其实唐军在这方面已经有了丰富的作战经验。步兵要想抵御骑兵，要素无非有三个：

第一点，合适的武器。唐军有强弓劲弩，比游牧民族的还要精良。唐军还有长矛和陌刀，陌刀是一种长刀，是步兵对付骑兵的利器。当然，陌刀这种重型长刀的使用必须以长久系统的训练为基础。

第二点，严密的队形，也就是步兵方阵。无论是希腊、罗马，还是中国的军事史都证明了一点：对付骑兵时，步兵单打独斗必然失败，唯有严密的方阵才是步兵对付骑兵的不二法门。当然，这也需要严格的长时间的训练。

第三点，严格遵守战场纪律。骑兵集团冲锋时气势如虹，弯刀如云，马蹄震动，烟尘蔽日，会对步兵造成极大的心理压力，即使有再好的武器、再好的阵形，假如没有坚强的意志力必然无法抵挡。军队坚强的意志力是什么？那就是战场纪律，万人如一人，泰山崩于前而色不变。每个人都是零部件，每个零部件恪尽职守才能发挥威力，唐军在多年的战争中已经训练出了这种品质。

此次战役，苏定方就充分利用了这三点。步兵结成严密阵形，士兵们手持长矛，矛尖指向四方，组成了密密麻麻的“长矛森林”，这是充分利用动物心理——再有经验的战马看到这种长矛阵仗也会下意识躲避，冲锋的气势自然会因减速而变弱。果不其然，敌人冲击唐军步兵方阵三次未果，受到了极大的打击。苏定方察觉到时机来了，下令骑兵冲锋！骑兵势如破竹，从北原上狂飙突进，居高临下进攻。敌军大败，人马被杀者多达数万，阿史那贺鲁狼狈逃跑。后来苏定方又接连几次与敌人战斗，都取得了胜利。最终，副将萧嗣业将阿史那贺鲁擒获，唐军获得了彻底的胜利。此战后，唐朝疆域西达西海（这里西海指的是咸海）。唐高宗非常高兴，大军凯旋之日，高宗端坐在上，苏定方穿戴戎服，亲手将阿史那贺鲁献于高宗。苏定方因功拜左骁卫大将军，封邢国公。

第二功：征讨西突厥，擒获都曼。

阿史那贺鲁的失败并不意味着西域的彻底平静，所以苏定方在献俘后不久就返回了西域。果然，没过多长时间西突厥都曼再掀战乱，联合一些小国，对唐朝形成了威胁。

都曼是西突厥五弩失毕阿悉结部的首领，实力强劲。在苏定方平定阿史那贺鲁时，多数突厥部落都投降了，唯独五弩失毕部大部分拒绝投降，都曼的主力正是这些人。

苏定方被皇帝委任为安抚大使，率兵讨伐都曼。他决定快速突击攻打敌人，于是精选前锋士兵一万，战马三千匹，以一日一夜行军三百里的速度直扑敌人大本营。如果都是骑兵的话可以做到，但是唐军马只有三千匹，人却有一万，存在七千的缺口。所以可能使用了马车等交通工具，但即便如此，速度也是非常惊人的。

将军及其带领的军队的战斗力，不仅仅体现在战场上攻必克、战必胜，也体现在行军能力上。厉害的军队能长时间快速行军，并且始终保持战斗力，到即战，战必胜。唐朝军队，尤其是唐前期的军队动辄远征数千里，在这方面的能力十分突出。

唐军前锋部队到距离城池只有十里的地方时，都曼才发现，他紧急召集人马，在城门之外与唐军交战。一日一夜没有休息的唐军仍然具有强大的战斗力，将对方打得落花流水。前锋部队将敌城围住，唐军主力随后也赶到了战场上，连夜伐木做攻城器械。他们把这些器械摆放在城下，向对方示威。都曼见状，知道大势已去，于是不得不开门投降。苏定方再次取得了灭国擒主的胜利。

显庆五年（660）正月，洛阳乾阳殿上，苏定方将都曼献于唐高宗座下。有司说这是反贼，一定要问斩。苏定方站出来说："臣欲生致阙廷，与之有约，述陛下好生之德，必当待以不死。今既面缚待罪，臣望与其余命。"（《唐会要》卷一四）大意是，我劝都曼投降时曾经和他约定，保全其性命。他罪该治死，但既然有约定，还是希望陛下能饶他一命。高宗说："朕屈法申恩，全卿信誓。"（《唐会要》卷一四）大意是，我为了大将军你可以屈法，饶他一命，成全你的信义。于是唐高宗下令免除了都曼的死罪。

这次战役是苏定方取得的第二场大胜利，被看作唐朝稳定西域局势的关键一战。

第三功：泛海远征，讨平百济。

就在讨平都曼作乱之后不久，唐高宗委任苏定方为熊津道大总管，率师讨伐百济。这与苏定方以往经历过的战役有区别，它是一次泛海远征。大家都知道，水战与陆战有本质的区别，对指挥官的要求当然也不一样。但是苏定方展现出了他“全地形人才”的优良素质，海战陆战兼通。

舰队来到熊津江口，而对方是沿着水岸布防的。苏定方指挥若定，率领唐军在敌前抢滩登陆，展开大战。开始时敌人还负隅顽抗，但是眼见唐军后续部队从海面上陆续到来，“扬帆盖海，相续而至”(《旧唐书·苏定方传》)。敌人崩溃，撂下数千具尸体逃跑了。此时大潮上来了，苏定方抓住时机，下令沿江向内陆挺进。为了保卫水军侧翼的安全，苏定方亲自率领陆军沿着江岸齐头并进，浩浩荡荡，军容赫赫。敌人虽然倾尽全国兵力，依然战败。唐军大获全胜，斩首对方上万人，百济义慈王和太子一起逃跑了。留在城内的义慈王次子扶余泰自立为王，义慈王的孙子文思表示反对。他认为扶余泰自立为王，回头唐军走了，宫廷内肯定少不了一场血腥斗争，自己也免不了丧命，还不如投降唐军。于是他率先从城墙上缒下去，投降了唐军。城内人听说王孙都跑了，于是纷纷出城投降，扶余泰也无法制止。苏定方见城内人心动摇，立即抓紧部署攻城。他命令尖兵率先登城，登城之后第一件事是在城墙上竖起唐军战旗。旗帜一竖，扶余泰的心理便崩溃了，他只得开门投降。没过多久，义慈王和太子也被俘虏，百济被平定，唐朝在此处设立了六个州。苏定方凯旋东都，将义慈王等献于高宗面前。

短短几年时间里，苏定方三伐敌国，三次都取得了决定性胜利，并且都俘虏了敌人的国王。其战绩别说在唐朝，就是放在整个中国军事史上也是出类拔萃的。由此可见，苏定方确实是中国历史上不可多得的将才。

《新唐书·苏定方传》记载：“定方所灭三国，皆生执其王，赏赉珍宝不胜计，加庆节尚辇奉御。”皇帝给他赏赐无数，他的儿子苏庆节也蒙父荫被委任为尚辇奉御。

但耐人寻味的是，高宗显庆以后，史籍中有关苏定方的记载忽然之间变得稀稀落落。据《旧唐书·苏定方传》记载：“邢国公神略翕张，雄谋戡定，辅平屯难，始终成业。疏封陟位，未畅茂典，盖阙如也。”苏定方神机妙算张弛有度，安定局势，平坚克难，终成大业。但是却缺乏封赏，没有登上更高的位置，而且典章、史籍中关于他的事迹也不丰富，所以《旧唐书》的结论是“盖阙如也”。这句话的意思是存疑不言，或者是缺乏记载，我估计后者的解释更合理。有关苏定方的史料很少，尤其关于他后半生的记载更少，史官已经尽力了。

从苏定方最风光的显庆年间开始算起，到他去世的乾封二年（667），在他人生高光的近十年时间里，事迹记载真的不多。苏定方去世的时候，皇帝非常悲痛。按照常规，重臣去世之后，有司都会商议一个谥号，拟定一个褒赠计划，但是过了好多天都没人提这个事。高宗等得都恼了，他责备近臣说：“定方于国有功，当褒赠，若等不言，何邪？”（《新唐书·苏定方传》）大意是，苏定方于国家有大功，应该有所表彰，以示哀悼，你们却不吭声，究竟是什么原因？

史籍记载到此为止，我们不知道群臣是如何回答的，这实在令人诧异。

苏定方军功赫赫，是全方位的军事天才，比起大多数凌烟阁功臣，其功绩有过之无不及，为何有关他的事迹记载出现大段空白，为何他去世时那么多重臣对表彰一事抱持极其微妙的态度？

我认为，苏定方无意中卷入了派系斗争。围绕他发生的这些事情，与武则天的亲信许敬宗有很大关系，那么间接地也就与武则天有了千丝万缕的关系。

说到这里我们就要介绍一下许敬宗其人。

许敬宗，杭州新城人，祖籍河北，他的父亲是隋朝礼部侍郎许善心，也是天下闻名的大才子，所以许敬宗自幼就饱学。许善心和魏徵还曾经共过事，死于江都宇文化及之乱。许敬宗辗转投降了瓦岗军李密。到了唐朝，因为许敬宗才学出众，所以被李世民看重，当了秦王府学士，后来又当了中书舍人。这原本都还不错，可惜的是，许敬宗这个人举止轻浮。贞观十年（636）长孙皇后去世，百官都穿丧服以示哀悼，其中就有大书法家欧阳询。欧阳询虽然书法出类拔萃，但是其貌不扬，甚至可以说有些丑，再穿上一身丧服，看起来可能就更难看了，许敬宗一看，忍不住哈哈大笑。长孙皇后国丧期，在朝堂之上哈哈大笑有失体统，于是他被贬到南方当了都督府司马，后来才回到长安。

高宗时期许敬宗再度受到重用，但除了轻浮之外，他还贪财。他把女儿嫁给了岭南大酋长冯盎的儿子，这里顺便说一句题外话——冯盎乃是高力士的先祖。在嫁女过程中，许敬宗要了很多彩礼，被有司弹劾，又被贬到地方上去当刺史。

唐高宗想废皇后王氏，立武则天为皇后，此事遭到了元老重臣的一致反对，朝堂之上甚至还发生了激烈的言语冲突。此时率先站出来支持唐高宗和武则天的不是高级别官员，而是中级别的李义府、许敬宗。这两个人有个共同点——仕途都不顺利，但是又都有野心。他俩想借此来个出奇制胜，把宝押到武则天身上，假如武则天成了皇后，那么他们也就跟着上位了。这是高宗和武则天最早获得的支持。当然，他们级别不高，说话没分量，最终一锤定音的还是李勣。但是，对武则天来说这两个人意义非凡，这是第一批“自己人”，所以武则天当皇后以后，李义府、许敬宗等一批曾表态支持她的人开始飞黄腾达了。

许敬宗长期掌管国史。按理说，当史官应该做到秉笔直书，铁骨铮铮。比如，文天祥、司马迁，个个都是头可断、血可流，下笔不可收的人物，可是许敬宗则不然。此人睚眦必报，党同伐异，史笔成了他的工具，因此在他写的史书中，有很多不可信的篇章。

比如江都叛乱中，隋炀帝被宇文化及所杀，大臣虞世基与许敬宗父许善心也被杀。此事有个目击者，就是内史舍人封德彝，他曾向别人透露过当时的场景。虞世基被杀的时候，他的弟弟虞世南匍匐恳求替兄长一死。而许敬宗则根本不顾他父亲的安危，只向宇文化及行舞蹈之礼，这是臣下对君主的礼节，以求不死。这事儿传开之后，许敬宗对封德彝恨之入骨，所以在给封德彝写传记的时候充满恶意。

许敬宗贪恋钱财，将女儿嫁给左监门大将军钱九陇的儿子。钱家出身低微，但是许敬宗写史的时候故意拔高钱家门第，虚增了很多功绩。许敬宗儿子娶尉迟宝琳孙女为妻，尉迟宝琳是尉迟敬德的儿子，所以他在写尉迟敬德传记的时候就隐恶扬善，文过饰非，甚至还故意张冠李戴。当年太宗曾作《威凤赋》赐长孙无忌，而长孙无忌是武则天和许敬宗的敌人，所以在许敬宗笔下，这首《威凤赋》被写成是赐给尉迟敬德的。

有证据表明，许敬宗和苏定方关系不错。当时苏定方擒获阿史那贺鲁之后，是许敬宗极力促成太庙、昭陵献俘礼仪，这是突破常规的。在写史的时候，他也是极尽夸大之能事。比如，有个叫庞孝泰的将领，历来懦弱无能，但是给许敬宗行贿，许敬宗就写："汉将骁健者，唯苏定方与庞孝泰耳。"（《旧唐书·许敬宗传》）将领中只有苏定方和庞孝泰骁勇善战，其他人都不如他们。这话放在苏定方身上没错，但是许敬宗非要来个买一赠一，硬把庞孝泰和苏定方绑在一起。他的这篇文章引发了将领的极大不满，也在无意中把苏定方放到了其他将领的对立面。换句话说，在别人看来，苏定方就是与许敬宗为伍的。

其实苏定方有着实打实的战绩，许敬宗这样做就是画蛇添足，反倒有损苏定方的名誉。尤其在此时，政坛形势十分微妙，高宗与武则天之间存在控制与反控制的斗争，朝臣中也因此分裂为两大派，一派支持皇帝，维护正统，另一派支持武则天。虽然史料没有记载过苏定方的立场，但是毫无疑问，苏定方与许敬宗的关系会使人们把他归到武则天一方。

所以，此时反感苏定方的大有人在，比如重臣刘仁轨。当年苏定方在百济风光无限的时候，刘仁轨正因为运送军粮失败在百济戴罪从戎，而陷害刘仁轨的不是别人，正是李义府。李义府和许敬宗被看作武则天的哼哈二将，由此可以想见，刘仁轨对许敬宗的"好友"苏定方不可能有好感。再加上许敬宗声称诸将都不如苏定方，反倒使苏定方在军界和政坛被孤立了。而刘仁轨等人在苏定方晚年颇受重用，甚至刘仁轨退休前还曾写信讽刺武则天是吕后，武则天也只能忍着。

所以苏定方去世，在高宗看来是天大的事情，朝臣却很淡定，都没人商议褒赠，最后皇帝不得不亲自提起这事儿。这种冷淡实际上是派系斗争的体现。

咸亨三年（672）许敬宗去世，他的人品、他的史书再次成为争论焦点。唐高宗下令修改许敬宗所写史书，而负责修改的人正是刘仁轨。极可能就是在这次史书修改的过程中，苏定方的大量事迹被删除，只保留了一些基本战绩，因为这些战绩的确是不容抹去的。

到了后世，当年的派系斗争已经烟消云散，苏定方这位传奇英雄的事迹无法被忽视，所以后世皇帝陆陆续续对苏定方都有追赠嘉奖。尤其是唐德宗，他极端渴望有苏定方这样的猛将为其所用，建中元年（780）他就曾把苏定方列为国初功臣上等，建中三年（782）又让苏定方配享武成王庙。贞元五年（789），他又下令将苏定方等图画凌烟阁，"史官考其功绩，第其前后，以褚遂良、苏定方、郝处俊等二十七人充之"（《唐会要》卷四五）。苏定方终于获得了和他的贡献相当的历史评价。

马燧

为何令人惜而恨之？

“天下将有事矣，丈夫当建功于代，以济四海，安能矻矻为一儒哉！”《旧唐书·马燧传》

唐德宗贞元五年（789）所表彰的凌烟阁功臣中，有一位名叫马燧的大将。此人是唐德宗时期天下三大名将之一，功绩卓著，但是同时也是唐德宗所忌讳、猜忌的一个人。他自身的复杂性也超过了其他人。

马燧祖籍右扶风，也就是今陕西兴平。扶风马氏是名门望族，以出将才而著称。据说其家族远祖是赵国名将马服君赵奢，他的一部分后人以先祖封号为姓，迁居到扶风。这一门当中出了很多名将，有东汉伏波将军马援，马援曾有句名言："男儿要当死于边野，以马革裹尸还葬耳。"（《后汉书·马援传》）这就是成语"马革裹尸"的出处。到了三国时期，扶风马氏还出了著名大将马超。

马燧也是这个家族的代表性人物之一。他的父亲很懂兵法，也担任过军职，这可能对马燧产生了很大的影响。马燧青少年时按部就班读儒家经典，因为在那个时候，不读这些就没有前途。但是有一天，他读着读着忽然放下书卷叹口气说:“天下将有事矣，丈夫当建功于代，以济四海，安能矻矻为一儒哉!”(《旧唐书·马燧传》)大意是，天下马上不太平了，大丈夫应该建功立业，怎么能当一介儒生?请注意他说这段话的时间——唐玄宗在位的太平盛世，为何预言“天下将有事矣”?其实唐玄宗时期，尤其是到了他统治的后期，虽然唐朝国力达到了鼎盛阶段，经济、文化繁荣，但是同时也存在着边将实力膨胀、奸臣当权、贪污盛行、社会奢靡问题日渐严重等诸多弊端。正是这些弊端叠加在一起，将唐朝推向了深渊，而年轻的马燧已经预见到了这一点，所以才有如此的感慨。

从此以后，他潜心研究兵法。此人沉默寡言，身高六尺二寸，这是唐尺，折合下来相当于一米八二以上。这身材即便放在今天也属于伟岸的了。

安史之乱爆发的时候，马燧就在叛军大本营范阳。他在安禄山部将贾循手下，按理说马燧也算叛军一员，但是马燧不愿同流合污。贾循被安禄山委派镇守范阳，马燧劝说贾循反正。他说，别看安禄山打下了洛阳，可是打不下潼关，现在正在两头为难，假如您杀了他留在范阳的守将，然后归顺朝廷，那么安禄山就是丧家犬，您就立大功了。贾循听了连说不错不错，但就是不敢实施。结果此事被安禄山眼线知道了，安禄山派人回到范阳，借口要与贾循商议事情，借机将其勒死了。马燧得知事情败露，连忙逃跑了。

回归唐朝的马燧在大将李抱玉手下做事，很快就展现出了他的才干。当时李抱玉的地盘上经常有回纥兵马路过，对方仗着帮助唐朝平定安史之乱有功，经常劫掠、欺压唐朝百姓。官方驿站苦不堪言，有时因为某种物资没有及时供应，对方拔刀就杀人，因此没人敢去驿站做事。马燧却是个知难而上的汉子，他向李抱玉主动请缨去驿站！结果他还真有办法。每逢回纥部队路过，他就贿赂回纥将领，拉近与对方的关系。回纥将领一高兴就称兄道弟，然后给马燧一面旗子插在驿站上，哪个回纥士兵敢胡作非为，马燧就有权将其斩首。马燧还用死囚冒充自己的仆役，一有过错立即斩首，回纥士兵看见了无不胆寒，从此再也没有人敢在他的地盘上闹事了。

马燧仕途比较顺利，不论什么职务都能胜任，可谓文武全才。此人练兵很有一套，经他训练的部队都成了劲旅。而且此人心细，他的部队武器装备都很精细，比如铠甲，以前的铠甲都是一个型号，个子特别高或者特别矮的士兵很不方便。马燧命令打造铠甲要有大中小三个型号，士兵各取所需。同时他还制造了很多战车，上面绘上猛兽形象；平时行军可以用来装载器械物资，一旦半路遇敌袭击，可以迅速把战车排列成一道临时城墙，抵御进攻。史籍说他的部队“器械无不犀利”（《旧唐书·马燧传》）。马燧打仗胜率高，就是因为他训练得当。

他一生征战无数，战绩主要是在唐代宗、德宗时期取得的。换句话说，他是唐朝安史之乱后的一颗将星，与李晟、浑瑊并称为当时的三大名将。他有三大功：

第一功：大败李灵曜。

李灵曜是唐朝汴州守将，此人于大历十一年（776）谋反，这对唐王朝来说很致命。汴州就是今天的河南开封，此处控制着通往东方和南方的交通要道，是个战略要地。皇帝下诏命令马燧和淮西节度使李忠臣一起去讨伐李灵曜。按理说李灵曜的部队不是马燧等人的对手，但是他向魏博节度使田承嗣求援。田承嗣原本是安禄山旧将，安史叛乱失败之后，他被迫投降了唐朝，唐朝委任他为魏博节度使。但此人和朝廷向来离心离德，搞的实际上是独立王国、藩镇割据。此番李灵曜向他求援，他很高兴，因为汴州地理位置重要，他觊觎已久，于是派遣自己的侄子田悦率军来援。

李忠臣看到敌人援军，吓得魂飞魄散，就想把驻地一把火烧了然后向西撤退。马燧制止了他，并且自告奋勇率军首先击败了田悦，然后进逼汴州。李灵曜手下有八千精锐，号称"饿狼军"，结果一开门迎敌，被马燧打成了土狗，四散奔逃。

田承嗣不甘心，他又给了田悦几万兵马，大张旗鼓而来，沿途官军都无力抵抗。马燧将兵锋转向田悦，以四千兵马大败对方。田悦逃跑，李灵曜一看彻底没了指望，于是放弃汴州逃跑了。

第二功：遏制田悦。

田悦跟马燧打交道不是一两次了。田承嗣死了之后，田悦按照藩镇惯例接任节度使。开始时，他担心自己立足未稳，所以竭力巴结朝廷，以示忠诚。马燧当时就指出田悦动机不良，而且预言他肯定要作乱。果不其然，没多久田悦就发兵攻打忠于唐王朝的其他节度使。马燧受朝廷委派，再上战场。

此番他率领步骑兵二万人与昭义节度使李抱真、神策行营兵马使李晟一起讨伐田悦。行军路上都是险要地形，马燧担心田悦半途截击，于是派遣使者去和田悦谈判，以此作为缓兵之计。田悦也不愿意和马燧死磕，所以答应了谈判。一来二去拖延了时间，唐军一走出险要地形来到平原上，马燧便立即变脸，杀死了田悦派来的使者，这等于下战书。

双方接连几次大战，田悦总是手下败将，丢盔弃甲狼狈不堪。为了激励将士，马燧在战前宣布，拿出所有家产分给士兵们。唐德宗听说之后非常感动，他命令从国库拿出五万贯奖赏将士，将马燧的家产还给了他。

田悦不甘心失败，又从其他割据藩镇那里借来了兵马，整军再战，总兵力超过了唐军。敌我两军一时间相持不下，战局有向持久战发展的趋势。这正合了田悦的心意，唐军远来，粮草也少，持久战于他十分有利。于是他就想等着唐军粮尽退兵，所以坚守不出。马燧命令军队带上十天的干粮深入敌境。李抱真等大惑不解：军粮原本就少，带这点粮食深入敌境岂不危险？马燧说：我方粮少，必须速战。我这样做其实就是逼他们出战。“兵法所谓攻其必救，彼固当战也，燧为诸军合而破之。”（《旧唐书·马燧传》）想逼敌人出战，必须攻打其要害，兵法上所谓“攻其必救”就是这个道理。

马燧让人在河上架了三座浮桥，然后率军渡河，绕过田悦据守的城池直取魏州。魏州是田悦的老巢，打那里算得上是“攻其必救”了，田悦非出不可。他故意留下了那三座浮桥，并派遣一百余人带着火种潜伏在浮桥附近。等田悦部渡河而去，他们就把浮桥烧掉。

田悦眼见马燧绕过他直取魏州，急眼了，这下子必须出战了。他带着四万大军，从马燧搭建的浮桥上冲过河去，在后面紧紧追赶马燧。快追上的时候，老天帮忙，刮起了大风，而且风势有利于田悦。于是他命令顺风放火，火势借助风势，沿着草地、树林席卷而来。没想到马燧早有准备，他已经摆好阵形，而且命人把本方阵地前一百步以内的杂草、荆棘都铲除了，大火烧到唐军阵前随即偃旗息鼓。敌人看到这个情形，顿时丧气。马燧趁机派出最彪悍的五千名士兵做前锋，猛烈突击，而后他们大败敌军。

敌军溃逃，掉头往回跑。敌军跑到河边才发现，马燧留下的那一百多人已经把三座浮桥全部烧毁，这才发现是上了大当。唐军追兵赶到，斩首对方二万余人，生俘三千多人，斩大将孙晋卿等，死尸遍布三十多里地。

马燧因功被拜为同中书门下平章事，也就是宰相。田悦率领残兵败将绕道回到了魏州，河北军阀朱滔、王武俊联兵五万来救魏州。此时局势非常混乱，天下正处于安史之乱后最混乱的时期，朱滔自称冀王，田悦自称魏王，王武俊自称赵王，李纳自称齐王，还有淮西李希烈号称“天下兵马元帅”、太尉、建兴王。唐德宗焦头烂额，这就不是马燧一人可以扭转得了的局面了，“两河鼎沸，寇盗横行；燧等虽志在勤王，竟莫能驱攘患难”（《旧唐书·马燧传》）。此时他空有雄心壮志也无力回天。

不久，泾原兵变，德宗出逃。马燧不得不撤军保卫太原，并派遣五千兵马去奉天救援。

第三功：平李怀光。

奉天之难，全靠李怀光的朔方军救援，唐德宗才逃得一命，但是不久李怀光也叛乱了。征讨李怀光的战斗打得异常艰苦，李怀光所率领的是郭子仪留下的老部队朔方军，这是天下第一号功勋部队，战斗力很强。加上此时战乱频仍，而且又遭遇蝗灾，唐朝财政捉襟见肘，有人建议暂时宽恕李怀光，招安他。马燧刚开始也有这个想法，但是这件事最终引发或者说暴露了他与两个人之间的矛盾——皇帝和李晟。

先看唐德宗对此事的态度。当时马燧求见皇帝，要求安抚李怀光。没想到皇帝张嘴来了一句特别噎人的话："惟卿不合雪人。"（《唐国史补》）谁来为李怀光说情都可以，就你不合适。因为以前在对田悦的战斗中，马燧曾和李怀光并肩作战，私人关系应该不错，德宗怀疑他徇私。另外，奉天之难中，马燧救援奉天的力度可能也令德宗不满，认为还不如李怀光。李怀光好歹率领五万人来救奉天，马燧只派五千人，而且还是副将带队。

再来看李晟的态度。李晟是和马燧实力相当的名将，后来也是凌烟阁功臣。他和马燧不是一个派系的。安史之乱之后，在效忠朝廷的部队里，也是派系林立。李晟对李怀光的态度是坚决镇压，不惜代价，"请全军自备资粮，以讨凶逆。由此李、马不平"（《唐国史补》）。李晟主动请缨去讨伐李怀光，这样在皇帝面前等于表现了自己、压了马燧一头，所以马燧心中不满，两人由此产生了矛盾。

其实马燧是很忠于朝廷的，大概急于为自己正名，所以马燧再次求见皇帝。这次他提出自己去打李怀光，而且态度很坚决："愿更得一月粮，必为陛下平之。"（《资治通鉴》卷二三一）国家不是缺粮吗？没关系，您给我一个月的粮，我就可以平定此事。

皇帝很高兴，准许了。马燧率军出征。这一仗贵在神速。他首先要去收降李怀光部下徐廷光的六千兵马。而且这一仗攻心为上，马燧充分抓住了朔方军将士的心态。朔方军是一支功勋部队，将士们都因此自豪，可忽然间，因为主帅与朝廷的私人恩怨，自己变成了叛军，将士们都很惶惑。

马燧来到城下，冲着徐廷光大喊：我从朝廷来，你可向西敬拜。徐廷光向西拜了又拜，这个动作说明他还是心向朝廷的。马燧一看心里有底了。

他继续说：你们朔方军将士，四十余年来为国征战，功劳天下第一，为何自愿做贼，为天下所唾弃，置自己于满门抄斩的境地？还是投降吧，我愿保你们平安无事。

城头上士兵林立，但是听了这话没人吭声，一片寂静。马燧知道这说到他们心坎了。

他向前一步大声喊道：如果你们觉得我没有诚意，那么就一箭射死我。他挺立在城下，一把撕开了自己的衣服，露出胸膛。

徐廷光忍不住了，号啕大哭，主帅都哭了，士兵们跟着也是哭成一片。徐廷光下令打开城门投降！马燧为了让朔方军放心，只带了几个骑兵入城，吃住都和徐廷光在一起，以示信任。士兵们欢呼雀跃，都说："吾辈复得为王人矣！"（《旧唐书·马燧传》）我们从今天开始重新是官军了。

徐廷光的投降引发了多米诺骨牌效应，沿途李怀光部纷纷投降，唐军一路直奔李怀光老巢。李怀光被部下杀死，首级被献给马燧。马燧只杀了几个元凶，其余人一概不问。李怀光叛乱就这样被彻底平息了。

掐指一算，从马燧请缨到剿灭李怀光，一共耗时二十七天，比他承诺的一个月还少了三天。德宗非常高兴，赐马燧《宸扆》《台衡》二铭以示嘉奖。大将浑瑊十分钦佩，他私下对部将说：我一直觉得马燧的军事素养比我高不到哪里去，他能接二连三击败田悦，我很奇怪。今天看他平定李怀光，我才知道我远远不如他。

以上是马燧的三大功。但是他这一生还有两大过。“三功两过”构成了马燧复杂的一生。老实说，“两过”中有马燧的失误，也有他的无奈，这是一个时代的无奈。

第一过：私愤处置不当，导致田悦咸鱼翻身。

这还是当年打田悦时候的事情。跟随马燧一起打田悦的是大将李抱真，李抱真是马燧老上级李抱玉的堂弟。虽然有这层关系，但是马燧和李抱真的关系很不好。要说这矛盾，其实算不上你死我活的矛盾，但积累多了也足以引发质变。

李抱真曾想杀怀州刺史杨钚，杨钚投奔马燧。马燧向皇帝上书，说杨钚无罪，把他保下来了，李抱真为此非常恼怒。

战场上缴获了敌人的粮库，马燧先取，给自己部队补充完毕，才把剩下的一点儿给李抱真。李抱真又怒了。

有一次在战场上，田悦骑兵突袭马燧，形势一度比较危急，其余诸军都去救援，就李抱真不去。这次轮到马燧生气了。

马燧也想缓和一下双方关系，攻城时请求将李抱真的部队和自己的部队混编在一起，这样两军可以平分功劳。没想到李抱真一口回绝，说自己要独当一面，结果城池久攻不下。

皇帝几次派使者来调解，想缓和两人关系，都没有什么成效。不久，河北军阀四处攻城略地，李抱真担心自己地盘的安危，从前线分出两千人马回去戍守。马燧恼了，他说：“抱真以兵还守其地，我能独战死邪？”（《新唐书·马燧传》）大意是，李抱真分兵去守他的地盘，难道让我独自一人战死沙场？于是他不干了，要引兵回去。李晟劝了好久这才平息二人的怒火，但是不管怎么说，田悦后来能够咸鱼翻身，与官军内部的矛盾密切相关。

当时的舆论对此有评价。“然议者咎燧私忿交恶，卒不成大功。”（《新唐书·马燧传》）人们都认为是马燧等人因为私愤交恶，导致大功不成。换句话说，他们把私人恩怨放在国家利益之上。

此事可以说过错在君不在臣。田悦能够咸鱼翻身，根本原因不在于马燧和李抱真，这两人对朝廷都很忠心。虽然马燧和李抱真有矛盾，但是李抱真并未把主力撤离战场，马燧也没有真撤手不管，李晟把马燧劝说住了。真正导致两人无法打下去的，是河北军阀来援和泾原兵变。而这两件事情都是唐德宗的责任，他是个性格急躁、急于求成、猜忌心重、能力一般的君主。安史之乱之后，皇帝原本就缺乏权威，他的一系列不当处置导致削藩战役无果。泾原兵变消息传来时马、李不得不撤离战场，所以说失败的根本原因在于德宗。

那么舆论为什么那样说？估计还是派系斗争的结果。马燧得罪的人不少，三大名将中李晟、浑瑊和他都有矛盾。李抱真和马燧是一个巴掌拍不响。总之，我认为把责任归到马燧一人身上，是维护皇帝尊严的需要，也是派系斗争的结果。

第二过：误信吐蕃，导致平凉劫盟。

安史之乱后，吐蕃趁着唐朝边防军大量内调勤王，占据了河西陇右大片地盘。但是对吐蕃来说，有三个人——李晟、浑瑊、马燧——是障碍，必须铲除。当时吐蕃权臣尚结赞说：“唐之良将，李晟、马燧、浑瑊而已，当以计去之。”（《资治通鉴》卷二三二）唐朝仰仗的就是这三个人，要想个计谋除掉他们。说实话，吐蕃在战场上吃这三个人的亏不少，所以尚结赞这次使的是阴招。

吐蕃两万军队南下，一直打到关中境内。但奇怪的是，与以往不同，此番吐蕃秋毫无犯。走了这么一遭还故作奇怪地在汉人面前说：李晟将军召我们前来，怎么不见出来犒劳我们？吐蕃就是想使用离间计，让朝廷怀疑李晟。为什么秋毫无犯？那是做出一副应邀而来的假象——我们是应邀而来的。

在李、马、浑三路人马的攻击之下，吐蕃觉得有些抵挡不住，于是又想了一招。此前吐蕃屡次向皇帝提出和谈，唐德宗都不允许，这次其找到了马燧。数次派使者找马燧，请他代为向皇帝恳请和谈，而且提出可以归还上次盟誓之后侵占的地盘。

马燧觉得这是好事儿，于是暂缓对吐蕃的进攻，然后向皇帝建议与吐蕃和谈。说实话，以吐蕃的实力而言，安史之乱后大出血的唐朝还真难与之全面抗衡。内部有藩镇割据，外部和吐蕃抗衡，两线作战不是最佳战略，所以马燧的出发点是好的。

但是马燧不知道，吐蕃之所以找上他，实际上暗含阴谋。马燧最终陪同吐蕃使者入朝。究竟是否和吐蕃搞盟誓，朝臣争论不休。李晟坚决反对，认为不可信。对方正是占优势的时候，为何平白无故向我们示好？而马燧、张延赏等人支持和吐蕃和解，而这两人刚好和李晟都有矛盾。所以后来历史学家评价此事，认为是党派之争影响了朝廷决策，马燧等人以私怨误国。

不管臣下怎么争论，最终拍板权在唐德宗手里。唐德宗极端厌恶回纥，正想借助吐蕃之力牵制回纥。因此，他最终决定与吐蕃和谈，举行盟约仪式。

双方商定仪式在平凉（今甘肃平凉市）举行。盟誓这一天，吐蕃方面的代表是尚结赞，唐朝这边派出的是浑瑊，这也是吐蕃要求的。这是他们阴谋的第二步。

双方约定，筑一座高坛举行仪式，可以各带甲士三千人，但是只能排列在坛之东西，双方使者可以带穿常服者四百人到坛下。为了让彼此放心，吐蕃还提出可以各派数十个骑兵到对方阵营巡视，看对方有无违约。浑瑊答应了。

实际上，吐蕃布置了数万精锐骑兵在肉眼看不到的地方等待信号。盟誓为假，劫盟为真，他们的首要目标就是唐朝主使浑瑊。双方刚刚进入帐内换了礼服，忽然之间吐蕃就擂起战鼓，伏兵四起。在击鼓之前，派在吐蕃阵营中巡视的那数十个唐朝骑兵已经被悄悄杀掉了。由于视线被阻隔，唐朝这边还浑然不觉。伏兵冲进来，对着手无寸铁的唐人大肆砍杀。浑瑊机智，从帐篷后面迅速钻出——天不绝浑瑊，不知是谁的马刚好拴在那里。浑瑊跨马狂奔逃命，吐蕃人的箭从他身边“嗖嗖”飞过，幸好都没射中。

这番“会盟”唐朝损失惨重，使团几百人被杀，上千人被俘。

与此同时，唐德宗正在上朝听政。他欣慰地对大臣说：今日与吐蕃和好，真是社稷之福。马燧还附和德宗。但是李晟、柳浑等人依旧认为盟誓有诈，吉凶未卜。唐德宗听了十分恼怒，还责骂了柳浑几句，并且宣布罢朝，众人不欢而散。当天夜间，快马传来情报：吐蕃劫盟！唐德宗大惊失色。

此前吐蕃诈称进犯是接受了李晟的邀请，这是想除掉李晟。通过马燧向朝廷提出和谈盟誓，然后再劫盟，这是想除掉马燧。要求浑瑊当会盟大使，这是想在劫盟时抓住浑瑊。这就叫一石三鸟。

这还不算完，离间计还要继续上演，且还是针对马燧的。被俘的唐朝使团中有马燧的侄子马弇，尚结赞特地对他说：前一阵子我们在河曲的时候，春草未生，马匹瘦弱，情况岌岌可危，所以才向侍中（指马燧）提出和谈。假如那时侍中对我们发动进攻，我们必败无疑。好在侍中帮忙，唐军没有进攻。侍中对我们有恩，我怎么能拘押他的侄子？于是尚结赞命令释放马弇。要命的是，他是在被俘的宦官俱文珍、浑瑊部将马宁面前说了此话，而且将他们三人一起放归唐朝。尚结赞清楚，刚才那番话，俱文珍一定会告诉德宗，马宁也会告诉浑瑊，这下离间计成功概率就很大了。

果然，德宗皇帝听了俱文珍的话气不打一处来。德宗原本就心胸狭窄、好胜又好面子，平凉盟誓是他拍板的，遭遇劫盟后正因为羞愧而无地自容呢，就想找个台阶下。俱文珍的话让他一下子把火力对准了马燧。吐蕃使者是马燧带来的，盟誓是马燧主张的，现在马燧的侄子跑回来了，据说是因为吐蕃感马燧的恩，那不对马燧开火对谁开火？

但是马燧功劳盖世，于是德宗采取了一个明升暗降的手段，以马燧为司徒兼侍中，罢其副元帅、节度使之职。一言以蔽之，剥夺其军权了。

贞元五年（789），唐德宗新增凌烟阁功臣，马燧名列其中；而此时的马燧已经没了任何实权，完全是一个养老的富贵翁。进入凌烟阁，只能说是皇帝对他的安慰罢了，毕竟马燧不容抹杀的功劳摆在那里。

他所犯的错误，有他自己的责任，也有时代的无奈。

贞元十一年（795）八月，马燧病逝，享年七十。我们用《旧唐书》史官的一段话来总结马燧，马燧是个不可多得的将才，勇武有力，善于鼓舞士气，战场上几乎没有重大失利。话锋一转，“然力能擒田悦而不取，纳蕃帅之伪款而保其必盟；平凉之会，大臣几陷，关畿摇动，此谓才有余而心不至，议者惜而恨之”（《旧唐书·马燧传》）。我们阅读史书，也真的感觉“惜而恨之”。

娄师德

『忍』的境界与智慧

「娄公盛德，我为其所容，莫窥其际也。」《大唐新语》（卷七）

唐代宗、唐德宗表彰凌烟阁功臣，首要的原因是战乱。战乱导致皇帝需要表彰功臣，激励士气，所以他们所表彰的功臣中将军比较多。

到了唐宣宗时期，国内形势有了些变化。宣宗时期虽然没有完全解决藩镇割据等问题，但是总的来说形势比较稳定。那么，在这种情况下，为什么要大规模表彰功臣？这可能与唐宣宗本人密切相关。

唐宣宗名叫李忱，是唐宪宗的儿子，但他继承的不是宪宗的皇位，在他和父亲唐宪宗之间有穆宗、敬宗、文宗、武宗四位皇帝。论辈分，他是唐武宗的叔叔。他长期不得志，有过较长的民间生活的经历。唐武宗弥留之际，宦官们想有拥立之功，于是选择李忱为继承人，立他为皇太叔，这可真够奇怪的。武宗死了以后，李忱即位成为新皇帝，这就是唐宣宗。

唐宣宗有民间生活的经历，所以懂得民间疾苦，加上本人谨慎、谦虚、好学，善于纳谏，所以他统治时期政治比较清明。虽然重大问题没解决几个，但是总算是唐后期一个难得的太平时代，所以人们称唐宣宗为“小太宗”。他即位之后的大中二年（848）就下令表彰三十七名功臣。这次表彰有两个特点：第一，时段跨度大，涵盖自唐初到当代二百余年的功臣；第二，文臣比例明显加大，首次盖过了武将。按理说凌烟阁是表彰功臣的，这个“功”首先指的是战功，所以以前的凌烟阁功臣中武将所占比例明显大于文臣。但是这次不一样了，一半以上都是文臣。这可能与唐宣宗的心态有关，他希望能有个兵戈偃息的太平时日，所以期待文治可以超过武功。从安史之乱算起，将近一个世纪的时间里战乱就没消停过，所以唐宣宗的这种心理也可以理解。

我们从他表彰的文臣娄师德开始讲起。这个人可不简单，他进士出身，是标准的文臣。他文武双全，虽然他的战功和其他凌烟阁功臣没法比，但是在高宗和武则天时代重文轻武的社会氛围里算是非常难得了。

娄师德的进士出身很对武则天和唐宣宗的胃口。为什么？武则天上台时最大的对立面是旧贵族集团，而科举是应对旧贵族集团的有力武器。科举上来的官员越多，越能打破旧贵族对政治、文化的控制，所以武则天一生大力提倡科举。

唐宣宗是个进士崇拜者，进士在唐后期已经成了全社会尊崇的对象。五尺童子耻不言文墨，全社会的读书人为此皓首穷经，读书已经蔚然成风。一旦高中进士，万民敬仰，文章会在一夜之间传遍长安，不多久就会传遍全国，比现在网络传播速度也慢不了多少。唐宣宗本人自封进士，半开玩笑地在大殿的柱子上亲自书写了“乡贡进士李某”（《北梦琐言》）这么几个字，所以他很可能因此对娄师德有好感。

娄师德是郑州人。据《朝野佥载》记载，此人相貌“长大而黑，一足蹇”，个子高大，黑黢黢的，而且一只脚有残疾，这个“蹇足”可能指的是脊髓灰质炎。人不可貌相，娄师德从小就非常聪慧，才高八斗，弱冠之年（二十岁）考上进士。虽然这不是唐朝进士年龄的最低纪录，但也是非常惊人的。唐代有一句话叫作“五十少进士”，意思是进士科特别难考，五十岁考上的都算是“少进士”，所以说二十岁中进士绝对令人艳羡。

考中进士之后，娄师德被派往扬州任职。扬州长史卢业发现娄师德是个不可多得的人才，必有光明前途，于是对他特别优待。娄师德觉得奇怪：怎么对我和对其他官员不一样？卢业说：“吾子台辅之器，当以子孙相托，岂可以官属常礼待也？”（《旧唐书·娄师德传》）大意是，你未来是宰相之才，我还想把子孙托付给你，对你岂能以对待下属的常礼相待？这话多少有点功利主义色彩，不过卢业的预见是正确的。

唐高宗上元年间，娄师德担任监察御史。此时，唐朝与吐蕃之间的战争已经展开。为了招募军事人才，高宗下令招募猛士。虽然娄师德一介书生，但前来应募。而且来的时候他满怀壮志，一身打扮引人瞩目。他在额头绑了一条红抹额，这原本是北方草原游牧民族绑在头上御寒的，后来逐渐发展成了军人的装束。娄师德戴上它前来，就是为了显示自己从军的决心。

高宗没想到娄师德还有这雄心壮志，堪比班超投笔从戎，于是让他从军西征，而他也不负众望，屡建战功。后来他奉命担任西北的河源军司马，掌管屯田。再后来他升任丰州都督，仍旧管屯田。武则天还专门夸赞过娄师德屯田的能力。

屯田对国防至关重要，甚至可以说具有决定性影响。古代运输条件有限，无非是水路与陆路两种运输方式，水运最经济，但边疆尤其是西北地区无法靠水运，只有陆路运输。而陆路运输费效比极差，很不划算，所以怎么给边境军队供粮是个大问题。先秦时期都是小国，这个问题还不算突出。秦汉是统一大帝国，疆域辽阔，所以从那时开始，军粮运输就成了大问题。应对之策就是屯田。军队在边境一边戍守一边种地，自己解决军粮问题，所以屯田开荒就成了战略性任务。

虽然娄师德是进士出身，但也是干农活长大的。所以他在屯田方面既有想法又有办法，更难得的是有吃苦精神。屯田时，他始终冲在第一线，整天穿着结实耐磨的皮裤子，带着士兵干活。在高宗和武则天时期，西北地区边防之所以比较稳定，娄师德功不可没。唐代文豪杜牧曾经这样描述娄师德："率士屯田，积谷八百万石，二十四年西征，兵不乏食。"（杜牧《上宣州高大夫书》）在边关二十四年，娄师德囤积谷物八百万石，军队从此不缺粮。这里说句题外话，看历史人物，尤其是大人物，我们总是盯着他们那些纵横捭阖、气吞万里如虎的事迹，盯着他们如何位高权重，如何风光无限，而极易被忽略的是，几乎每个历史大人物背后都有着长时间的打拼史，都是一步一个脚印干出来的。我们看到娄师德最后做到了宰相的高位，但他在边关吃的二十多年苦我们是否也看到了呢？所以说，人要踏实，一步一个脚印，做好本职工作，厚积才能薄发。

除了屯田，娄师德也有显赫的战绩。吐蕃进攻时，娄师德率军与之激战，八战八捷。高宗拜娄师德为比部员外郎、左骁卫郎将、河源军经略副使，娄师德谦让，高宗说："卿有文武材，勿辞也！"（《资治通鉴》卷二〇三）

说实话，和凌烟阁其他功臣相比，娄师德的战绩还是略逊一筹，毕竟他不是行伍出身。武则天万岁通天元年（696），王孝杰受命抵御吐蕃，娄师德是他的副手，与吐蕃大将论钦陵在素罗汗山展开一场大战，此战官军惨败，娄师德也遭到贬官。

武则天万岁通天二年（697），娄师德被拜为凤阁侍郎、同凤阁鸾台平章事，也就是宰相了，他终于达到了人生的顶点。

我们暂且绕过娄师德的政绩，重点讲一讲他的为人。他的为官之道就一个字——忍。而这个"忍"，完全是时代的产物。娄师德是个非常懂得分寸的人，也是个有原则的人，只是他的原则性暗藏在"忍"字后面，需要细细体会才能发觉。

大概唐代近三百年的历史上，没有比娄师德脾气更好的人了。在担任宰相之后，有一次他的弟弟即将出任代州刺史，临行时娄师德问他：我身为宰相，你又身为刺史，树大招风，你要如何做才能保全性命？

他弟弟回答说："自今后，虽有人唾某面上，某亦不敢言，但拭之而已。以此自勉，庶不为兄忧。"（《太平广记》卷一七六）就是有人吐我一脸口水，我也不敢说什么，擦干了事，绝对不让您担心。

弟弟可能心里想，你看我这样做已经够隐忍了吧，哥哥该满意了。没想到娄师德回答："此适为我忧也。夫人唾汝者，发怒也。汝今拭之，是恶其唾。恶而拭，是逆人怒也。唾不拭，将自干，何如？”（《太平广记》卷一七六）你这个做法才让我担心，有人吐你口水，就是发怒了，你擦干口水就是对抗他。我给你出个主意，你能不能不去擦，等那口水自己干了？弟弟听从了他的建议，果然在酷吏政治横行的时代保全了自己。这就是成语“唾面自干”的出处。

这个故事充分体现了娄师德的性格，“忍”就是他的法宝。

第一，对同事忍。

娄师德看起来五大三粗，实际上跟个笑面佛一样，整天笑呵呵的。有一次他和李昭德一起上朝，李昭德这个人性格很急，一路走在前面，还时不时停下来等娄师德。娄师德又高又胖，加上一只脚还不利落，走得就比较慢。

李昭德等急了，张嘴骂他：“叵耐杀人田舍汉！”你这个急死人的老农民！娄师德听了一点儿也不生气，笑着说：“师德不是田舍汉，更阿谁是？”我不是老农民谁是老农民？（《隋唐嘉话》卷下）进士出身的娄师德是干农家活长大的，小时候还放过牛，所以笑呵呵来了这么一句。

两个人两句话，两种完全不同的性格展现了出来，而耐人寻味的是，两个人的命运也有所昭示。

李昭德是武则天时期宰相中性格最为鲜明的人，耿直刚烈，遇有不平事肯定爆发，和恶势力从来都是硬碰硬，毫不退缩。他的这种性格有时还会伤及无辜，比如他也得罪了不少他的同事，《朝野佥载》评价他说：“刚愎有余，而恭宽不足，非谋身之道也。”刚愎自用，对人不够恭谦，不够宽厚，恐怕无法保全自身。从刚才讲的骂娄师德这件事，也可以看出他的急躁性格。

最终，李昭德受累于自己的这种性格。他最瞧不惯的就是酷吏，大家都恨酷吏，和他们斗争是应该的，可是斗争得讲究方法。李昭德的方法就是硬碰硬，酷吏们办的案子他一一质疑，酷吏们的婚事他也要冷嘲热讽。由此，酷吏们恨之入骨，最后来俊臣等找了个机会诬告他谋反。李昭德因此下狱，最后被冤杀。

李昭德的性格，看起来耿直，很有气势，实际上不仅于事无补还害了自己。这就跟娄师德形成了强烈对比。

我们来看一则娄师德与狄仁杰的故事。娄师德曾经向武则天密奏，保举狄仁杰当宰相，狄仁杰并不知道此事。他当宰相后，可能是看娄师德木讷，而且似乎整天无所作为，所以很看不惯。狄仁杰是很正直的人，而且是个工作狂。工作狂最见不得无所事事的人，所以他屡屡排挤娄师德，而娄师德毫不在意。武则天看在眼里，有点替娄师德抱冤，那怎么办？她决定亲自出马点拨一下狄仁杰。于是她故意问狄仁杰："师德贤乎？"（《大唐新语》卷七）

狄仁杰回答："为将谨守，贤则臣不知。"（《大唐新语》卷七）大意是，镇守边疆还不错，贤不贤我不知道。这句话暗含着否定的意思。

武则天再问："师德知人乎？"（《大唐新语》卷七）娄师德是否有发现人才的本领？古代把知人善任看作一个贤者应有的品质。

狄仁杰回答："臣尝同官，未闻其知人。"（《大唐新语》卷七）我和他是同事，没听说过他知人善任。

武则天前面的话就是把你往这里引，听到狄仁杰如此回答，正中武则天下怀，她笑道："朕之用卿，师德所荐也，亦可谓知人矣。"

(《大唐新语》卷七）你当宰相，就是娄师德的推荐，看来娄师德还是能发现人才。武则天还向他出示了当年娄师德推荐他的奏章。

狄仁杰十分惭愧，退下来之后，慨叹道："娄公盛德，我为其所容，莫窥其际也。"(《大唐新语》卷七）娄公德行高尚，我为他所包容，他的盛德我看不到边际。

第二，对下属忍。

有的人只对上司忍，对下属从来不忍。那不叫忍，那叫看人下菜碟，是小人的做派。娄师德不是这样的，他对人一视同仁，下属也好，奴仆也好，他都以宽容相待。

有一次他和下属到了一个驿站（唐代驿站专供官家人住宿），顺便休息换马。娄师德没有架子，吃饭和下属一起吃。他的饭白而且细，下属的饭黑而且粗，他把驿长叫过来责备：这饭怎么还分两种？驿长连忙谢罪，说是等上面送浙米来，一直没等到，所以只好给他的下属吃粗食，还接连说"死罪死罪"。娄师德说："卒客无卒主人，亦复何损。"(《朝野佥载》卷五）这句话是个俗语，有点难理解。"卒"就是猝，意思是宁可让客人受点儿委屈，也别让主人仓促受委屈，或者说是客人来得太仓促，主人难免手忙脚乱照顾不周，总之是句客人说的客气话。娄师德就是这样善于换位思考，替他人着想。

还有一次，娄师德坐在光政门外一根横木上休息，等奴仆牵马过来。此时一个地方县令不知道他的身份，过来自我介绍一番，然后大大咧咧往木头上一坐。娄师德五大三粗黑乎乎的，大概看起来也很土气，不像个大官。县令的儿子远远走过来，一看自己的父亲竟然和当朝宰相坐在一起，吓坏了。要知道，唐代低级官员见高级官员，各种礼节很分明，不严格遵守就是以下犯上。所以县令儿子赶紧跟父亲说：这是纳言。纳言是娄师德的官职，也就是宰相。县令吓得一哆嗦，急忙站起来谢罪说“死罪死罪”，娄师德一笑说：“人有不相识，法有何死罪。”（《朝野佥载》卷五）不认识人很正常，有法律规定这是死罪吗？

还有一次，在灵州一家驿站，娄师德手下的判官向驿长要东西，驿长对娄师德很恭敬，对判官却爱搭不理的。娄师德难得生气。他把驿长叫来一顿骂：判官和纳言有何区别，你为何这样子对他？来呀，给我拿杖来。他这就要打驿长。还没开打，娄师德又悠悠地来了一句：“我欲打汝一顿，大使打驿将，细碎事，徒涴却名声。若向你州县道，你即不存生命。且放却。”（《朝野佥载》卷五）本来想揍你一顿，可是大官打小官，传出去对我名声不好。要是告诉你州县长官，你的小命又难保，得了，放了你。你看娄师德生气，连三分钟都没有。回过头来他还跟判官说：给你报仇了。娄师德真是憨厚可爱。

但是你要以为娄师德就是个没脾气的老好人，那就错了。娄师德聪明绝顶，熟谙官场规则，他也有着圆滑的一面。

举个例子，有一次他去梁州检校营田。他的一个同乡同姓者在梁州当小官，犯了法，都督许钦明判处其死刑，乡亲们跑来求告娄师德救其一命。娄师德厉声回答：犯了国法，就是我娄师德的亲儿子也不能赦免！何况是他。

第二天在宴会上与许钦明相遇，娄师德说：听说都督部下有一个姓娄的犯了国法，大家都说那是我的乡亲。其实我根本不认得他，只是小时候与他父亲一起放过牛而已，都督你可千万别因为我而枉法。

许钦明听了忙让人将犯人押来，并且解下了枷锁。娄师德声色俱厉地对犯人说：你辞别父母，到这里好不容易当上了官，却不懂得廉洁守法，谁也救不了你！然后将面饼扔到其面前说：吃了这个，做个饱死鬼去！

许钦明心里跟明镜似的，宴会一结束就让人放了犯人。由此可见，娄师德实在是太熟谙官场文化了。他会做人，而且极为精明，这一番走后门可谓高明至极。一句“小时候与他父亲一起放过牛”救了人，一句“都督你可千万别因为我而枉法”又让任何人都无法抓住小辫子。回头谁要是告娄师德徇私枉法，娄师德完全可以当庭对质，当时在座的诸位都可以证明娄师德是要求许钦明严肃执法的。冠冕堂皇的话也说了，后门也走了。所以说，在娄师德宽厚的外表之下，是一个老江湖的谨慎和狡黠。

娄师德一直是这样，在不涉及根本的问题上，他的确有着老江湖的狡猾。甚至可以这样说，他对下属的违法也睁一眼闭一眼，当然，要看违的是什么法。

武则天时期曾经多次搞所谓“禁屠”。武则天信佛，佛教不杀生，于是搞禁屠，就是命令天下人不吃肉，也不得屠宰牲畜。其实大家都在底下私自吃肉，只是不敢让武则天知道罢了。有些削尖脑袋往上钻营之辈，甚至参加了同事宴会之后还拿着羊肉去向武则天告状，举报同事。那么，娄师德对这种事是什么态度？

当时娄师德担任御史大夫，出差到陕州。吃饭时厨师端上一盘肉，娄师德说：这是怎么回事？皇上禁屠，你这肉哪里来的？厨师回答：这是被豺咬死的羊。娄师德听了一笑：嗯，这豺真懂事。于是甩开腮帮子大吃起来。一会儿厨师又端上一盘鲙。所谓“鲙”就是切成细丝的鱼肉，类似今天的生鱼片。娄师德又问：这鱼肉哪里来的？厨师回答：这是被豺咬死的鱼。娄师德大笑一声：蠢货，你家豺能咬死鱼？你应该说是水獭咬死的。（参见《太平广记》卷四九三）

身为御史大夫，娄师德敢这样违法，就是因为他知道禁屠令是个不切实际的法，也没人认真遵守，都在私下偷偷吃肉，只是大家心照不宣罢了。而通过这样的宽容，娄师德将君臣关系、同事关系、上下级关系搞得非常融洽，他的原则就是不得罪任何人。其实娄师德这样的做法，最根本的目的就是明哲保身。这样小心翼翼不累吗？估计他累，但是他必须这么做。

来看一下史籍如何记载娄师德拜相的，《旧唐书人物全传》是这样说的：“（万岁通天）二年正月……凤阁侍郎李元素、夏官侍郎孙元亨坐与綦连耀谋反，伏诛。原州都督府司马娄师德为凤阁侍郎、同凤阁鸾台平章事。”娄师德当宰相是接了死囚的班，他就是在这样一个险恶的环境里当官的。武则天的上台一直伴随着血雨腥风。武则天很能干，是个不错的皇帝，但是身为女人，要想当皇帝，就必须比一般男性皇帝多一些非常手段才可以。所以她大搞酷吏政治，尤其是自徐敬业叛乱、唐朝宗室起兵，到头号酷吏来俊臣被铲除，朝廷上下一直维持着高压态势，被杀的官员不计其数。甚至酷吏政治结束之后，官员被杀的也不少。武则天一朝共有宰相七十五人，其中出于各种原因被杀或者死于狱中的有十五人，还有被流放的九人。换句话说，不得善终的人占宰相总数约三成。由此可见，武周朝的宰相都成高危工种了。在这种情况下，要想保全自己，除了忠于皇帝之外，不得罪人也是不二法门。要知道，酷吏政治的特点就是鼓励以下犯上，鼓励告密。因此，那个年代催生了很多小人，专门以告密为生。对娄师德来说，最好是谁都不得罪。

毫无疑问，他成功了，娄师德是武则天手下当宰相时间最长的三人之一。司马光评价他说："是时罗织纷纭，师德久为将相，独能以功名终，人以是重之。"（《资治通鉴》卷二〇六）

但是，从娄师德的故事里若只看到圆滑，那就大错特错了。娄师德干实事、办大事，是个睿智的人。现在有人爱讲职场智慧、官场智慧，其实所谓智慧，应该是我们实现人生目标的手段，是我们的道德体现，而不是阴谋诡计的代名词。人生在世，难免有明哲保身的时候，但更多的时候，我们需要坚持正义，坚持做人的底线。这是一个人立于不败之地的大智慧。

娄师德的性格和智慧在以下几个方面有所体现：

第一，原则性位居第一。

他明哲保身的处世方式是有原则的。什么原则？为国家办实事，不害人，洁身自好。首先是办实事。娄师德在边关二十四年，劳苦功高。当宰相时，他表面看起来不哼不哈，但是办的都是大事，刚才提到的举荐狄仁杰就是最大的一件。狄仁杰能力超强，是当时光复李唐的最佳人选。娄师德非常看重他，于是秘密向武则天推荐狄仁杰为宰相，甚至在狄仁杰误解、排挤他的时候也默不作声。这种忍，是站在国家利益层面的忍，是大忍耐。而没有原则的忍，那是一种蓄积的阴谋。这种无原则忍耐的人，不是不会攫取利益，而是认为时机未到，所以权且忍着。一旦觉得时机到了，地位够高了，这种人就会露出庐山真面目，那时只怕比一般人还要贪婪。其次是不害人。娄师德一生没有害过人，没有当过小人。再就是洁身自好。武则天时期的官场已经够腐败的了，而娄师德是高级官员中最清廉的一个，据《朝野佥载》记载，他“位至台辅，家极贫匮”。他当了宰相，还极度贫困。

第二，时代背景使然。

谈娄师德的人生智慧不能抛却时代背景，在那个酷吏盛行、上下离心、告密成风的年代里，娄师德的忍就是最大的智慧。

第三，豁达是忍的基础。

凡事都要绞尽脑汁用所谓智慧来应对，这是个艰难的事，唯有对人生的豁达态度才是应对的王牌。人要积极入世，但是并不能以功名利禄为根本目的。唯有如此才能忍，才能宠辱不惊，才能换来内心的从容与安宁，而安宁的心比什么都重要。

娄师德像多棱镜，可以折射出不同的光芒。从中我们可以看到圆滑，也可以看到宽厚、豁达，还可以看到责任。想要从他的事迹里去寻找刺激的情节，跌宕起伏的故事，毫无疑问是要失望的。他的好，需要慢慢体会。这是一个老者的智慧。

张九龄

大唐最为鲜明的符号

「后来词人称首也。」《旧唐书·张九龄传》

“海上生明月，天涯共此时”，这两句诗在中国可谓尽人皆知，是中国人思念亲友、爱人时常常吟诵的两句诗，那种清凉、温馨又带有一丝哀怨的情感让人慨叹不已。这两句诗的作者就本篇的主人公张九龄。

张九龄是一个在千年以后仍然让人频生感触的人物。他做宰相时是唐朝最为鼎盛的时期，而他的黯然谢幕也是那个时代走向衰落的象征。他虽然洞察凶险，却无力阻止唐朝这条航船滑向漩涡。阅读他的历史，就是阅读唐朝由盛转衰的历史。在某种意义上，他就是那个时代的象征，是那个时代最鲜明的符号。

张九龄，字子寿，号博物，今广东韶关人。韶关地处粤北，是连接岭南与岭北的枢纽，一方面可以吸收中原先进文化，一方面又能通过南海感受异域文化，正是这样的文化氛围，孕育出了张九龄这样一个伟大人物。

在张九龄之前，岭南也曾出过英才，但总体来说，这里在文化方面属于极不发达地区，经济上也没有得到充分开发，相较而言是十分落后的。以至于在很长一段时间里，岭南都是官员的流放之地。当时的唐朝官员都不愿意去岭南，去岭南就等于被贬官或者被流放了。岭南地区选拔官员都是另外一套体系，叫作“南选”。甚至有的官员连岭南的地名都不愿意听到，听到就觉得不吉利，比如唐朝后期有个叫韦执谊的宰相，他就不爱看到岭南的地名，看见就闭眼睛。他刚当了宰相，办公室墙上挂着一张地图，由于忙于工作交接，他也没细看。过几天闲了下来，他仔细一看竟然是崖州地图。崖州在海南岛，属于岭南地区，韦执谊顿时有不祥之感。果然后来他被贬到崖州，最后死在了那里。这虽然是个巧合，但从中看出，岭南在当时的人们的心目中是什么地位，那跟现在岭南地区改革开放排头兵的地位大相径庭，此一时彼一时也。

所以，张九龄的横空出世就显得十分夺目。他的成功告诉大家，岭南也有英才，而且是英才中的佼佼者。但是，终其一生，岭南身份一直是困扰张九龄的一个问题。他是个英才，却改变不了人们对岭南的偏见。

张九龄自小聪颖，书读得多，而且善于写文章。有关他的少年时期，还有个有趣的故事。根据五代《开元天宝遗事》记载，张九龄少年时驯养过传书鸽，与朋友通信，就将书信绑在鸽子腿上，然后把鸽子放飞。张九龄把这些鸽子称为“飞奴”。在张九龄家乡这事被传为美谈。这是中国历史上使用信鸽最早的记录，至于是不是世界第一，这就不好考证了，因为唐代的《酉阳杂俎》和《唐国史补》记载，波斯和狮子国（斯里兰卡）的商船也使用信鸽。唐代的广州，是中国对外开放的一个窗口，海上丝绸之路重镇，中外文化交流非常频繁。韶关和广州同属今广东省，所以，飞鸽传书究竟是外国人影响了张九龄，还是张九龄影响了外国人，如今缺乏证据，难以断定。但无论如何，说张九龄是中国的信鸽使用第一人是没有疑问的。

十三岁时，张九龄上书当时的广州刺史王方庆，王方庆看了书信后，深为其文采所折服，连声说这孩子以后前途不可限量。果然，后来张九龄参加科举高中进士，担任了校书郎职务。校书郎负责在中央政府校勘、整理图书，级别虽然低，却是唐朝进士们日后高升的台阶，一定得是出类拔萃者才能担任校书郎，竞争非常激烈。唐代一大批著名文臣都是从校书郎起步的，所以张九龄这个起点算是相当高了。

后来张九龄官拜右拾遗，在这个位子上干得也很出色，尤其是选拔人才的工作，做得有声有色。古来知人善任是难事，张九龄却因此博得了广泛赞誉。

很快，他就引起了一个大人物的关注——张说。张说当时官拜中书令，位高权重，他非常器重张九龄，曾经这样评价张九龄："后来词人称首也。"（《旧唐书·张九龄传》）张说认为张九龄是未来的文坛领袖。对张九龄来说，张说对他有知遇之恩。张说有感于张九龄的岭南出身，不够显赫，主动与张九龄通谱，就是算作一家人。

开元十一年（723），张九龄官拜中书舍人，这已经接近权力中心了。此时的张九龄，除展现出了高超的行政能力之外，还展现了他的一个优良品质，那就是直。《资治通鉴》曾评价唐玄宗前期的宰相，说某人尚法，某人尚文，某人尚俭，而评价张九龄的是这样两个字：“尚直”（《资治通鉴》卷二一四）。这个“直”字的确是张九龄的写照，从他劝谏张说的一件事就可以看出他的“直”。

张说是张九龄的前辈，又是恩公，按理说张九龄应该和他一条心才是。但张九龄不是这样的，这个人办事向理不向人，恩公张说有问题，他直言不讳。开元十三年（725），玄宗皇帝前往泰山举行封禅大典。封禅大典在历朝历代都是大事，历史上总共只有六位皇帝举行过泰山封禅，即秦始皇、汉武帝、汉光武帝、唐高宗、唐玄宗、宋真宗。能跟着皇帝一同前往是莫大的荣幸。司马迁的父亲司马谈就是汉武帝去泰山举办封禅大典的时候没有能跟着去，因此郁郁而终。

所以，唐朝上下对这次封禅大典的人选也是高度重视。张说负责拟定名单，他拟定的人选多半是自己的亲信或者属下，而且还借机给这些人加官晋爵，这就有点儿以权谋私的味道了。张九龄自然在名单中，但是张九龄很正直，并不因为张说是恩公就对此不当之举默不作声，他奉劝张说：官爵乃天下之公器，应该首先注重德望，然后看功劳政绩。您现在拟定的名单鱼龙混杂，一旦公布，恐怕四方失望。希望您能谨慎对待，以免后悔。但是张说不听，名单一经张贴，便舆论哗然。张说一辈子英名因为此事大为受损。

张说去世以后，无人主管集贤院。唐玄宗想到张说曾经常提到张九龄，于是任命张九龄为秘书少监、集贤院学士，不久又升任宰相。

张九龄担任宰相期间，正是唐朝最鼎盛的开元时期的后半阶段。前半阶段有姚崇、宋璟等名相，后半阶段的能臣就以张九龄为代表。他执政理念清晰，注重吏治，注重民生。唐玄宗不断对外用兵，开疆拓土，有的属于自卫反击，有的则纯属好大喜功，民众因此负担沉重，杜甫名诗《兵车行》中的“边庭流血成海水，武皇开边意未已”就是讽刺唐玄宗的。张九龄曾多次劝谏唐玄宗，甚至使用权力阻止边将获得封赏。他并非不注重国防，而是反对不顾民生滥用武力，而且也随时警惕频繁的边境战争导致边将势力坐大，出现尾大不掉的情况。

他在行政方面的作为与功绩非常多，开元后半阶段政务的井井有条、经济文化的全面繁荣与他密切相关。而且，他还做了一件惠及后世的大事——开辟大庾岭新路。

岭南与岭北之间的交通十分不便，有五岭横亘在今江西、湖南与两广之间，道路险峻漫长，岭南的落后与此息息相关。祖国这么一大片领土没有被充分开发，那么丰富的资源不为人知，身为岭南人的张九龄自然焦急。

在张九龄干预之前，有三条通往岭南的道路。第一条路，是水路，当年秦始皇攻打岭南不顺，开辟了灵渠，以便沟通湘江和漓江。但是这条路绕道太远。第二条路，大致相当于现在的京广线，由当时的鄂州到衡阳、郴州，再越过五岭到达韶关，然后到广州。这一路水陆联运，但是有很多艰险路段，尤其是水路险滩很多，也十分不便。第三条路，由今江西越过五岭到广东南雄。这条路也就是张九龄最后选择的路线。

这条线路最大的问题是年久失修。秦代时这里曾经有路，但是秦末战乱频仍，导致关隘和道路均被废弃。唐朝时，这条道路无法通车，运输货物都靠肩担背扛，根本就称不上是路。于是张九龄指挥开辟新路。他亲自踏勘线路，参与设计，然后在农闲季节集合大批民工动工。

经过他的规划与整修，整条大路焕然一新，道路宽阔，“方五轨”，也就是可以并行五辆车，而且沿途修有驿站馆舍供人休息。由于这个地方多梅花，所以后人把新关隘叫作“梅关”，此地叫作“梅岭”。这条路一直沿用到近现代，它使得岭南与各地交通通畅了很多，岭南地区日后的发展与这条路密切相关。这是张九龄对岭南乃至整个中国的巨大贡献。

当时，人们把张九龄看作政府的中枢，他是唐玄宗最主要的助手，但是此时危机也在酝酿。太平天子做久了，李隆基已经失去了即位之初的锐气，变得倦怠，而且还喜欢听人拍马屁，厌恶有人犯颜直谏。此时的唐朝表面繁荣，实际上已经初露颓势。

张九龄担任宰相期间，政坛上有过三次大战，都是与邪恶人物李林甫和安禄山的较量。后世公认这俩人是唐朝由盛转衰的罪魁祸首，其实这背后是唐玄宗多年平衡术失败，导致邪恶势力不断坐大的必然结果。而张九龄是唯一能制止祸患发生的人，在他任职期间也的确这样做了，算是暂时压制住了敌手。可惜的是，唐玄宗把这一切断送了。我们来看看这三次大战。

第一战：保护三位皇子。

唐玄宗早年曾有三宠妃，分别是赵丽妃、皇甫德仪、刘才人。赵丽妃生儿子李瑛，这就是唐玄宗的太子；皇甫德仪生鄂王李瑶；刘才人生光王李琚。但是后来这三个妃嫔都失宠了，因为唐玄宗此时有了新宠武惠妃，武惠妃生了个儿子寿王李瑁[1]。武惠妃和这个儿子特别受宠，其他人就难免有怨言。尤其是太子李瑛，自己贵为太子，父皇却最爱李瑁，所以怨气越积越多。他和李瑶、李琚时常聚在一起骂武惠妃和李瑁。

武惠妃女儿咸宜公主的驸马叫杨洄，此人很会讨丈母娘武惠妃的欢心。也不知道他通过什么手段探听到了太子等人的言论，于是汇报给了武惠妃。武惠妃原本就想让自己的儿子李瑁取代太子，这下更有理由了。她到皇帝面前哭诉，说太子阴谋结党，想谋害臣妾，而且他们的目标不局限于臣妾，他们还想害皇帝。三位皇子对武惠妃及寿王有非议不假，但所谓谋害皇帝，纯属武惠妃添油加醋的诬告。

唐玄宗听了大怒，想将三个皇子一并废黜，唐朝历史上还没有过一日废三个皇子的记录。大家都觉得冤枉，尤其是此事证据不足，仅凭武惠妃一席话就要废黜三位皇子？此时皇帝盛怒，无人敢劝谏，只有张九龄挺身而出，他指出：三位皇子一直生长于深宫之中，接受正统教育，从未听说有大的过犯。今天您听信无根无据的传言就要废黜三位皇子，臣不敢奉诏。他还列举了历史上晋献公、汉武帝、晋惠帝、隋文帝杀害或者废黜皇子导致动乱的事例，劝玄宗收回成命，唐玄宗开始动摇了。武惠妃则私下派人去找张九龄，说此事假如您不干预，

---

[1] 杨贵妃前夫寿王之名，新旧《唐书》和《资治通鉴》都叫李瑁，但欧阳修《集古录跋尾》引开元二十五年（737）《唐群臣请立道德经台奏答》所附诸王列名及武惠妃碑，云寿王名皆题作“瑁”。这两种碑刻早已不复存在，后来出土了寿王两位女儿的墓志，一块是《清源县主墓志》，里面只提到“寿王女”，没提到寿王名字，后又有《阳城县主墓志》，里面提到寿王名“瑁”，由此可以认定，寿王名瑁，而非流传已久的瑁。可参看仇鹿鸣先生文章《校勘家与段子手：〈旧唐书〉与两〈五代史〉修订花絮》。

可在宰相之位上高枕无忧。

张九龄听了勃然大怒，将武惠妃派来的人大骂一顿，并立即向皇帝汇报了此事。皇帝此时才有所醒悟，于是暂时把这件事平息了下去。

张九龄在位期间竭力保护三位皇子，所以这个阶段内他们安然无恙。但是张九龄去职以后，三位皇子最终还是被杀了，而且是同一日被杀。此事也被看作唐玄宗后期乱政之象征。

第二战：识破安禄山。

安禄山是粟特胡人，母亲是突厥人。安禄山本姓康，因为母亲改嫁，所以随后父改姓安。

此人从小孔武有力，十分狡猾。有关他的事迹，此处按下不表。此人是安史之乱的头号元凶，也是唐朝由盛转衰的罪人。我们重点来讲一下他早年的一个经历，这个经历差点让他断送了性命，而要他命的就是张九龄。

当时安禄山在范阳节度使张守珪手下当平卢讨击使、左骁卫将军。张守珪派遣他去讨伐奚和契丹，结果安禄山轻敌冒进中了对方埋伏，惨败退兵，损失惨重。张守珪将其捆绑起来，奏请皇帝批准死刑。临刑的时候安禄山大喊："大夫不欲灭奚、契丹邪，奈何杀禄山！"（《资治通鉴》卷二一四）大意是，您不想灭奚和契丹了吗？为何要杀我这样一个壮士？安禄山虽然是个歹人，但是此时羽翼尚未丰满，而且他孔武有力，很会来事，加之是张守珪的养子，所以张守珪其实并非真想杀他。此时安禄山这么一喊，张守珪又心软了，可自己也无权私自放人，于是他踢皮球，将安禄山押解到长安，交给皇上来处置。

到了长安，按例由宰相处理此事。这下安禄山在劫难逃——张九龄打心眼里讨厌他，因为张九龄在他身上看到了不祥之兆。

张九龄为何会有这种感觉，史无明文是什么事触动了他。两人以前见过面，安禄山曾代张守珪入朝奏事，第一次见面，张九龄就觉得安禄山不太对劲。这大概就是直觉，他曾对其他人说："乱幽州者，此胡人也。"（《唐会要》卷五一）他准确预见到安禄山愚钝的外表之下有一颗狡猾的心。古人喜欢相面，认为身有异相的人会干出不同凡响的事情来，不管好事坏事，总之是大事。安禄山就给了张九龄这个感觉，而且通过察言观色，张九龄得出安禄山是个野心家的结论。此番安禄山犯罪，张九龄觉得机会来了，他大笔一挥，写下了这样一段批示："昔穰苴诛庄贾，孙武斩宫嫔，守珪军令若行，禄山不宜免死。"（《资治通鉴》卷二一四）张九龄这里使用了两个典故。第一个典故，司马穰苴诛庄贾。《史记》记载，齐景公让司马穰苴当将军，司马穰苴提出要让齐景公宠臣庄贾来当监军。庄贾平时骄横惯了，大大咧咧来到军门，还迟到了。司马穰苴将其斩首示众，全军大惊失色。国王宠臣他都敢杀，还有谁不敢杀？从此没人敢不听他的军令。第二个典故，孙武斩杀宫嫔。孙武给吴王练兵，特地提出以宫中妇女编成一队进行试验性训练。女人爱笑，站在队伍里嘻嘻哈哈，孙武将吴王的两个宠姬斩首，其余人吓得噤若寒蝉，从此孙武训练部队无人敢违抗军令。张九龄的意思是，要想严肃军纪，就得拿安禄山开刀。

但是老天不帮忙，不知何故，安禄山特别讨唐玄宗的欢心。唐玄宗觉得这是个壮士，而且安禄山还是有一些战绩的，于是唐玄宗就想释放他。张九龄反复苦谏，他说："禄山失律丧师，于法不可不诛。且臣观其貌有反相，不杀必为后患。"（《资治通鉴》卷二一四）这小子有反骨，非得杀了不可，否则后患无穷。唐玄宗不高兴了，说：“卿勿以王夷甫识石勒，枉害忠良。”（《资治通鉴》卷二一四）这里有个典故，据说西晋时，大臣王衍曾经偶遇十四岁的胡人石勒，已经走过去了，王衍越想越不对劲，他觉得这个小小的胡人面相非同一般，是天下之大患，于是马上派人去抓捕，可是石勒已经走远，不见踪影。后来，王衍果然死于石勒之手，石勒建立了后赵。唐玄宗的意思是，你别把自己当王衍，也别把安禄山当石勒。唐玄宗说安禄山忠良，这就等于一锤定音。于是安禄山被释放，一个将祸乱扼杀在摇篮里的机会就这样失去了。

第三战：对抗李林甫。

李林甫出道比张九龄晚，为官颇有政绩。但是他极端狡猾，而且嫉贤妒能，表面看起来笑容可掬，与人为善，背地里害人无数，当时的人评价他是“口有蜜，腹有剑”，这就是成语“口蜜腹剑”的由来。唐玄宗在开元后半期开始逐渐懈怠，不再励精图治。统治者只要有这种心态，小人就会乘虚而入，李林甫就是这样一个钻空子的小人。这种人很会揣摩、迎合上意，让皇帝舒服，所以李林甫很快就成了与张九龄平起平坐的人物。

这是具有不同性格、不同价值观的两个人，两个人之间明争暗斗，两人的路数也是他们人品的体现。张九龄走正路，坚持原则；李林甫走邪路，以迎合上意为目的。

有一次，唐玄宗想从东都洛阳前往长安，张九龄劝谏说此时正是农忙，最好等到冬天农闲时再走，这样不扰民。李林甫很狡猾，他有不同意见，但是当着张九龄的面不说。退朝时他假装脚跛，玄宗就问你的脚怎么了，这下捞到单独说话的机会了。李林甫趁机说我的脚没事，是有话想对您说。东西二京，不过是您的东西两宫而已，您想去哪里为何要征求宰相的意见，直接去就好了，最多蠲免沿途百姓租税就可以了。玄宗大喜，于是下令驾幸长安。

再一次就是上文提到的三位皇子的事件。在唐玄宗犹豫要不要废三位皇子的时候，李林甫也曾发表过自己的看法，他通过宦官转告皇帝：废不废皇子那是您的家事，何必问外人。这是在模仿当年李勣对武则天立后事件的回答。

还有一次，唐玄宗想拜牛仙客为宰相，张九龄以为不可。为什么？因为牛仙客是边将出身，张九龄反感无故对外用兵，所以对边将的奖赏他历来十分谨慎。如果牛仙客拜相，就意味着告诉其他边将，可以靠边功获取相位。张九龄觉得这会进一步导致穷兵黩武，以及边将势力坐大，加之牛仙客不是从入流的品官做起的，而是流外入流，这也是张九龄反对的理由之一。唐玄宗一听恼了，于是揭张九龄的短：你认为牛仙客出身卑微，请问你的出身高贵吗？张九龄是岭南人，这一直是他的短板。这等于说他出身不好，但也成了宰相。张九龄说，臣的出身是比不上牛仙客，但是臣还是要坚持原则。唐玄宗无可奈何，李林甫却对皇帝说，皇帝要用人就用，不用征求他人意见。

这几件事充分体现出李林甫狡黠的做事技巧——总在强调皇帝应该乾纲独断，想做什么就做什么，张九龄是外人，大可不必听他的。这一方面讨了玄宗的欢心，另一方面离间了玄宗和张九龄的关系。面对张九龄和李林甫，唐玄宗的心理又是怎样的？

首先，倦政导致离贤。张九龄当宰相日久，而且此人很严肃，总是坚持原则，这种人对国家有益，但对皇帝来说，尤其对已经逐渐倦怠于理政，沉溺于感官享乐的唐玄宗来说，其实非常讨厌。

其次，警惕相权坐大。张九龄的势力在唐玄宗眼里已经足够大。他当了多年宰相，又有很多支持者，相权与皇权天然就有矛盾，皇帝是不喜欢强势宰相的。在牛仙客事件中，玄宗曾对张九龄说过这么一番话："事总由卿？"（《旧唐书·李林甫传》）所有事都得听你的吗？这话说得很重了，完全展示了唐玄宗对张九龄的厌烦，而且我相信，这就是李林甫反复灌输的结果。他一直向玄宗灌输皇帝不必听宰相的观念，皇帝应该大权独揽，乾纲独断。

从这几件事可以看出，张九龄正在逐渐失去皇帝的信任，后来他给皇帝上了《白羽扇赋》："肃肃白羽，穆如清风，纵秋气之移夺，终感恩于箧中。"这是在借用汉代班婕妤的故事。汉成帝时期，班婕妤有感于赵飞燕姐妹专宠后宫，构陷自己，给皇帝写《团扇歌》，以秋后被弃之扇自况："常恐秋节至，凉飙夺炎热。弃捐箧笥中，恩情中道绝。"班婕妤诗见于《昭明文选》和《玉台新咏》，是否真为班婕妤所作，还有争议，但此诗为唐人熟知是毫无疑问的。张九龄面临李林甫的攻击，又因牛仙客拜相一事得罪玄宗，逐渐失去信任，所以以班婕妤自况，同时暗示李林甫和赵飞燕是一路货色。

但是张九龄没有放弃与李林甫、武惠妃等人的斗争。他在任期间，三位皇子无性命之忧，就是他奋战的结果。但是很明显，张九龄已经逐渐无法掌控恶化的时局了，最后他终于被击垮了。

此事还是和李林甫、牛仙客有关。开元二十五年（737）四月，监察御史周子谅说牛仙客不是当宰相的材料，而且还引用了谶纬之书，并且责备御史大夫李适之坐观牛仙客为相，毫无作为。李适之将周子谅的话上奏玄宗皇帝，玄宗无比恼怒，因为谶纬之书常说些王朝兴替、改朝换代的事情，皇帝很不爱听。按理说，唐代的御史有特权，言而无罪，但是这次不一样了，唐玄宗命令将周子谅按倒在殿堂之上，狠狠打了一顿杖子，又把他流放到外地。周子谅身负重伤，走出长安没多远就死了。唐玄宗如此暴怒，除了周子谅引用谶纬之书外，可能还有个原因，就是在牛仙客拜相这件事情上已经跟张九龄等人撕破脸了，加之遭到周子谅指责，所以邪火都冲着周子谅了。

而李林甫及时把握住了这个机会，他提醒唐玄宗，不要忘了，周子谅当上监察御史可是张九龄推荐的。皇帝大怒，于是以张九龄推荐人才有误为由，让他负连带责任，将张九龄贬为荆州长史，一代名相就此告别中央政治舞台。

张九龄的去职被视作唐朝由盛转衰的先声，是一个标志——励精图治的时代已经结束，取而代之的是以李林甫、杨国忠为代表的小人当道的时代。只是这一切，当时的唐玄宗还浑然不觉，只觉得甩开了一个严肃碍事的老头子，自己轻松了不少。殊不知，他的这个决定正在把他和唐王朝推向深渊。

不久，张九龄去世。据史书记载，他享年六十八岁，但 1960 年，考古部门对张九龄墓进行发掘时，曾发现一块《阴堂志铭》，里面明确记载张九龄去世于开元二十八年（740）五月，享年六十三岁。

张九龄去职后，唐玄宗又开始思念他了，毕竟张九龄的行政能力、气质风度都无人可比，他离开后，玄宗很不习惯。所以后来人推荐人才，唐玄宗经常追问一句话："风度得如九龄否？"（《旧唐书·张九龄传》）气质风度比张九龄如何呀？从宋朝开始，张九龄的家乡韶关就有一座风度楼，是为纪念张九龄而建的，楼名就是从唐玄宗这句话来的。

安史之乱爆发后，整个国家陷入动乱之中，唐玄宗被迫出逃。路上还发生了马嵬坡兵变，杨国忠、杨贵妃死于非命。玄宗登上高山，回望长安，不禁痛哭流涕，此时他心中最思念的人是谁？不是杨贵妃，而是张九龄。他对高力士等人说："吾取张九龄之言，不至于此。"（《唐语林》卷四）意思是当年若听了张九龄的话，杀了安禄山，也就没今天的祸患了。于是他派遣使者前往韶关，祭奠张九龄。

唐人有句话是这么说的："世谓禄山反，为治乱分时。臣谓罢张九龄，相林甫，则治乱固已分矣。"（《新唐书·崔群传》）说实话，将天下太平与否、繁荣与否归结为君主或者臣下是否贤明正直，是一种落后的历史观，说白了是另一种人治观。它忽略了自然环境、生产力、民族文化对历史进程的影响，将一切归结为人事，失之偏颇。但是，我们即便不能说张九龄是开元盛世的缔造者，李林甫是安史之乱的始作俑者，起码可以说他们是两个时代的象征。张九龄象征着太平时代的井井有条和从容有度，李林甫象征着乱世之前的蝇营狗苟和小人得志。张九龄的离去，带走的是一个时代。

刘文静

满腹牢骚也会要人命

太宗笑曰：『君言正合人意。』《旧唐书·刘文静传》

在唐宣宗大中二年（848）表彰的凌烟阁功臣中，有一位因为发牢骚而死。此人其实是唐朝真正的建国功臣，但因心理失衡招来杀身之祸。唐太宗对他的态度很微妙——惋惜，痛惜，却又不愿为他平反昭雪。而且在史料中，他的形象也被篡改了，他就像个橡皮泥一样，被人捏造成多种形象。一句话，他是那段历史的一个牺牲品。

此人就是刘文静。

刘文静是关中武功人，先祖曾是北周、隋朝的官员。刘文静的父亲死于战事，虽然刘文静继承了父亲的散官，但家道还是不可避免地败落了。

据说刘文静相貌堂堂，而且多谋略，善策划，隋末时曾担任晋阳县令。晋阳县有隋炀帝的一座行宫——晋阳宫。隋炀帝生活奢侈，好游玩，所以很多地方都有他的行宫。行宫虽然不如皇宫大，但是里面设施很完善，有官员和宫女常驻，随时恭候圣驾。晋阳宫监名叫裴寂（我们先记住这个名字），此人与刘文静先友后敌，是决定刘文静命运的人物。

此时的刘、裴二人关系非常好，是莫逆之交，而且已经到了无话不谈的地步。有一次两人夜间聊天，裴寂抬头看见城头正在举烽火。那时天下动乱，时不时就有所谓贼人（其实就是起义军）的消息传来，所以城头举烽火是常事。裴寂长叹一口气说：咱们够倒霉的了，家道败落，又碰上这样的乱世，怎么办啊？刘文静却胸有成竹，他笑着说："吾二人相得，何患于卑贱。"（《旧唐书·刘文静传》）咱们配合好，还怕卑贱吗？意思是，乱世才出英雄，咱们兄弟的机会来了，得好好干。

结果让刘文静说中了，机会还真来了，而且远在天边近在眼前，太原留守李渊父子就是他们的希望所在。当时全国陷入战乱，各路豪杰并起，只有有名望、有能力的人才是可以依靠的对象，更何况李家是关陇集团成员，在天下人心目中天然高出其他豪杰一等。刘文静和裴寂近水楼台先得月，很快就加入了李渊集团。

当时李渊被隋炀帝委任为太原留守，负责镇压今山西所在地区的农民起义，并负责抵御突厥。李渊手下有三个儿子最能干，也就是李建成、李世民、李元吉。李渊最终在太原举兵，而后拿下长安，建立了唐朝。

刘文静在这场战争里有三大功劳：

第一功：劝说李世民。

李渊起兵这段历史现在看起来扑朔迷离，原因在于李世民篡改过史料。他修改历史的原则之一，强调自己在建国战争中的作用，贬低甚至抹杀其父、其兄的功绩，而这件事又与刘文静有着千丝万缕的关系。

刘文静和李密有姻亲关系，所以隋炀帝下令将刘文静收监。而李世民和他早就认识，因此前来探望。牢房这个密闭的小环境反倒成了刘文静施展的舞台，为什么呢？他想要劝说李世民和李渊举兵反隋。

史书记载说，刘文静早就有这个心思，只是没找到机会罢了。他曾对裴寂说：我观察李渊这一家子，发现李世民是个非凡的人物，气质好比汉高祖，神武好比北魏道武帝，年纪不大，却是天纵之才。

刘文静真这么说过，还是仅仅是李世民篡改史料、证明其英明神武的结果，这个就不清楚了。但是刘文静此后潜心结交李世民是真的，他后来确实是李世民的心腹，而这次牢房会晤就是他向李世民摊牌的最佳机会。

刘文静首先说："天下大乱，非有汤、武、高、光之才，不能定也。"（《旧唐书·刘文静传》）大意是，现在天下大乱，除非有商汤、周武王、汉高祖、汉光武帝那样的才干，否则不能平定天下。

李世民则回答："卿安知无，但恐常人不能别耳。"（《旧唐书·刘文静传》）您怎么知道现在没有这种人？一般人看不出来罢了。这话大有一种舍我其谁的味道。

然后李世民直接向刘文静索取建议。他说，我今日来到监狱，不是出于什么亲情友情，是来向你讨主意的。我想举事，你为我好好谋划一下。

刘文静立即给李世民分析局势。他说，现在李密瓦岗军正在围困洛阳，皇帝跑到江都去了，各路人马加起来有上万支，就差一个真命天子对其驾驭了。现在躲避盗贼的太原百姓都入了晋阳城，我在此做了数年县令，一旦举起大旗号召，可得十万雄兵。眼下你父亲手里就有大兵数万，你们如能举起义旗，民众必响应，乘虚入关，号令天下，不到半年，帝业可成。太宗笑曰：“君言正合人意。”（《旧唐书·刘文静传》）

在唐太宗修改过的史料中，这段对话被放在了显著位置，作为唐太宗是太原举兵首谋的证据。从事后太原举兵的过程来看，刘文静的确参与了举兵前的预谋，而且他作为李世民的心腹，这一点也没错。但是唐代官方史料说，高祖李渊对举兵一事毫不知情，而且他最后举兵也是李世民推动的结果，这就有点儿过了。根据史学家们的研究，李渊才是举兵的首谋和领袖。现存史料都是李世民篡改过的，非如此不足以烘托其玄武门事变的合法性。

为什么说李渊才是首谋呢？有如下几项证据：

其一，李渊曾与宇文士及谋划举兵。

唐朝建国之后，隋朝旧臣宇文士及前来投降，唐高祖曾对裴寂说：“此人与我言天下事，至今已六七年矣，公辈皆在其后。”（《旧唐书·宇文士及传》）意思就是这人与我谋划天下大事比你们都早，是六七年前的事了。如此一算，是在太原举兵前四五年的事，确实比刘文静和李世民的狱中密谈要早。

其二，李靖曾察觉李渊异志。

大业十二年（616），李渊奉隋炀帝之命在塞外打击突厥，马邑郡丞李靖发觉李渊有异志，因此悄悄逃走，脱离了李渊的地盘，想向隋炀帝告密。后来由于道路阻隔他没有成功。李渊攻占长安后，李靖差点为此丢了性命。司马光写《资治通鉴》的时候曾大惑不解，他说，太原举兵是李世民谋划的，李渊不知道，李靖怎么能够通过观察李渊得出李氏要举兵的结论呢？这不可能。因为司马光对李世民篡改过的史料深信不疑，所以他才会有这样的疑问。

有人可能要问：你不是说史料经过李世民篡改了吗？那前面提到李渊是首谋的这些史料是哪里来的？原因很简单，李世民篡改史料是在贞观年间，贞观以后逐渐汇聚到史书中的史料他已见不到了，而那些史料往往会不断透露真实信息。

我相信，刘文静的确曾有那样一番和李世民的谈话。他身在狱中，不知道李渊已经有这方面的意思和准备，所以才劝李世民去推动其父亲起兵。而李世民在他的鼓舞下坚定了决心，刘文静也凭借这番谈话和李世民结成了同盟。

在李世民修改过的史料中，刘文静和裴寂是推动李渊举兵的关键人物，而且手段颇具戏剧性。据说刘文静告诉李世民，要想推动李渊，必须通过裴寂之手，因为裴寂是李渊的密友，于是李世民花费重金笼络裴寂。这事儿听着就不靠谱：儿子跟老爸商量事还要通过别人吗？

最后，李世民、刘文静和裴寂决定以特别手段刺激李渊。裴寂是晋阳宫监，整个晋阳宫都归他管。于是李世民授意裴寂在晋阳宫招待李渊喝酒，然后让宫女服侍李渊。接着拿这事儿要挟李渊：宫女是皇上的人，不可染指，您这是犯了死罪。眼下二郎（指李世民）一直在蓄积人马，不如干脆举兵反了吧。据说李渊当时无奈地说，事已至此，既然我儿已经做好准备，那就举兵好了。

这事极有可能是虚构的，以便用来烘托太原举兵过程中李世民的主导作用。近年裴寂墓志《大唐故司空魏国公赠相州刺史裴公墓志铭》出土，墓志夸赞了裴寂一生的功绩，把他比作周公、萧何，尤其提到了他在整个大唐开国过程中发挥的巨大作用，“公乃绸缪潜德，崎岖草昧之间；纷纭外攘，献替经纶之始……”洋洋洒洒的文字间不乏许多溢美之词。但是，通观整篇墓志铭，却对于“醉宿晋阳宫”这件事只字未提，只是强调了裴寂出谋划策的功绩，并且始终在强调太上皇李渊的主导作用。按理说，此时已经是贞观六年（632），不需要再为太上皇鼓与呼，而“醉宿晋阳宫”能烘托现任皇帝唐太宗的功勋以及裴寂的功劳，不应该不提，可为何没有只言片语涉及？极大的可能是，这个故事在裴寂去世的时候还未出现。只能说，墓志撰写者是按照当时的建国史观来书写的，而“醉宿晋阳宫”是贞观十四年（640）修改史书之后才出现的。

无论怎样，刘文静的确是太原举兵预谋阶段的核心人物之一。

第二功：勠力举兵。

举兵之时，最大的问题就是怎么处置副将王威、高君雅，这俩人是隋炀帝派在李渊身边的眼线。隋炀帝虽然任命李渊为太原留守，但是对他并不放心，所以就派这俩人监视他。李渊想要起兵，首先就要铲除他们。刘文静担负起了这个职责。

种种迹象表明，在李渊举兵之前，王威、高君雅已经发现了李渊的异常举动，比如招募亡命之徒、异常扩军等。如此一来，李渊就更需要先下手为强了。

李渊在晋阳宫布置好人手，然后召王威、高君雅前来议事，三人相谈甚欢。正在此时，刘文静带领一个叫刘政会的地方官进来了，说是有密状上报。李渊一挥手，让王威把状纸拿上来。

刘政会不给，他说：这正是告两位副留守的，只能给唐公看。

李渊还假装大惊：怎么会有这种事？

拿上来一看，上面写着王威、高君雅引突厥进攻。李渊一说完，高君雅立刻勃然大怒，跳起来大骂道：这是反贼想杀我等！

但是此时他们想跑已经来不及了，李世民已带兵将晋阳宫围得水泄不通。刘文静立即上前逮捕了王威、高君雅，将他们投入监狱。此时太原人心惶惶，为什么留守将副留守抓起来了？就在此时，突厥真的来了，前哨轻骑甚至进入了太原外城。满城军民一下子愤慨起来，因为这等于坐实了王威、高君雅勾结突厥的罪名。其实这很可能只是个巧合，但是突厥早不来晚不来，偏偏这时候来，王威、高君雅这两个人真是太背了。李渊以此为借口，将王威、高君雅斩首示众；自此正式起兵，开始了建立大唐的征程。

刘文静在整个建国过程中“执戈王前驱”，功劳很大。比如在对隋军主力屈突通的战斗中，刘文静浴血奋战，差点战死在战场上。三座大营被他拔除了两个，要不是敌方指挥官犯了错误，命令停止进攻，休息吃饭，刘文静可能真就出师未捷身先死了。刘文静抓住这个稍纵即逝的机会，调集残兵迂回敌后，将敌军击溃。后来他又俘虏了屈突通，取得了进军长安途中的决定性胜利。

刘文静在起兵过程中起到的最大作用还不限于此，在另一件事上，他再次展现出了价值。

第三功：联合突厥。

太原举兵之后，李渊的首要敌人自然是隋朝，但是同时背后还有突厥这个强敌虎视眈眈，只有先解决了这个强敌，才能无后顾之忧。

突厥雄踞北方草原，实力强劲，骁勇善战，机动性极强。此时的突厥正在目不转睛地盯着中原局势。中原地区一片混乱，正合突厥的心意，因为这样一来各方势力都会争相巴结突厥，所以从华北到西北，各路豪杰的背后或多或少都有突厥的影子。突厥对眼下这个形势很满意——中原分裂导致没有一个统一的力量与之对抗，而突厥又可以向各路豪杰索取保护费，所以选择同时支持多股力量，而不是扶植一个豪强灭掉其他豪强。

对李渊来说，也必须笼络突厥。太原距离北方草原不算远，各路人马都在笼络突厥，你没有表示，就会成为突厥的眼中钉，后方就会不稳。

于是刘文静就去劝说李渊笼络突厥："与突厥相结，资其士马以益兵势。"（《资治通鉴》卷一八四）就是说结交好突厥，并且向其借兵马。

李渊虽然很不情愿，但是迫于形势，别无他法，尤其是此时主要敌人不是突厥，更不能主动树敌，只好暂时屈服。李渊委托刘文静出使突厥，亲笔给突厥可汗写了一封信，而且让刘文静带上了极其丰厚的财宝。去之前，李渊给刘文静确定了一个原则：多要马，少要兵。战马当然多多益善，突厥兵来得越少越好，以免被突厥控制。

刘文静见了突厥始毕可汗，将信件和财宝奉上，始毕可汗问：唐国公此时起兵，意欲何为？

刘文静回答：隋文帝废掉太子，传位给杨广，导致天下大乱。唐国公是皇亲国戚，不忍看到如此一幕，所以兴起义兵，想废黜不当得位者。如果能拿下京城，人口土地归唐国公，所有财宝归可汗。

这番回答很有趣，两层意思：第一，不明确说自己反隋，只说反篡位的隋炀帝。这是对外宣传的需要。虽然李渊的真实目的就是打天下、坐天下，但是现在豪强并起，如果此时彰示自己想当皇帝的念头，岂不树大招风？所以此时不能表露真实意图，尤其当着突厥可汗的面，更不能如此。后来明太祖朱元璋不也曾奉行“广积粮，缓称王”的策略吗？其实是一个道理。第二，投其所好。李渊曾分析过突厥的特点——突厥武力卓绝，但是并无远大志向，就是喜欢财物。所以他授意刘文静告诉突厥，打下长安财宝都归他们，这就够了。

始毕可汗闻听大喜，同意与李渊结盟。最后，刘文静带领着五百名突厥士兵，赶着两千匹战马与李渊会合。李渊一看大喜：“马多人少，甚惬本怀。”（《大唐创业起居注》卷二）

在刘文静等人建议下，李渊把旗色也改成了绛白旗，就是旗子有两种颜色，红色和白色。红色是隋朝旗帜的颜色，白色是突厥旗帜的颜色。这里面的寓意很有意思。红色，说明李渊此时还不打算彻底公开反隋，还是隋臣；白色，这是向突厥示好，某种程度上来说是向突厥称臣。李渊打出这样的旗子实在是迫于无奈，刘文静等人的建议动机很简单，既然主动要求和对方结好，那就要有所表示，光送财宝不算什么，必须在立场上有所体现，旗子就是体现。

当时李渊无奈说了一句话：“此可谓‘掩耳盗钟’，然逼于时事，不得不尔。”（《资治通鉴》卷一八四）“掩耳盗钟”就是掩耳盗铃，如此举措是迫于时势，不得已而为之。

所以说刘文静出使突厥的目的达到了，而且是很成功的。虽然后来突厥觉得李渊实力坐大，开始与唐朝为敌，但是最关键的初始阶段他们没有干扰李渊，这就是李渊要的效果。

刘文静和裴寂，是太原举兵乃至建国战争的功臣，不分伯仲。耐人寻味的是，这两位都没有被列入唐太宗时期的凌烟阁二十四功臣名单里，这是怎么回事呢？这与两人的政治派别密切相关，可以说，他们都是政治斗争的牺牲品。而且刘文静最后的经历告诉我们，面对成功和财富权势，内心失去平衡是多么可怕的事情，我们接下来看看他究竟怎么了。

建国后，政坛基本上分为三大股力量。一股是皇帝，刘文静的好友裴寂就是唐高祖李渊这个集团的核心成员，群臣第一。另一股是太子李建成和齐王李元吉，他们实际上受到了皇帝的支持。第三股就是秦王李世民。在建国之初，这一派最主要的人物除了李世民本人外，就是刘文静了，李世民和刘文静私人关系非常好。

此时的刘文静代表的不是他本人，而是秦王集团。所以，后来围绕他发生的这些事情，就不能简单地看作独立事件。更何况，刘文静与突厥有着千丝万缕的联系，所以他的命运早已和局势绑定。

可惜的是，刘文静本人并未看到这一点。建国之后，他身居高位，政绩斐然。比如立法，淘汰隋朝旧法，制定新法，在这方面刘文静做出了很大贡献。但是在此阶段，他心理却逐渐失衡，为什么呢？因为裴寂。

虽然说他和裴寂是莫逆之交，但是古人有句话：可与共患难，不可同富贵。这是人性的弱点，患难当头的时候想的是如何勠力同心，同仇敌忾，这时候内部矛盾少；到了大敌消退，共享荣华富贵的时候，就开始斤斤计较了，每个人都认为自己有天大功劳，谁少得一点都不干。刘文静事件就是个典型的例子。

此时的裴寂，俨然群臣第一，老皇帝最信任的人，压刘文静一头。刘文静十分不服，觉得自己才干在裴寂之上，又有军功，功劳也在裴寂之上，为什么自己地位就不如裴寂呢？他因此愤愤不平。刘文静喜形于色，他把对裴寂的不满以类似“抬杠”的方式公开表达出来，史籍说他“寂有所是，文静必非之”(《旧唐书·刘文静传》)。由此，不仅裴寂记恨他，就连高祖李渊也非常厌恶他。古代君主有时需要部下内部有点儿矛盾，这样他可以居中制衡，这算是一种帝王术。但是像刘文静这样由着性情肆意妄为的，皇帝也会觉得厌恶。

有一次，刘文静和自己的弟弟刘文起一起喝酒，醉酒后，刘文静又开始发牢骚，说到激动处，拔出腰刀一刀砍到柱子上，说：“必当斩裴寂耳！”(《旧唐书·刘文静传》)

过了几天，家中闹鬼，刘文起请了一个巫师来做法事。这两件事都被一个人看在眼里，谁呢？刘文静的一个小妾。

这个小妾一开始很受刘文静喜爱，可是不知道什么原因失宠了，于是就想找机会报复。刘文静拔刀击柱和家里请法师都被她看到了，她就借机告发刘文静。身为女流，出门不方便，于是她委托自己的哥哥去告状，这一状直接告到了唐高祖面前。高祖勃然大怒，将刘文静兄弟投下狱，然后派大臣审问。

唐高祖派来的是裴寂、萧瑀，这样做明摆着要置刘文静于死地。

刚开始审讯，刘文静就和盘托出：我就是因为觉得自己功高盖世，是建国大功臣，但是待遇不及裴寂，所以心生怨气，酒后失态。

高祖把刘文静的供状拿到朝堂上给群臣看，说：“文静此言，反明白矣。”（《旧唐书·刘文静传》）刘文静要造反，事实很清楚了。高祖这番话很显然是要判刘文静死刑。

但是群臣也有不同意见，比如和裴寂一起审案子的萧瑀就反对判死刑，大臣李纲也反对。秦王李世民更是竭尽全力为刘文静说情，他求见皇帝说：刘文静有大功，他也就是有怨言而已，不是真的谋反。但是裴寂在老皇帝面前竭力主张判刘文静死刑——他和刘文静的矛盾已经不可调和。

最后高祖拍板——死刑。临刑的时候，刘文静长叹一口气说：飞鸟尽良弓藏，这句话一点也不假啊。

刘文静的死看起来似乎是私人恩怨的结果，其实没有那么简单。刘文静之死，历来有两种看法：一种认为刘文静之死是老皇帝警告秦王府集团，另一种认为刘文静之死和突厥有关。

先来看第一种看法：刘文静死于杀鸡儆猴。

刘文静从太原举兵预谋阶段就是李世民的人，请不要忘记那番狱中谈话，此后刘文静一直是给李世民出谋划策的人物。裴寂是老皇帝的人，刘文静是李世民的人，所以他们俩的矛盾应该看作高祖一方与秦王一方的矛盾体现。老皇帝出于维护太子的目的，借着刘文静一事警告秦王。在案件审理过程中认为刘文静罪不至死的萧瑀等人，都是李世民的亲信，加之李世民竭力为刘文静说情，大家就更倾向于相信这种说法了。

但是第一种说法也不是没有问题，刘文静是李世民的人没问题，可是他被杀于武德二年（619），此时秦王和太子、高祖之间的矛盾还不是很明显，那么杀刘文静是为了警告李世民就很值得怀疑了。

所以又有了另一种说法：刘文静死于联系突厥。

这个联系突厥指的是太原起兵时候的那次联系。那次联系突厥虽然被看作刘文静立下的一大功，但是实际上也留下了很多不快。

在始毕可汗和刘文静的那番对话中，其实还有下文。始毕可汗提出，唐公不应该再继续打着隋朝的旗号，应该自立为帝。

刘文静和裴寂等人都主张听从突厥的建议，干脆建立新国家。但是李渊老谋深算，他不愿意在豪杰并起的情况下树大招风，起码在攻占长安之前他不想称帝。所以他不愿意，而且态度很坚决，部下看到他如此坚决都不敢再劝。

此事却险些酿成一场兵变。驻扎在兴国寺的部队担心李渊不听从突厥建议，导致突厥干涉，所以人心骚动："公若更不从突厥，我亦不能从公。"（《大唐创业起居注》卷一）这就是兵变的前奏。而刘文静和裴寂等借此机会再劝李渊，但是李渊仍然态度坚决。最后，李渊起兵时仍然打着反昏君不反隋朝的旗号，但是改易旗帜为绛白旗，一直到长安拿下、隋炀帝死去、时机已经成熟了，他才正式称帝。所以说，这件事等于是顶着突厥压力做的。

问题在于，刘文静和突厥走得很近，起码可以说他是个亲突厥派。尤其是那次兴国寺事件，很可能被李渊认为背后的主使是刘文静，因为那些军人的主张和刘文静的口径一致，而且也是刘文静代为求情的。因此，后来李渊重用裴寂，冷落刘文静，不是没有原因的，而刘文静也从此开始心理失衡。尤其是武德初年，突厥已经和唐朝正式为敌，一方面支持唐朝的敌人例如刘武周等，另一方面直接以武力威胁唐朝。

在这种情况下，高祖更会对刘文静冷眼相待了，刘文静之死也可看作李渊对突厥示威的手段。

以上两种看法各有各的证据，不好评说对错是非，甚至两种皆有可能。但是不管怎么说，刘文静本人的性格和错误是他死于非命的首要原因。

那么，唐太宗成为皇帝后，凌烟阁图画功臣像时为何不把刘文静列入？原因很简单，刘文静是老皇帝杀的，老皇帝去世还不到十年，此时大张旗鼓表彰刘文静，置老皇帝脸面于何地？经过玄武门事变后，唐太宗最怕担负不孝罪名，所以为了老皇帝的面子，刘文静的名誉就只能暂时牺牲一下。到唐宣宗时期，宣宗已经没有了这个顾忌，因此刘文静才得以进入凌烟阁，总算获得了一个和其功勋相当的评价。

张巡

延续国祚的悲壮功臣

『守一城，捍天下，以千百就尽之卒，战百万日滋之师，蔽遮江淮，沮遏其势，天下之不亡，其谁之功也！』《韩愈集·张中丞传后叙》

唐代大文豪韩愈曾经在汴州、徐州之间游历。他所到之处，常会听到人们在传颂一个名字，他看到过祭祀此人的庙宇，听过此人很多事迹，有时人们还会指给他看与那个人有关的遗址。随着对此人事迹越来越多的了解，韩愈心中有了越来越多的钦佩，最后他挥毫写下了《张中丞传后叙》，为此人的人生添上了浓墨重彩的一笔，文中说："守一城，捍天下，以千百就尽之卒，战百万日滋之师，蔽遮江淮，沮遏其势，天下之不亡，其谁之功也！"（《韩愈集·张中丞传后叙》）在韩愈看来，以弹丸之城，千百死士，抵抗百万之敌，保卫江淮安全，最终使唐朝幸存，这是谁的功劳？就是本章主人公张巡的功劳。

凌烟阁功臣中，张巡毫无疑问是最为悲壮的一个。在整个安史之乱中，他用极少的兵力取得了极大的战绩，唐朝东南半壁江山都是他保下来的，这一切是用一腔热血换来的。有这样的烈士，唐朝命不该绝，但是这也给他带来了不少质疑。

张巡是文人出身，通晓兵法，而且交友很挑剔，只交高洁之士，不愿意与俗人往来。韩愈的朋友曾拜访过张巡的一个幸存的部下，此人描述说张巡身高七尺余，美须髯。唐人个子有小尺和大尺两种计算方式，史料表述中两种皆可能存在，例如郭子仪，《旧唐书》："子仪长六尺余"，《新唐书》："长七尺二寸"。都在强调郭子仪高个，却有如此大误差，后者假如按小尺（24.5 厘米）计算为 176.4 厘米，堪称当时的大个儿，前者就不能按小尺，按大尺（29.5 厘米）算，六尺为 177 厘米。张巡身高七尺余，很可能是以小尺计算的，身高可能在 175 厘米以上，在当时当然也是个大个子，再加上一把漂亮的大胡子，活脱脱一个武夫形象。但张巡实际上有很高的学问，韩愈记载说，张巡看三遍《汉书》就会大段大段背诵原文。有人把篇章混在一起考他，还是难不住他。写文章也是一气呵成，从来不打草稿。所以说要是没战争的话，张巡将是文坛翘楚。

开元末年张巡考中进士，其后仕途不是特别顺利，一直在县令任上徘徊。宰相杨国忠当权的时候，有人劝张巡走杨国忠的门路，拍拍马屁，说不定职务能往上走走。但是张巡痛斥杨国忠是国之"怪祥"，不肯与其同流合污。张巡很有正义感，这一点决定了他一生的走向。

安史之乱爆发之初，叛军占领了洛阳，然后分兵两路，一路攻打潼关，另一路攻打江淮地区。谯郡太守杨万石投降了叛军，张巡是他的部下，当时是真源县令，杨万石强令张巡为长史，去迎接敌军。张巡向来以忠义为己任，所以拒不从命，率手下在玄元皇帝祠哭祭。玄元皇帝就是老子，唐高宗曾经亲自在真源县祭奠老子庙，封老子为“玄元皇帝”。所以，张巡在这里哭祭，就是为了激发大家的忠君之情。哭祭之后，张巡正式起兵反抗叛军，当时跟随他的大约有一千人。

自此，张巡开始了他轰轰烈烈的军事生涯，这段生涯可以分为两个阶段。

第一阶段：保卫雍丘。

在雍丘地界上，张巡碰到了另一支唐军——单父县县尉贾贲率领的部队，两军合起来一共两千人，这点力量并不足以成大事。刚巧机会来了，雍丘县（今河南杞县）县令令狐潮投靠了叛军，他把抓来的一百余名唐军俘虏聚集在庭院中，准备开刀问斩，但是恰巧此时令狐潮有急事出城去了。这些俘虏中有人悄悄解开身上的绳索，并悄悄替同伴解了绑，然后突然发难制住了看守，最后占据城门夺取了县城。

得知消息的张巡很兴奋。他手下只有两千人，假如与敌野战，将很快崩盘，但是有城墙为依托就不一样了，可以有一番作为。张巡、贾贲抓住这个稍纵即逝的机会进入了雍丘城。

入城之后，张巡立即布置防御工事，然后将令狐潮的家人全部斩首，用这种决绝的手段展示自己抵抗到底的决心。

果然，令狐潮听说家人被杀，顿时抓狂，领四万安禄山叛军来攻雍丘。贾贲出战，失利阵亡，余众推举张巡为首领。张巡比贾贲更有领导力，他的防御战将防守与进攻、虚与实结合得非常好。

他对部下说：敌人知道我们人少，而且新近战败，所以他们现在十分轻敌，我们应该抓住这个机会出战，打他们一个措手不及。于是他率领一千人，兵分数路，从各个城门突然出击，敌人大吃一惊，纷纷退却，这下不敢小瞧张巡了。第二天，敌人大张旗鼓攻城，仅木头打造的攻城塔就有百座之多，这种塔楼高过城墙，底下带轮子，推到城墙前，里面的士兵可以通过搭板跳到城墙上。对此，张巡早有预备，敌人攻城塔刚一靠近，唐军忽然间就在城墙上竖起木制栅栏，城墙即刻又高过了攻城塔，这使得敌人目瞪口呆，不知所措。唐军趁机点燃灌上油脂的蒿草束，并向城下投掷，这些攻城塔纷纷陷于火海之中，敌人顿时惨败。

在此后六十天的时间里，大小拉锯战有数百次。张巡身先士卒，兵不解甲，伤不下火线，使得叛军一筹莫展，甚至连令狐潮本人也差一点儿被俘。令狐潮十分恼怒，如此弹丸之地竟然久攻不下，而且还损失惨重，于是他向上面要来了更多的增援部队，再战雍丘。

令狐潮实在想不通，张巡明明是绝对劣势，为何拒不投降？这俩人以前有过交往，而此时已经是针锋相对的仇敌了。他在城下对着张巡大喊：唐朝大势已去，你坚守有何意义？

张巡回答：“足下平生以忠义自许，今日之举，忠义何在！”（《资治通鉴》卷二一八）你平日自诩为忠义之士，今天做出这等行为，你的忠义何在？令狐潮听了大为惭愧，扭头就走。

并非人人都像张巡一样有必死的决心，尤其是守城两个多月，外面不见一兵一卒前来增援，而且也没有任何消息传来。城内有人怀疑，叛军说唐朝大势已去，怕也不是骗人，唐朝是不是真要完了？于是有六个将领来劝张巡，说是皇上吉凶未卜，不如投降。张巡假意应允，商定次日办仪式。

第二天，张巡在堂上挂了一幅皇帝画像，然后招众人入内，当场下令将六人斩首。人人震恐，从此再无人敢动摇军心。

张巡虽然是文人出身，但是很有军事素养，而且思想特别超前。比如练兵，大家都觉得军队整齐划一才好，但张巡不这样认为。他委任将领之后，让将领按照自己的意愿练兵，并且从不干涉。打仗时也只给指挥官下达目标任务，不插手具体的指挥，有人问这是为什么？他说："今胡人务驰突，云合鸟散，变态百出，故吾止使兵识将意，将识士情，上下相习，人自为战尔。"（《新唐书·张巡传》）叛军形态多变，所以我们练兵也要有针对性，只要做到官兵之间上情下达，下情上通，这样就可以根据千变万化的战场局势灵活指挥，各自为战。这个思想很超前，现代军事思想有所谓"委托式指挥法"，思路和这番话是完全一致的，最大的好处就是灵活多变，因时因地而制宜。张巡堪称这种思想的鼻祖。

张巡记忆力超强，能记住每个士兵的名字，甚至协助守城的百姓，只要他问过姓名，下次见面就能叫出名字来。此处说个题外话，可别小瞧这个本领，记住对方的名字意味着对他人的尊重。领导见一面就能记住下属的名字，下属会很感动，也会激发下属的干劲。法国皇帝拿破仑也有这样的本领，他能记住几千名老近卫军的名字，还能准确说出对方参加过哪场战役。有的领导懒得记下属名字，见了下属就叫“那谁谁”，这样的领导难以服众。

张巡天天打仗，蓬头垢面，但是每次有下属找他奏事，他必然要整理着装后才会召见。这和记住下属名字是一个道理，也是显示对下属的尊重。

打仗的时候张巡督战，他不会因为谁退却就杀谁的头。他明白，贪生怕死是人的本性，不能因为部下一时的胆怯就去责罚，问题的关键在于如何激发士气。他会站在一个位置对后退者说：我就站在这里不后退，你们也不要退过这条线，请为我杀敌。士兵会因退却而感到羞愧，然后就会勇气勃发，反身杀入敌阵。

张巡的战术也非常富有智慧，来看几个战例：

第一，草人借箭。

守城时间长了，城内物资有限，箭矢也逐渐耗光了。于是张巡想到一个办法，向敌人借箭。他下令给扎好的一千个草人穿上黑衣服，夜里从城墙四面缒下，敌人看到好多人在往下爬，以为是唐军要夜袭大营，于是开弓放箭。数万敌军张弓搭箭，密集的箭矢如同蝗虫一般飞向草人，待借箭完毕，拉上去一数，得了好几万支箭。

读者想必很眼熟，这不是《三国演义》里的草船借箭吗？张巡是不是受了诸葛亮影响？张巡可能受了三国故事影响，但模仿的并不是诸葛亮。三国时期的《魏略》上有明确记载，三国历史上的确发生过草船借箭的事情，但主角不是诸葛亮而是孙权，张巡也许是从中得到了启发。

张巡“借”了几次箭之后，敌军也就搞清楚是怎么回事了，再把草人放下去，对方就不理不睬了。张巡将计就计，把草人换成了身穿黑衣的真人，还是从城墙缒下去，敌人看了没有任何应对举措。五百唐军就这么顺利落地，然后冲入敌营，打了对方一个措手不及，敌人溃逃，军营也被搅得惶惶不得安宁。

第二，诈降取木。

城池被围困久了，木料都消耗光了，连烧火的劈柴都没了，张巡又开始打令狐潮主意了。张巡遣使者见令狐潮，声称想弃城而走，希望给个方便。令狐潮问想要什么样的方便，张巡答复说：请贵军向后撤二舍（一舍是三十里），留出一个足够的缓冲空间，好让我们撤军。

令狐潮觉得围困这么久了，张巡应该是顶不住了，所以相信张巡是真投降。于是他下令军队后撤，不过只退了一半。但这对张巡来说也够了——他把敌人留下的房屋、营寨全拆了，把木料都搬进城里，然后关上城门，继续抗争。

第三，再诈取马。

令狐潮遭到如此戏弄，十分恼火，派使者指责张巡不诚信。张巡表示抱歉，并说之所以没有弃城而走，是因为没马，能不能给我三十匹马，我和部分亲信骑马就走。令狐潮想了又想：这次也许是真话，三十匹马无足轻重，张巡骗马没有意义，于是同意了。

令狐潮根本不懂张巡的心态，从一开始，张巡就没打算活着离开战场，所以无论他干什么，都以给敌军制造麻烦、杀伤敌军为目的。

要马就是这个目的。敌军把马送来，张巡分给了自己麾下三十个骁勇善战的士兵，然后给他们下达任务：明天每人取敌方一个首级。

第二天令狐潮在城下大骂：既然得马为何不走？并说张巡不讲信义。

令狐潮正骂得起劲，张巡一声令下，三十名骑兵从城中突然冲杀而出，当场有十四名军官和百余个士兵被杀。这三十人还将敌人遗弃的器械牛马带回了城中。

就这样，张巡坚守雍丘长达四个月。虽然敌人兵力占绝对优势，但是始终久攻不下。不仅张巡是个汉子，他手下也有铁骨铮铮的硬汉。有个叫雷万春的将领正在城头督战，敌人张弓射箭，他脸中六箭，竟然站在那里一动不动。敌人在城下张望半天说，这是个木头人吧？最后打探得知是个真人！令狐潮在城下对张巡喊话：您确实了不起，看了雷将军的表现，我才知道您的军令有多严。虽然如此，但是天道不可违。意思是说天意眷顾大燕王朝（燕是安禄山的国号），而不是唐朝。

张巡回答说：你连人伦都不知道，还知道天道吗？这是在讽刺令狐潮叛国。

像张巡这样有勇有谋、意志坚定的守将实在是太少了。周围州县已陆续扛不住对方的进攻，不断沦陷。眼看雍丘就要成为一座孤岛了，权衡再三，张巡决定放弃雍丘，向外围转移。

第二阶段：玉碎睢阳。

在转移的途中，张巡来到睢阳。睢阳太守许远也是个忠义之士，能和张巡合兵一处他非常高兴。许远很谦虚，他明白自己的能力比不上张巡，所以虽然级别比张巡高，却心甘情愿把指挥权让给张巡。

张巡刚来就展现了自己的能力。敌军一支大部队来攻，张巡率军与之昼夜交战，最后斩首万级。敌人的尸首遮蔽了汴河河面，敌军趁夜仓皇撤退。皇帝听说了张巡的事迹，下敕拜张巡为河南节度副使。

此时发生了耐人寻味的一幕：为了表彰将士，张巡特意向自己的上级、河南节度使嗣虢王李巨请求发空白告身和财宝，用来奖励将士。告身就是委任状，之所以要空白的，是为了随时把有功将士的名字填上去，以激励士气。

李巨并未答应这个请求。他只给了三十张告身，而且上面的官职级别都很低；至于财物则没有。张巡为此写信责备李巨，也没得到任何回音。

这是为什么？

第一，唐王朝无暇顾及睢阳。此时唐朝的重点不在东南方向，而在两京。两京被叛军攻占，收复两京成为重中之重。因此，所有人力物力资源都向两京一带倾斜。此时西北地区已被吐蕃乘虚占据，直接威胁到唐朝腹地，由此可以想见，此时的睢阳确实难以引起上层关注。

第二，睢阳重要性尚未凸显。睢阳在今天的河南商丘，此地是保卫东南方向的交通枢纽和重镇，保卫东南对唐王朝意味着什么，此时还没有人意识到。

北方陷入安史之乱的战火之中时，是南方的粮食和税收支撑着唐王朝。安史之乱后，北方很多地方出现藩镇割据，而这些藩镇势力或者是安史旧部，或者是在镇压叛乱中趁势而起的野心家。南方藩镇始终忠于唐王朝，这与南方没有遭遇战火有关。没有战火，也就没有野心家立足的地方。没有战火，南方的生产力也就不会遭到破坏。唐王朝后来还能延续一个半世纪，南方的财富是它延续国祚的物质基础。从这个角度来说，睢阳保卫战意义重大。而在李巨和其他高层人物眼里，睢阳不过是众多战场之一罢了。

在安禄山被其子安庆绪杀死之后，叛军调整了策略，开始重视东南方向，派遣大将尹子琦带领十万余大军围困睢阳，誓要将此城拿下。

张巡明白，最后的决战时刻到来了。他下令杀牛摆酒，大宴将士，席间沉痛地说：诸位立志与我一起为国捐躯，但是朝廷给的赏赐和荣誉却与你们的贡献不相当，我所痛恨的正是此事！将士们都非常感动，发誓要与城共存亡。

张巡打开城门与敌接战。敌人见他们兵少，非常轻视。要知道这支敌军不是令狐潮那支军队，而是安庆绪派出的主力部队，号称精锐，其中很多是胡人，自恃天下无敌。一句话，他们还没吃过张巡的亏。结果“精锐”大败亏输，被张巡率领的小部队追杀了数里地。

接着张巡又开始实施心理战，一到夜间他就让人击鼓，似乎要集合部队出城作战。敌人从睡梦中惊醒，操弓持剑准备作战，但是唐军敲一会儿鼓就停下睡觉了。经过这样三番五次的愚弄，唐军再敲鼓，敌人就懒得搭理了。于是张巡正式出兵，敌人被打得落花流水，损失惨重。

敌人有一员大将率领了一千多名骑兵，围着睢阳城耀武扬威，张巡偏偏就有虎口拔牙的勇气。张巡让数十名勇士悄悄出城，埋伏在护城河的河沟里，待敌人大将靠近，他命令击鼓，这几十人突然奋起，将大将拉下马。敌人虽然有一千多人，但是张巡早有安排，他命数人负责擒获敌军大将，其余人手持钩枪、陌刀和强弩，组成一个保护圈，将俘虏围困在中间向城内撤退。敌军人多，但一时之间却被长刀劲弩吓愣了神。张巡趁敌人愣神的一刹那，把俘虏顺利带回城中。这一次“斩首行动”大大挫伤了敌军的士气。

另有一次激战，张巡得知敌人主将尹子琦就在对面，想一箭处理了他。可是尹子琦很狡猾，因担心唐军狙击他，所以不打主帅的旗帜，穿着也与一般将士一样，加上张巡并不认识他，所以一时间难以分辨哪个是尹子琦。于是张巡又想了一个花招，他让士兵们以草秆为箭射出去，连箭头都没有，敌人中箭者刚开始大惊，再一看大喜——唐军拿草秆当箭射，可见是没有箭了！于是这些人纷纷把箭拿给尹子琦看，张巡在城墙上一看，立即判断出了谁是尹子琦。大将南霁云箭法神准，一箭射中了尹子琦的左眼。尹子琦虽然没被射死，但是也养了好久的伤，睢阳城算是获得了一个喘息之机。

被围困久了，一个关键问题就凸显出来了——睢阳城开始缺粮了。

当初睢阳城为了御敌，储存有六万斛粮食，粗略计算足够支撑一年。但是在敌人围城之前，河南节度使李巨要求分出一半粮食支援濮阳、济阴。许远曾力争把粮食留下来，但是李巨不听。粮食刚送到济阴，济阴城就叛变投敌了。李巨是唐朝宗室，此人虽说不坏，但是在睢阳问题上昏招迭出，张巡、许远的殉国与他有很大的关系。

睢阳城中除了士兵还有老弱妇孺，加起来数万人。数万人吃三万斛粮食，撑不了多久。虽然其间有些缴获，但也是杯水车薪。加之战事非常密集，张巡在《谢金吾将军表》里说："臣被围四十七日，凡一千八百余战。"所以士兵体力消耗非常大，粮食耗得也快。

不久，粮食开始短缺。敌人在战场上占不了便宜，于是改用"耗"的战略，耗时间，耗粮食。起初，睢阳城定量供粮，后来定量不断减少，甚至一线士兵每天只有一合米（0.36 斤米），于是大家开始吃茶纸啃树皮。敌人闻听此讯，认为机会来了，于是用云梯车大规模攻城。张巡用钩杆固定敌人的云梯车，让它不能进不能退，然后纵火焚烧，敌人再一次败在了饿着肚子的唐军手下。敌人这次下定决心：不再强攻，以围困困死张巡。于是敌人绕着城墙挖了三重壕沟，设置了一圈栅栏，让城内人无法出城。

粮食越来越少，最后终于耗光。城内树皮、树叶已被吃光，后来麻雀、老鼠被吃了，茶纸被吃了，铠甲的皮绳被吃了，弓弦也被吃了。即便如此困窘，张巡还不忘策反敌军。他常在城头对敌人喊话，争取那些投降敌人的唐军，对他们晓以大义。最终被他说动，主动进城归顺者有二百余人。这些人明知睢阳是死地，依旧慷慨赴死，足见张巡的忠义已然打动了人心。

城内情况越来越窘迫，人们饿得无力走路，最终出现了人吃人的现象。先是吃死去的人，然后开始吃活人，那些老弱妇孺就成了目标。而张巡也把自己的妾拉到大家面前，说：诸君和我一起赴死，我张巡恨不得割下自己的肉给你们吃，我不能再怜惜这个妾，今日杀了她，为诸君充当粮食！众人闻之泣下都不愿意吃，张巡逼着大家吃。许远也杀了自己的奴仆充当军粮。

因为这件事，从唐代开始，就不断有人责备张巡，认为守不住就撤退，至于如此残忍吗？

这事有必要谈一谈。其实当时已经有人向张巡提出建议了，困在这里就是死地，不如突围，留得青山在，不怕没柴烧。张巡则回答说："睢阳，江淮之保障，若弃之去，贼必乘胜长驱，是无江淮也。且我众饥羸，走必不达。"（《资治通鉴》卷二二〇）

这句话有两层意思：

第一，睢阳是大局枢纽，是江淮的保障，没了睢阳，敌人必然直扑江淮，南方就危险了。

第二，局势发展所致。起初张巡并非想死守此地，只是随着时间的流逝，援军迟迟不来，局势才越发绝望。这个时候，大家已经饿得走不动路了，又没有马匹，就算是突围跑出去了也得让敌人追上，最终还是一死，不如死在这里。

即使如此，张巡仍然不甘心，他派遣大将南霁云去突围求援。当时睢阳外围有唐军其他部队，张巡把希望寄托在他们身上。南霁云是响当当的英雄人物，武艺超群，尤其善射，百发百中。此人后来也和张巡一起名列凌烟阁。

南霁云趁敌人不备突出重围，来到彭城向唐军许叔冀部求援。许叔冀不愿出兵，只是送给南霁云几千端布。南霁云大骂许叔冀，并且要求和他决斗。许叔冀哪敢决斗，龟缩不出。南霁云没办法，又来到临淮，请求新任河南节度使贺兰进明增援。

贺兰进明和南霁云之间出现了如下一番对话，贺兰进明说：睢阳早晚是要丢的，说不定此时已经陷落了，再派兵有何益处？

南霁云回答说：城池现在存亡未知，而且假如睢阳陷落，敌人下一步就兵锋直指临淮，唇亡齿寒，安得不救？

贺兰进明压根就不打算出兵，但是很欣赏南霁云的勇猛，想把他留下，所以摆下酒席，想款待南霁云。南霁云哭着说：睢阳城里断粮许久了，我就是想吃也咽不下去。你坐拥雄厚兵力却不肯相救，算什么忠义之士！

于是他站起身来，用佩刀砍下一节手指头，说：我不能完成使命，留下这根指头，证明我来过此处！然后他愤然出城，回头看到一座佛塔，于是张弓搭箭，一箭射中佛塔，箭镞深深地埋入砖块中。而后南霁云大声说：我若能破贼生还，必然回来灭了贺兰进明，此箭为证！多年后，韩愈路过此地，还有父老指示那块砖给韩愈看。

为什么几路唐军都不愿意支援睢阳？这是派系斗争的结果。按理说，许叔冀是贺兰进明的麾下，但实际上是宰相房琯的人。房琯和贺兰进明有矛盾，让许叔冀随时牵制贺兰进明，虽然同为唐军，但之间的关系剑拔弩张。无论贺兰进明还是许叔冀，都担心自己出兵时被对方在背后袭击，所以都不出兵。这就是唐朝当时可悲的地方——大敌未灭，内部已是派系林立。这也为后来藩镇割据埋下了伏笔。

最后，南霁云在沿途得到了其他唐军的支援，但是只有区区三千人。等杀入重围进入睢阳，一清点，只剩下一千人了。

张巡明白，最后的时刻到来了，他平静地接受了这一切。终于，唐军饿得已站不起来了，敌军发动了总攻。张巡向西拜了又拜，哭着说：陛下，臣再也不能生报陛下，但愿死为厉鬼缠住贼军。

敌人冲进城中，发现唐军只剩下区区几百人，而且个个皮包骨头。尹子琦命令将张巡押来，他要好好看一看这个将自己拖了将近一整年的敌人。他问张巡：听说你每次督战都咬牙切齿，牙齿都咬碎了，至于吗？张巡说："吾欲气吞逆贼，顾力屈耳。"（《新唐书·张巡传》）我想一口气吞了你等逆贼，只恨力屈。尹子琦大怒，用刀撬开张巡的嘴，看到真的只剩下三四颗牙齿了。

尹子琦觉得张巡真是条汉子，还想劝降他。手下说算了，此人一看就是要尽忠的，不会为我所用。尹子琦转而劝降南霁云，南霁云不吭声，张巡以为南霁云动摇了，大喊：南八！男子汉死则死矣，不可做不义之人！南霁云排行老八，人称"南八"。

南霁云笑着说：您是了解我的，我并非贪生怕死，而是想有点作为。至于什么作为？他至死也没说，我估计是他想麻痹敌人，而后突然发难，临死前在刑场上拉个垫背的。

最终，张巡、南霁云、雷万春等三十六人被叛军杀害，壮烈殉国。许远被叛军押往安庆绪处，想用来邀功请赏，最终也被杀害。

睢阳保卫战持续了将近一年，张巡兵力最多的时候也不过万余人，而正是这万余人，牵制住了数十万敌军，并且杀伤十余万。敌人不仅损兵折将，而且丧失了宝贵的时间。就在睢阳陷落之后不久，洛阳被唐军收复，安庆绪逃跑，敌人已经无暇南下了，唐朝半壁江山通过睢阳保卫战保存了下来。

也正因为如此，后世的人们继续传颂着张巡等人的美名，民间给他们设立祠堂加以祭祀。终于，在唐宣宗大中二年（848），张巡等人进入了凌烟阁，获得了与其功勋相匹配的历史评价。

结语

凌烟悲歌

在唐朝近三百年的历史当中，有多位皇帝将当朝或者前朝功臣的画像挂在了凌烟阁中，浏览这些画像，就像是看完了一部唐史。这部史书的结尾画在唐昭宗时期，而这个结尾很不美好，也很无奈，它是一个王朝无可奈何花落去的写照。接下来要说的几个所谓“凌烟阁功臣”，无论事迹还是品格，都令人无言以对。由下文讲到的前三个进入凌烟阁的功臣，就可看出此时的唐朝皇室已经日薄西山，再由专为朱温所建的表功阁，就知道军阀在当时是多么飞扬跋扈，盛气凌人。

唐昭宗的一生就是受人操控的一生。

首先是在内受制于宦官。

宦官专权到了晚唐时期已经到达顶峰，多位皇帝死于宦官之手，多位皇帝为宦官所拥立，而唐昭宗就是其中一个。

昭宗是唐懿宗的儿子，唐僖宗的弟弟。唐僖宗是著名的昏庸皇帝，贪玩，不务正业。他在位期间爆发了王仙芝、黄巢领导的农民大起义，最终长安陷落，僖宗仓皇出逃。虽然黄巢起义被镇压下去了，但是唐朝最后几滴血也快流干了，离灭亡已经为期不远。唐僖宗本人也不到三十岁就一命呜呼了。

他病重的时候，大家议论纷纷，因为其子尚且年幼，无法理政，大臣们就商议要立一个年长一点的人当皇帝。此时宦官出来干涉。宦官们热衷于掺和储君人选问题，因为他们想通过干预获得拥立之功，所以总是在正常的候选人之外选人。如果按部就班让太子即位，宦官有何功劳可言？所以唐后期没有几个太子能顺利继位的。

这次站出来的是掌权的大宦官杨复恭，他否决了群臣意见，力主立皇弟寿王李杰，这就是唐昭宗。为什么立此人？因为黄巢起义时僖宗逃跑，李杰一直随从左右，可能杨复恭和他打交道多一些。最终，群臣没能拗过只手遮天的杨复恭。宦官们把李杰请到少阳院（大明宫的太子驻地）安置，几个宰相级别的官员悄悄去看了看李杰，发现他仪表堂堂，英姿勃发。这些人回来还私下庆贺，认为这个新君一看就有明君的架势。

众人把这个储君人选交给正在病榻上苦苦挣扎的唐僖宗决断，唐僖宗已经不能说话，只是轻轻点了点头，储君问题就算定下来了。僖宗去世后，李杰以皇太弟身份即位，改名为李敏，后来又改名为李晔，这就是唐昭宗。

昭宗的即位与宦官密切相关，但是他时刻不忘摆脱宦官对自己的控制，他的首要目标就是杨复恭。此人虽然对自己有拥立之功，但其真实目的是借此控制朝政，所以唐昭宗铲除他势在必行。这场斗争很复杂，也很激烈。双方不但有暗斗——昭宗甚至收买了杨复恭的养子做内线，还有明争，双方动用军队甚至发生了巷战。最后在军阀李茂贞等人的帮助下，杨复恭被杀。

但是宦官对朝政的垄断并没有就此结束。很快，唐昭宗又受到了大宦官刘季述的控制，此事就与凌烟阁发生联系了。此处按下不表，后文会做详细讲述。

其次是在外受制于藩镇。

唐昭宗面临的另一个大问题，也是唐朝中后期诸位皇帝面临的共同难题——藩镇割据。而昭宗面临的藩镇问题与以前的不大一样，此时势力比较强大的藩镇有以中原为根据地的朱温，以关中西部为根据地的李茂贞，以河东为根据地的沙陀族李克用。

李克用是镇压黄巢起义的功臣，他在战争中势力坐大，麾下的沙陀铁骑号称天下无敌，因此桀骜不驯。唐昭宗曾组织过对他的讨伐，最后以失败告终。李茂贞非常跋扈，他完全瞧不起皇帝及其朝廷，甚至写信嘲笑昭宗说："但虑军情忽变，戎马难羁，徒令甸服生灵，因兹受弊。未审乘舆播越，自此何之？"（《新五代史·李茂贞传》）大意是朝廷如此行事，恐怕会再有战事，徒令生灵涂炭，而且这次皇帝准备逃往哪里？唐朝历史上曾多次出现皇帝因为战乱逃出京城的事情，所以他这样讽刺唐昭宗。这话猖狂至极，放在唐前期是无法想象的，可是此时的唐王朝风雨飘摇，根本不敢得罪这些藩镇，所以昭宗也无可奈何。

昭宗最后死于朱温之手，这是唐末君主的宿命。

心有不甘的唐昭宗也曾表彰过凌烟阁功臣，而他所表彰的人已无法和前朝的凌烟阁功臣比。甚至他想在凌烟阁表彰有功之臣，竟然还遭到对方的拒绝。

名不副实画凌烟

此事和一个宦官有关——刘季述。此人是杨复恭之后掌权的宦官。在他之前还有几个掌权宦官，或因得罪了藩镇首领，或因得罪了朝臣尤其是宰相崔胤，最终导致垮台。刘季述上台时也面临这些问题。

刘季述幼年情况不明，估计和其他宦官一样是贫困家庭或者犯罪者家属出身。他在唐僖宗时开始崭露头角，当过枢密使。后来成为神策军中尉，这是宦官的最高层。

刘季述和崔胤关系很差。崔胤是晚唐著名宰相，此人阴险狡诈，工于心计。他在外拉拢外援朱温，以此巩固自己的权势。朱温是唐末最有实力的军阀，整个朝廷都忌惮他。崔胤看中的就是这一点，所以他很早就和朱温勾结起来，给朱温通风报信。而朱温则做崔胤的后台老板，崔胤每次倒台，他都逼着朝廷起用崔胤。崔胤曾先后四次拜相，人送外号“崔四人”。

唐昭宗徒有一副漂亮的皮囊，实际是个绣花枕头。他做事急于求成，缺乏稳重的气质，遇到事情就着慌，脾气还很糟糕，尤其嗜酒，醉酒之后就特别狂暴。刘季述之前的几任大宦官都是被皇帝或者宰相、藩镇首领罢免的，所以刘季述也特别敏感，整日提心吊胆。

一次，宫中有人得病，刘季述派遣两个内医工进宫看病。从“内医工”这个名称判断，这是平时给宦官们看病的大夫，大概其技术好，被刘季述推荐给了皇帝。结果这两个医工进去很久都没出来，刘季述敏感多疑，他怀疑皇帝是不是要靠这两个人做什么手脚。宦官控制皇帝的一大法宝是控制皇帝的信息渠道，掌握皇帝的行踪，要想如此，那皇帝身边就必须全是自己的人，而偏偏这两个医工只是技术人员，不是自己的人，所以他就对皇帝说：宫中不能留外面的人。但是昭宗不听，还下令给这俩人特别通行权。刘季述彻底紧张了，他准备下手了。

这一天，昭宗晚上喝醉了，他一喝醉就胡作非为，连杀好几名宦官和宫女。第二天上午了，宫门还不开。刘季述对崔胤说：宫中一定有变故，我是内官，我进去看看。实际上他早已有所准备，他带着一千禁军冲进宫中，出来之后向崔胤等大臣展示昭宗杀人的证据，他说："主上所为如是，岂可理天下！废昏立明，自古有之，为社稷大计，非不顺也。"（《资治通鉴》卷二六二）皇帝做事如此荒唐，怎么能治理天下？我要废昏君，立明君，这是为社稷考虑，不是我不忠。

崔胤和他是对头，那么崔胤是不是立即表示反对了？并没有，老奸巨猾的崔胤向来都是明哲保身的。刘季述带着禁军杀气腾腾，他自然不敢当面反对。

刘季述要求让太子来监国，让百官签署联名状，而且在大殿上陈兵，这就等于用武力威胁群臣，崔胤等人不得不签名。然后刘季述拿着这份联名状来见皇帝。

此时皇帝已经酒醒。大兵冲入宫中，连杀好几个宫女，皇帝吓得掉下床来。皇后闻讯也赶来了，对刘季述说软话：请您不要惊扰皇上，有事可以好好商量。

刘季述拿出百官联名状，说：陛下厌弃皇位，群臣一致要求皇太子监国，请陛下退养。

昭宗还想顶嘴，皇后是个明白人，她知道此时说什么都无济于事，于是抢先说：一切听您的。于是将玉玺交给刘季述。

刘季述将皇帝、皇后、妃嫔、宫女等人一起关进少阳院。到了少阳院，刘季述恶狠狠地用银杖在地上一边画一边数落昭宗：某日某事你没有听我的，其罪一也；某日某事你没有听我的，其罪二也……说一件事画一道，连画了好几十道。唐昭宗吓得噤若寒蝉。

随后，刘季述命令将皇帝一行关入屋中，派重兵把守，而且还命令将门窗封闭，缝隙都用熔化的金属封起来。墙上凿个洞，用来递食物和水。除了这些，兵器、刀乃至针都不许进入，皇帝想要纸笔也不给。

当时天气寒冷，妃嫔和公主们没有衣被，冻得直哭，刘季述不闻不问。他辅佐太子登上皇位，将昭宗奉为太上皇。

而后，刘季述大开杀戒。他夜夜在宫中杀人，尤其拿昭宗眼前的红人开刀。白天，他就用十辆大车堂而皇之地往外拉尸体。有时没杀那么多人，每辆车只装一两具尸体，即便如此，他仍然要求十辆大车一起出动。他们的目的就是杀一儆百，恐吓与震慑反对派。

刘季述本想杀崔胤，可是崔胤后台朱温的手中握有天下最雄厚的兵力，考虑到投鼠忌器，所以他不敢动崔胤。

但是他也不忘拉拢朱温。他派遣养子刘希度去见朱温，希望朱温能支持他，并且许诺帮助朱温夺取天下。宦官出于生理原因无法当皇帝，于是干脆把皇位当大礼送人，自己好歹可以做个开国功臣。

朱温开始还犹豫，很多部下都说这是朝廷的事情，藩镇首领不管。但是有一个叫李振的部将说：这是天赐良机。当年周王权威衰落，齐桓公、晋文公就是靠着尊王攘夷才称霸天下，现在您的机会来了。假如连一个阉人都不能讨伐，以后怎么号令天下诸侯？

朱温听了恍然大悟，于是决心干预此事。他将刘希度囚禁起来，然后派李振进入京城，与崔胤密谋铲除刘季述。

崔胤得到朱温支持，有了主心骨，于是他开始琢磨如何铲除刘季述。他看中了两个人——神策军将领孙德昭、董从实。这俩人曾经因为贪赃，被宦官王仲先当众羞辱，还被命令退赃。王仲先是另一个神策军中尉，是刘季述的鹰犬，所以孙、董二人对刘季述等恨之入骨。

崔胤主动和他们靠近，请他们喝酒，关系熟络之后就说："能杀两中尉，迎太上皇，而立大功，何小罪足羞！"（《新唐书·刘季述传》）你们要是能杀两个神策军中尉，那么就是立了盖世奇功，你们贪赃的那点小罪算什么？

这番话打动了二人。于是他们开始预谋并集结兵力。他们先安排人埋伏在安福门，等待王仲先路过，冲上去将王仲先杀死，然后直扑少阳院解救昭宗。他们在门外大喊：贼人已经被我们斩首。昭宗和皇后听到了不知真假，皇后大着胆子喊：假如是真的，请将贼人首级给我们看看。

孙德昭将门打破，将王仲先首级扔了进来，昭宗大喜。孙德昭护送他出来见群臣，群臣欢呼。

紧跟着，孙德昭、董从实又抓住了刘季述，将他带到皇帝面前。崔胤事先派了一群人拿着棍子等在那里，刘季述跪下，皇帝开始数落其罪过。还没说完，这群人一拥而上，用棍子将刘季述击毙。

刘季述的叛乱就这样结束了。唐昭宗复位，欣喜异常，这是劫后余生的欣喜。那么，功臣一定要奖励，孙德昭、董从实，以及孙德昭的一个部将周承诲都要奖励。赏赐财宝、封官晋爵都不稀奇，唐昭宗命令将这三人图画凌烟阁，于是这样的三个人就成了凌烟阁功臣。

当年的凌烟阁，何等人物才能进入？或者是驰骋疆场之上功绩赫赫的骁勇战将，或者是运筹帷幄于千里的能臣谋士，而且都需要经历多年考验才有入阁资历。即便是后来皇帝表彰的那些功臣，也都是响当当的大人物，就连鱼朝恩之流，起码也是对政坛产生深远影响之人。而现在皇帝劫后余生，冲动之下，三名军将仅凭一件事就成了凌烟阁功臣。

这一现象其实是唐朝国力衰落的体现。唐太宗表彰凌烟阁功臣，看的是对天下、对国家、对社稷的贡献。唐昭宗已经没有那个雄心壮志和锐气了，他现在所求唯有自保。于是三个原本不够格的小人物一夜之间成了凌烟阁功臣，其中两个还是贪污犯。

这就是一个王朝衰亡之前的信号。

明日黄花凌烟阁

很快，凌烟阁就迎来了它的末日。加速这个末日到来的，正是大军阀朱温。朱温是安徽砀山人，此人从小孔武有力，和哥哥朱存一起称霸乡里，但是家里很贫穷，穷则思变，黄巢起义爆发后，他和哥哥一起加入了起义军。哥哥不久阵亡，他则成为黄巢麾下大将。

黄巢打下长安之后，唐僖宗逃跑。朱温也跟随黄巢来到关中，被委任为同州防御使，负责长安的东侧外围防御。看起来，起义军马上可以坐天下了。

起义军进入长安，刚开始还能恪守军纪。没过多久，包括黄巢在内的领导者都沉溺于感官享受，纸醉金迷，忘记了成都那里还有个唐僖宗，忘记了唐朝还有大批军队在长安城外虎视眈眈。军队纪律开始变得十分松弛，烧杀抢掠时有发生，一时间民怨沸腾。官军趁机反攻，曾一度攻入长安。虽然最终黄巢又夺回了长安，但是从此以后，黄巢的大齐政权政令不出长安西门，形势岌岌可危。

而黄巢本人对这一切浑然不觉，他没有一个开国君主应有的眼光和锐气，所以他的失败也是早已注定的。而此时的朱温正陷入与唐朝官军的苦战之中，兵力、粮食供应不足，于是他连续十次派人向黄巢求援。而黄巢竟然置之不理，朱温逐渐失望。

此时朱温的部将都纷纷劝他投降唐朝——连续求援十次，黄巢都没反应，说明他根本就不重视你，所以没必要为黄巢卖命。

最后，朱温采纳了大家的建议，投降了唐朝。对唐王朝来说这是天大的好消息，因为此时黄巢势力范围已经局限在长安城以及长安以东一小块地区，朱温投降，等于断了黄巢的臂膀。所以唐僖宗十分高兴，拜朱温为同华节度使，赐名朱全忠，令其负责剿灭黄巢。

黄巢闻听朱温叛变，知道长安待不下去了，于是他率军突出长安城，转战中原。朱温和其他唐军合力在后面追杀，最后黄巢败死，农民大起义宣告结束。

这场战争流干了唐朝最后一滴血，从此以后它已踏上灭亡之路，而促成这一切的就是朱温。

在追击黄巢的过程中，朱温确定汴州（今河南开封）为自己的根据地，此地成了他夺取天下的大本营。黄巢败死，朱温因功被拜为宰相（同中书门下平章事）。此时他的野心已经开始膨胀，一方面他与李克用等其他藩镇进行征战，另一方面他开始试图控制朝政。崔胤就是他在朝中的一枚棋子，刘季述的倒台算是他小试牛刀。

随后，他的机会来了。崔胤铲除了刘季述还不算，他想把宦官全部铲除，这样可以一劳永逸。刘季述之后掌权的宦官是韩全诲。他看崔胤之所以是个不倒翁，就是因为有藩镇首领做后台，所以他也要找藩镇首领撑腰，他找的是盘踞在凤翔地区的李茂贞。凤翔在关中西部，到长安的距离比汴州还要近一些，韩全诲就想靠李茂贞给自己撑腰。

当时天下主要的三股军阀中，李茂贞的实力最弱，他和李克用发生过战争，失利。他和朱温相比，实力也有相当的差距，但是他依旧野心勃勃。

诛杀刘季述之后，崔胤曾想拉拢李茂贞，请李茂贞派三千兵马驻扎长安，以此对抗其余宦官，但没想到李茂贞和韩全诲走到了一起。

当时崔胤想让皇帝下旨禁止禁军卖曲，京师附近藩镇也要禁止。“卖曲”是一种专卖制度，官府垄断酒曲的供应，以谋取暴利。李茂贞十分恼怒，他从酒曲贸易中获利匪浅，因此请求皇帝不要禁止，而韩全诲抓住机会力挺李茂贞。加之韩全诲以前在凤翔当过监军使，算是和李茂贞有交情。从此，韩全诲和李茂贞成了一党，崔胤和朱温成了一党，两党势同水火，一定要一决高下。

当时双方都想挟天子以令诸侯。朱温想把皇帝迎到东都洛阳，那里靠近汴州，而汴州是朱温大本营。李茂贞想把皇帝迎到自己控制下的凤翔。崔胤使劲儿撺掇朱温早下手为强，唐昭宗也倾向于朱温。杀了一个刘季述，他以为宦官能就此收敛，没想到宦官拉帮结党，谁也不把他放在眼里。甚至有的宦官犯错，唐昭宗责罚让他去看守皇陵，他就跟没听见一样，依旧在宫中照常生活。唐昭宗已经毫无权威。

在昭宗的要求之下，朱温率军讨伐韩全诲。韩全诲迫使唐昭宗逃到凤翔去。昭宗不想走，被宦官武力挟持。昭宗刚走出院子，宦官就在背后放火烧了他的住处。昭宗无奈，只好和皇后、妃嫔、诸王等一百余人一起上马，边哭边走。

唐昭宗到了凤翔没多久，朱温大军就追来了，并将凤翔城围了起来。李茂贞联系河东李克用，希望李克用“围魏救赵”，李克用趁机袭击敌后，朱温暂时将注意力转向东方，等到局势稍微稳定，他再次开始全力攻打凤翔。他设置营寨，将城池团团围住，还动用军犬作为警戒之用。双方在战场上展开骂阵，攻城的骂城上人是“劫天子贼”，城上人骂攻城人是“夺天子贼”。

李茂贞反复冲杀也无济于事。城内情况逐渐窘迫，粮食首先成了大问题。当时天降大雪，城内人饿死、冻死无数，出现了人吃人现象，甚至市场上还有人肉出售，每斤一百文，而狗肉则是每斤五百文。唐昭宗也逐渐没有粮食吃了，李茂贞只好拿狗肉送给他充饥。唐昭宗甚至将衣服脱下来让人拿到市场上出售。

李茂贞最后实在撑不住了，于是想和朱温讲和，讲和礼物就是皇帝。这是朱温的目标，他给朱温写信说：“祸乱之兴，皆由全诲；仆迎驾至此，以备他盗。公既志匡社稷，请公迎扈还宫。”（《资治通鉴》卷二六三）大意是，这次祸乱都是韩全诲造成的，我把皇帝迎到凤翔，是为了防备其他贼人，您既然有匡扶天下的雄心，那就把皇帝送还给您好了。

朱温答应了。当然，宦官不杀，朱温是不答应的。李茂贞请示过皇帝之后，将韩全诲等一批宦官诛杀，然后将二十多个首级送给朱温看。随后皇帝也来到朱温大营，朱温素服在外迎驾，见了皇帝痛哭流涕，皇上也跟着哭，他对朱温说："宗庙社稷，赖卿再安；朕与宗族，赖卿再生。"（《资治通鉴》卷二六三）宗庙社稷都靠你得以安全，我和这些皇亲国戚都是靠你再生。唐昭宗对朱温感恩戴德。

朱温算是胜利了。他胜利后做了两件事：

第一件事：诛杀宦官。这次不问其有罪与否，一概诛杀。宫内诛杀宦官五百余人，只留下三十多个年幼的或者体弱的充当杂役。在外出使的宦官，下令各地方官诛杀。

唐朝自安史之乱时出现宦官专权，截至此时约一百五十年了，始终没断绝过，而这次肉体消灭，彻底铲除了宦官集团。

第二件事：毁长安，迁都洛阳。宰相崔胤自以为得计，但此时朱温已经把皇帝掌握在手里，那么崔胤就"飞鸟尽良弓藏"了。朱温向皇帝弹劾崔胤惑乱朝纲，离间君臣，最后将崔胤杀死。

紧跟着，朱温下令迁都洛阳。这次命令下得很突然，但是手段很决绝，他将全城男女老少几十万人全部驱往洛阳。老百姓哭声震天动地，一边走一边哭，嘴里还骂道："贼臣崔胤召朱温来倾覆社稷，使我曹流离至此！"（《资治通鉴》卷二六四）就是贼臣崔胤引来了这个朱温，让我们背井离乡，颠沛成这个样子！

紧跟着，朱温下令毁长安城，从宫廷到民间建筑全部拆毁，有些很大的木头，建洛阳宫殿还用得着，于是就拉到渭河边，扔进河中，让它们顺流漂到黄河里，他再派人到洛阳以北黄河河面上拦截。

一座伟大的都城，自隋文帝建成到被毁，三百余年，见证过多少伟大事件，见证过多少英雄豪杰。这个曾经的东方世界的中心，就这样毁于朱温之手。

到了洛阳，昭宗完全被朱温控制，只剩下言听计从。有一天臣下奏请说："西都旧有凌烟阁，尽图国初功臣。今迁都东京，乞委营造一阁，图写梁王全忠。"（《唐会要》卷四五）长安以前有个凌烟阁，现在迁都洛阳了，应该也修个表彰功臣的阁楼。梁王朱温功高盖世，请为他建一座阁楼，以示表彰。

昭宗只好答应。这座阁楼就叫作"天祐旌功之阁"（《唐会要》卷四五）。这座阁楼有意思，里面只有一张朱温的画像。

此时凌烟阁已经入不了朱温法眼了，所以要另起一阁，大有以其一人之功劳压住所有凌烟阁功臣的架势。此时的唐王朝已经名存实亡。

后来昭宗死于朱温之手。随后，朱温又杀害哀帝，建立了梁朝，皇皇大唐王朝就此灭亡，凌烟阁也随着唐王朝的灭亡消失在历史的长河里。

凌烟阁消失了，但是凌烟阁功臣们的事迹留诸青史，继续激励着后世的人们。这是一阕荡气回肠的英雄交响曲，交织着国人的光荣与梦想。凌烟阁的历史就是唐朝近三百年历史的缩影，是我们民族永远的记忆与财富。

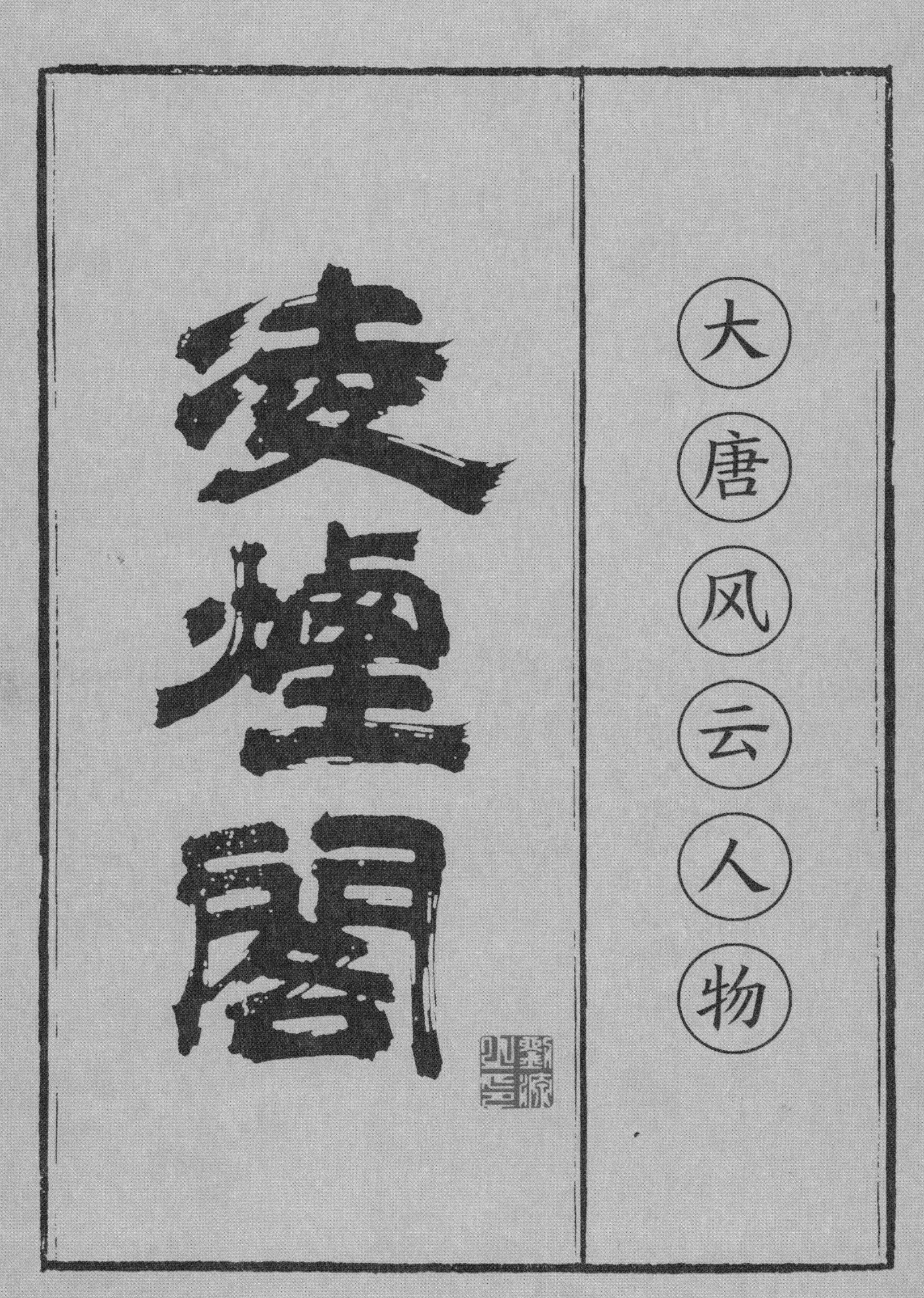
大唐风云人物
凌煙閣

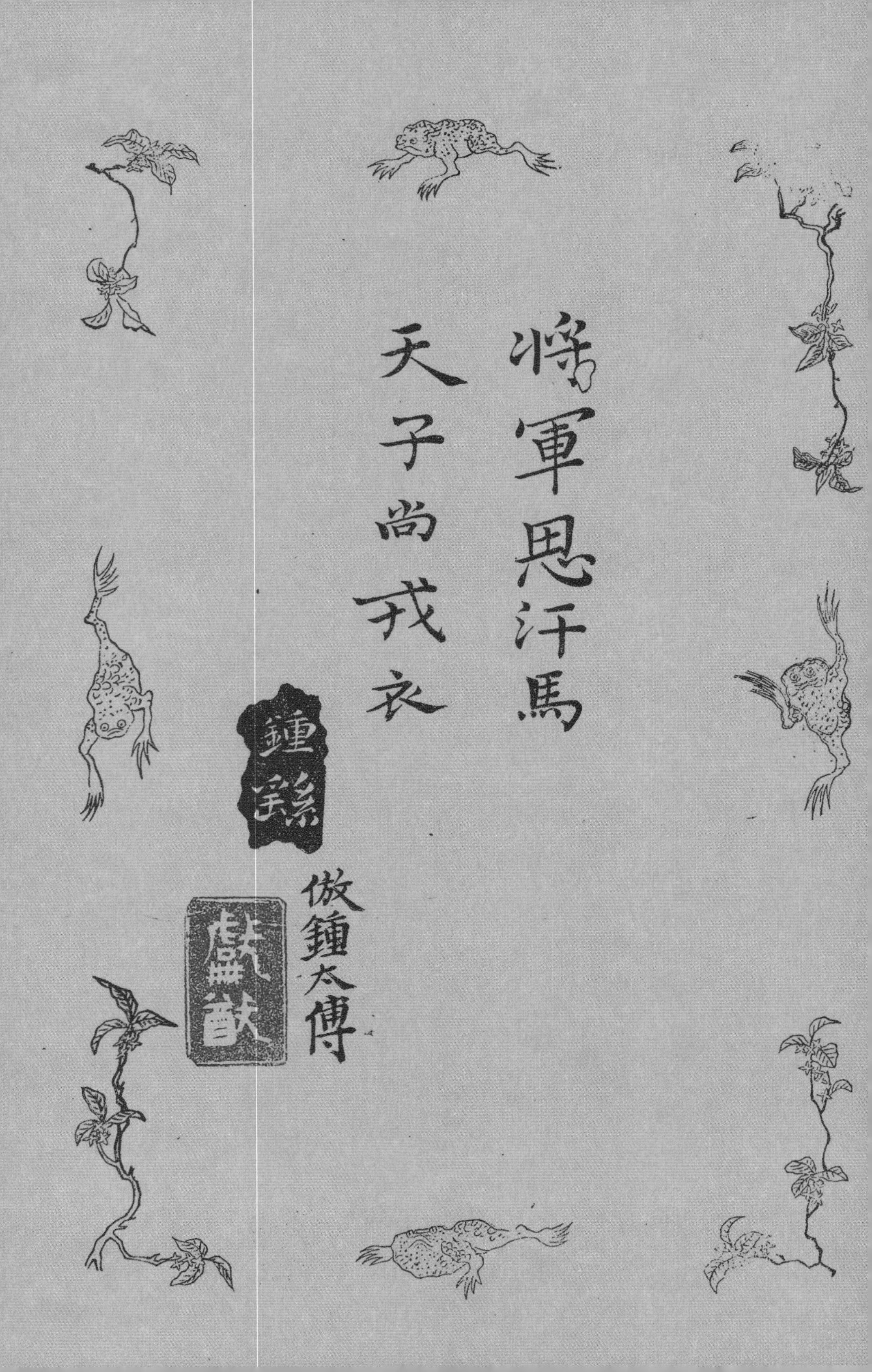
將軍思汗馬
天子尚戎衣
鍾繇
傚鍾太傅
戲畝

司徒趙國公長孫無忌

字輔機為行軍典籤從征討有功封上黨縣公隐巢平以功進齊國公貞觀十三年命為趙州刺史國于趙辭不就進司徒加太子太師遙領揚州牧

司空河間王孝恭

西平懷王安次子也以擊朱粲蕭銑有功封趙郡王擒輔公祏平江南以功進左僕射揚州大都督貞觀十三年命為觀州刺史王河間辭不就年五十贈司空揚州都督及謚

司空萊國公杜如晦
字克明京兆杜陵人初封建平縣男兼文學館
學士遷兵部尚書封蔡國公食三千户别食益州千三百户攝吏部進右僕射
年四十六贈開府儀同三司加司空謚曰成貞觀十三年贈密州刺史國于萊

司空太子太師鄭國公魏徵

字玄成魏州曲成人初拜尚書右丞兼諫議大夫以秘書監參豫朝政進左光祿大夫封鄭國公貞觀十三年命爲宋州刺史國子梁拜太子太師辭不就贈司空相州都督謚曰文貞

司空梁國公房玄齡

字喬齊州臨淄人典籤天策府即封臨淄侯隱巢平論功第一封邢國公食邑千三百户進左僕射監脩國史更封梁魏二國加太子少師居宰相十五年年七十一贈太尉并州都督謚曰文昭

司徒并州都督申國公高士廉

名儉齊清河王岳之孫平隱巢亂封義興郡公出為益州大都督治蜀有績進吏部尚書封許國公貞觀十三年命爲申州刺史國子申辭不就加特進攝太傅同掌機務年七十二贈司徒并州都督謚曰文獻

開府儀同三司鄂國公尉遲敬德

朔州善陽人名恭累征有功以平隱巢亂授右武大將軍封吳國公食封千三百戶貞觀十三年命為宣州刺史國于鄂辭不就歷鄜夏三州都督年七十四謚曰忠武

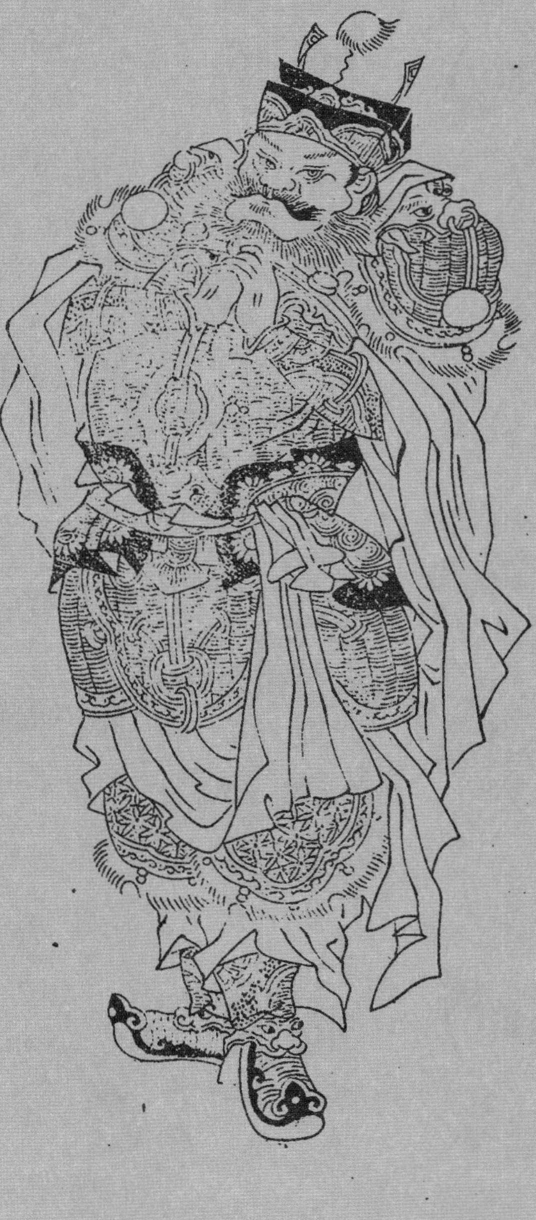

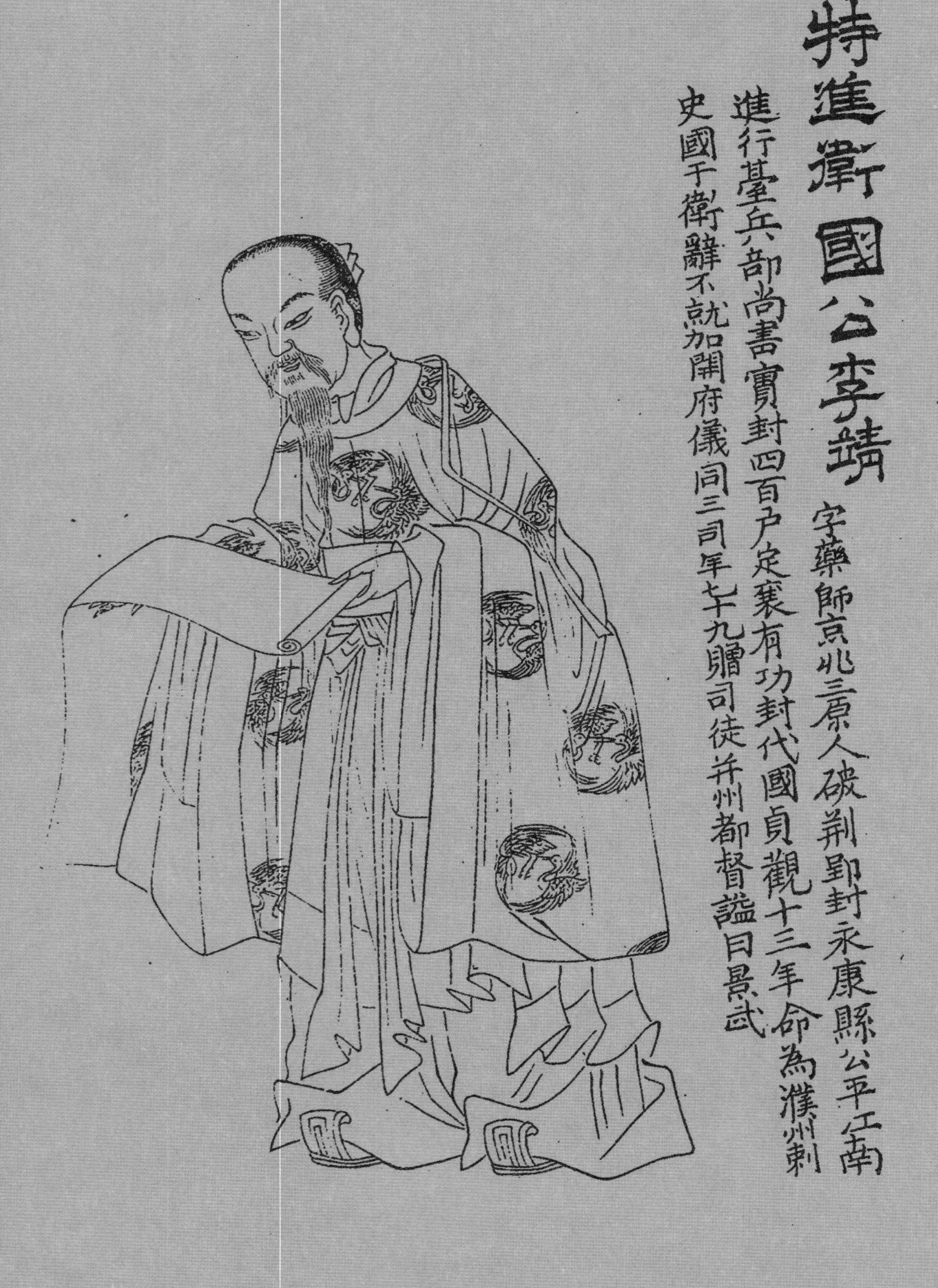
特進衛國公李靖
字藥師京兆三原人破荆郢封永康縣公平江南
進行臺兵部尚書實封四百户定襄有功封代國貞觀十三年命為濮州刺
史國于衛辭不就加開府儀同三司年七十九贈司徒并州都督謚曰景武

特進宋國公蕭瑀

字時文後梁明帝子也九歲封新安王國除後歸唐擊薛舉有功進光禄大夫封宋國公（平十）王世充平加右僕射特進太子少師實封六百户年七十四贈司空荊州都督謚曰肅以其性忌故謚貞褊

輔國大將軍褒國公段志玄

齊州臨淄人破竇建德平東郡以功進左驍衛大將軍封樊國公實封九百户
貞觀十二年命為金州刺史國子褒辭不就加鎮軍大將軍贈輔國大將軍謚
曰壯肅

輔國大將軍夔國公劉弘基

雍州池陽人平京師有功授右驍衛大將軍破宋剛封任國公戰駐蹕山有功加封千一百户貞觀十三年命為朗州刺史國于夔辭不就贈開府儀同三司并州都督謚曰襄

尚書左僕射蔣國公屈突通

昌黎徒河人初歸唐即授兵部尚書封蔣國公以平王世充功進陝東道大行臺右僕射加左光禄大夫年七十二贈尚書左僕射謚曰忠

陝東道行臺右僕射鄖國公殷開山

名嶠昔居江南徙居京兆為鄠人從衛文昇賜爵陳郡公平薛仁杲進陝東道行臺兵部尚書討王世充有功封鄖國公贈右僕射謚曰節永徽中加贈司空

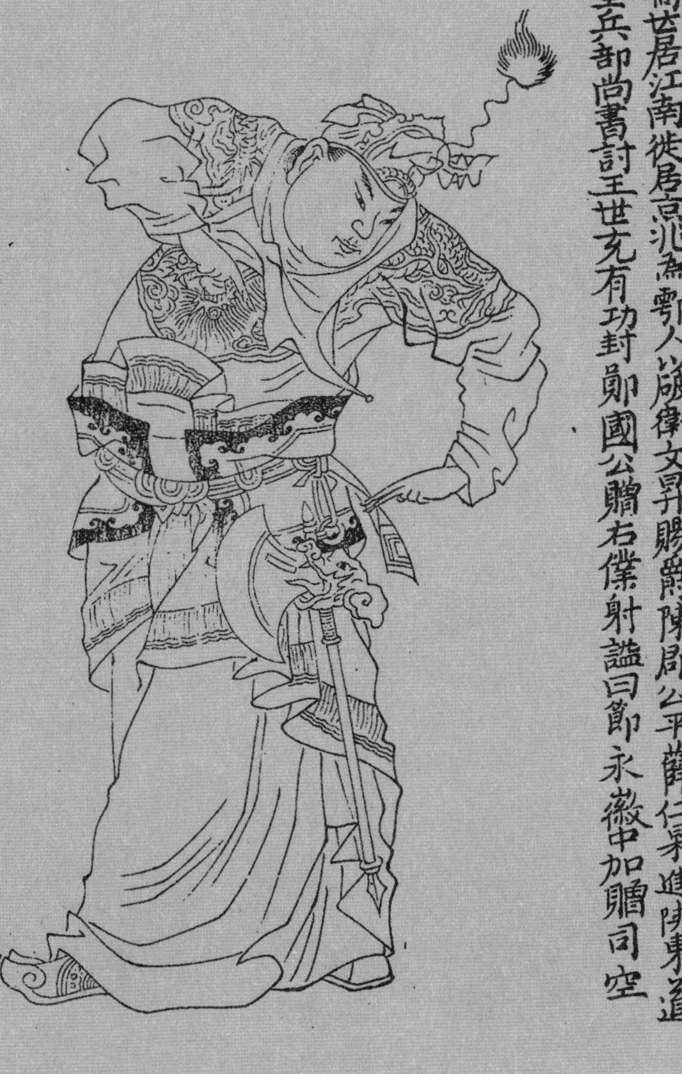

荊州都督譙國公柴紹

字嗣昌晉州臨汾人以破宋老生及平京師封臨汾郡公東征有績進封霍國公平梁師都有功改封譙國公贈荊州都督謚曰襄

荊州都督邳國公長孫順德

无忌族叔也定陕功多進左驍衛大將軍

封薛國公食千三百户貞觀十三年改封邳國公贈荊州都督謚曰襄

洛州都督鄖國公張亮

鄭州滎陽人屢從征討有功及平隱巢亂封長平郡公隨進封鄖國公食益州五百户貞觀十三年命為禮州刺史國于鄖辭不就進工部尚書

吏部尚書陳國公侯君集

豳州三水人從征有功封全椒縣子拜
左衛將軍平隱巢亂進封潞國公食邑千户貞觀十三年命為陳州刺史
國子陳辭不就進吏部尚書

左驍衛大將軍郯國公張公謹

字弘慎魏州繁水人以平隱巢亂授左衛侯大將軍封定遠郡公實封千户佐李靖建定襄之績進封鄒國公襄州都督年四十九贈左驍衛大將軍謚曰襄又追封郯國公

左領軍大將軍盧國公程知節

本名齩金濟州東阿人以平宋老生竇建德王世充有功封宿國公實封七百户貞觀十三年命為晋州刺史國于盧贈驃騎大将軍益州大都督

禮部尚書永興郡公虞世南

越州餘姚人初授散騎侍郎弘文館學士政秘書監封永興縣子隨進封縣公加銀青光祿大夫年八十一贈禮部尚書諡曰文懿

户部尚書渝國公劉政會

滑州胙人初為劉武周所擒時密表賊情于唐及武周平進光祿大夫封邢國公轉洪州都督贈民部尚書謚曰襄

户部尚書莒國公唐儉

字茂約并州晋陽人初定京師封晋昌郡公劉武周平進禮部尚書封莒國公仍為光益州都督食綿州六百户遷民部尚書加特進年七十八贈開府儀同三司并州都督謚曰襄

兵部尚書英國公李世勣
字懋功曹州離孤人本姓徐李其賜姓也
以積石山戰功封英國公平劉黑闥進封濟陰王勣固辭改封舒國公實封九百
户貞觀十三年命為蘄州刺史仍國子英辭不就永徽中論高麗進太子太師
贈食邑千二百户年八十六贈太尉揚州大都督謚曰貞武

左武衛大將軍胡國公秦叔寶

名瓊，齊州歷城人，征王世充、竇建德、劉黑闥，瓊俱有功，封翼國公。以平隱巢亂，進左武衛大將軍，實封七百户。贈徐州都督，改封胡國公。

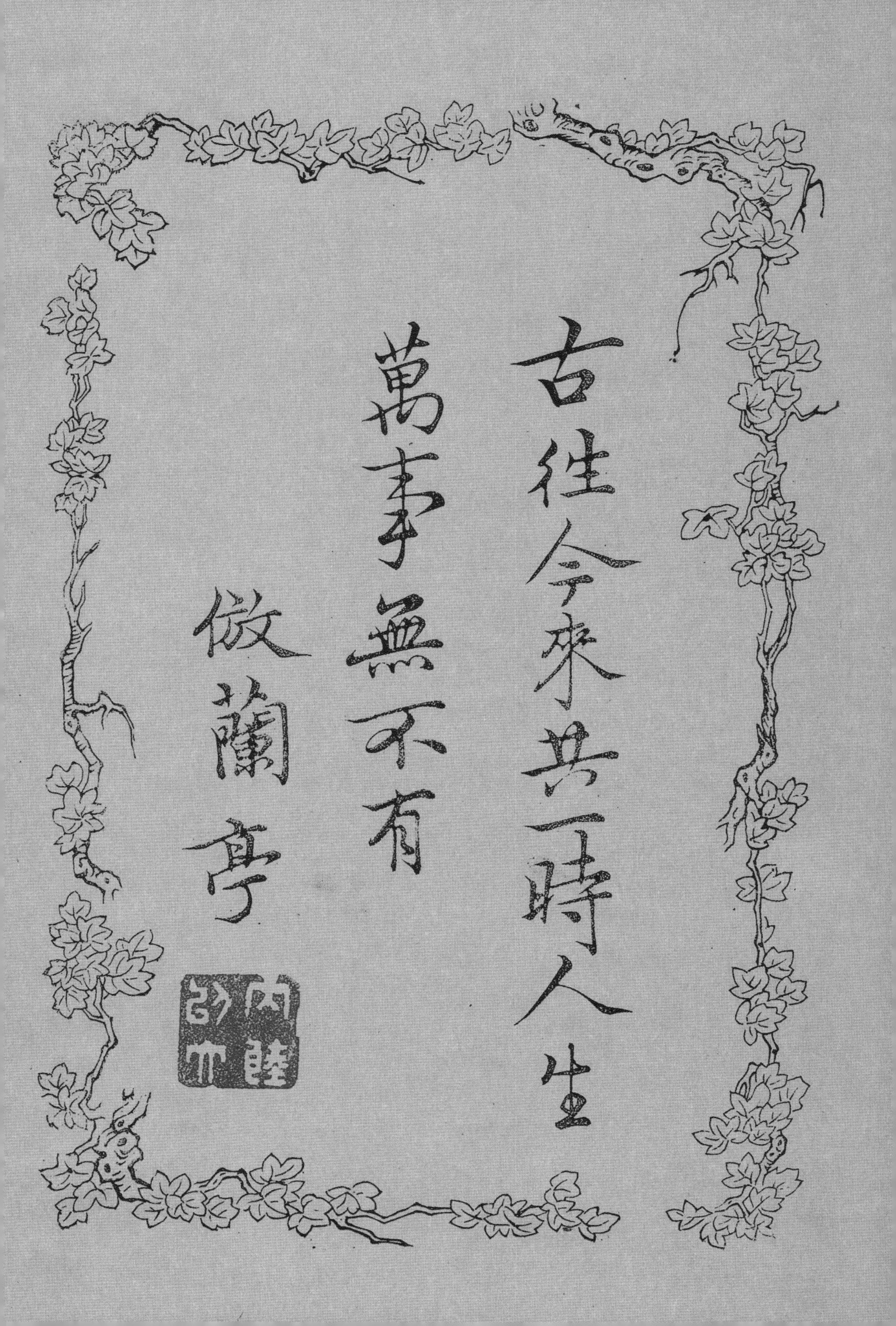
古往今來共一時人生
萬事無不有
做蘭亭

凌烟阁

大唐风云人物启示录

本书既是一部大唐命运盛衰史，又是一部二十四位功臣的小传。于老师将个体命运融入时代的惊涛骇浪，同时又彰显出时代“弄潮儿”勇立涛头搏击风浪的气概与精神。明暗双线交织并行，让我们近距离感受到一千四百多年前皇皇大唐的气度、襟怀与风韵。

——赵冬梅 北京大学历史学系教授

于赓哲老师从独具时代特色的历史符号“凌烟阁”入手，细致摹写了二十四位能臣武将的生平履历，以此拎起大唐近三百年历史的发展脉络。文本以巍巍凌烟高阁开篇，凄凄凌烟悲歌谢幕，读来既豪气干云，又感慨万端。

——蒙曼 中央民族大学历史文化学院教授

以凌烟阁“功臣图谱”绘就巍巍大唐近三百年历史。一部跌宕起伏的大唐盛衰史，一部个体与时代博弈下的人物命运史。

——马伯庸 作家

功臣问题，是中国古代政治的一个难题，战争时期需要，和平时期困扰。唐太宗的功臣政策最值得称道，而于赓哲老师的研究十分入情入理。用凌烟阁代表有唐一代功臣，一幅幅历史画卷，令人感动，令人唏嘘。

——孟宪实 中国人民大学历史学院教授

扫码免费领取
中信知识好礼

ISBN 978-7-5217-5094-2
9 787521 750942 >
见识城邦
定价：88.00元